수학 영재의 판별과 선발

수학 영재의 판별과 선발

송 상 헌

한국학술정보㈜

우리나라의 교육법에 '영재'라는 용어가 사용되기 시작한 것은 불과 10년이 되지 않는다. 그 이전에는 '특수재능'이라는 말이 포괄적으로 사용되고 있을 뿐이었기에 효율적인 영재교육을 위해서는 법적인 정비가 필요하였다. 교육기본법에 영재교육 의무조항이 명시(1997. 12. 31)되었고, 영재교육진흥법의 제정(2000. 1. 28)과 영재교육진흥법 시행령이 공포(2002. 4. 18. 대통령령 제 17578호)되면서부터 일선 학교 현장 교육에서는 영재교육을 위한 보다 구체적이고 실제적인 접근을 할 수 있게 되었다. 그런데 이러한 최근의 노력들이 결실을 맺기도 전에 영재교육의 버블이 논의되고 있다. 역사는 반복하기 마련이지만 그 역사가 주는 교훈은 반드시 되새겨 보아야 한다.

영재교육에서 '판별'과 '선발'이라는 두 개념이 혼동되고 있다. 수학 영재로 이미 판별된 학생들만을 대상으로 수학 영재교육 프로그램의 교육 대상자를 선발하는 것이 가장 이상적인 일이다. 그러나 수학영재를 명확히 구분할 수 있는 객관적인 준거가 있는 것도 아니다. 이러한 때에 학부모들은 자신의 자녀가 프로그램의 교육대상자로 선발되면 곧 영재로 판별되었다고 생각하거나 그 반대로 선발과정에서 탈락하면 영재가 아닌 것으로 판별되었다고 오해하기도 한다. 판별과 선발은 비록 구별되는 개념이지만 엄격히 분리되지 않기에 생기는 혼란이기도 하다.

영재교육 프로그램을 개설하고자 하는 각 교육기관에서도 영재성의 판별 과정이나 대상자 선발 결과가 미칠 수 있는 파급 효과와 영향을 지나치게 신중히 고려하고 있다. 판별을 위한 대부분의 기존 검사 도구는 객관성을 보장받아야 한다는 명목으로 명쾌한 답을 갖는 수렴적 사고력을 위주로 하는 것이 대부분이다. 그리고 사고력 위주의 검사 문항을 통해 학생들을 선발한 뒤에는 보다 고등 수준의 창의력 신장을 위한 내용으로 이들을 위한 교육이 진행되고 있는 것도 문제이다.

이 글은 수학 영재성과 수학 영재에 대한 정의 및 그들의 행동특성들을 반영한 검사 도구를 개발하여 예시적으로 적용해 본 실험연구를 바탕으로 수학 영재교육 프로그램 대상자 선발 및 운영에 도움을 줄 수 있는 실제적인 수학 영재 선발의 절차 모델을 제시한 것이다. 이를 통해 수학 영재 판별 및 선발의 본질적인 문제를 제기해 보고자 하였다.

이 글은 저자가 1998년 2월에 서울대학교 대학원에서 취득한 박사학위논문인 『수학 영재성 측정과 판별에 관한 연구』의 全文을 오늘날의 상황에 맞게 일부 교정한 것이다. 비록 9년 전의 원고라는 점에서 여러 가지 제한점이 있다. 그러나 다양한 대상과 수많은 현장에서 저자가 직접 경험해 본 결과 '판별'과 '선발'이 구분되어야 한다는 신념은 더욱 강화되었고 그것의 방법적인 응용을 위한 본질은 변하지 않았다. 부족한 拙稿가 그 동안 후학들에게 많이 인용된 것에 부끄러움을 느끼면서도 감사하지 않을 수 없다. 그러면서 앞으로도 지속적인 도움이 필요한 사람들을 있을 듯 하여 이를 책으로 出刊하기로 하였다. 책의 출간을 권고하고 편집과 발행을 위해 직접 수고해주신 모든 분들께 감사를 드린다.

2007년의 새 해를 바라보며, 저자

목 차

부록 목차

I. 서 론

1. 연구의 필요성과 목적

 교육이란 인간 개개인이 지니고 있는 모든 잠재적 가능성이 보다 바람직한 방향으로 계발될 수 있도록 각자에게 적합하고 효율적인 방법으로 도와주는 의도된 과정이다. 이러한 교육은 일반 아동들과 마찬가지로 우수한 잠재 능력을 가지고 있는 영재들에게도 요구된다. 각 분야에서 우수한 잠재적 가능성을 가진 영재들을 제대로 발굴하여 그들의 능력과 자질, 학습 속도, 흥미, 태도와 성향, 욕구에 적합한 창의적인 학습을 할 수 있는 교육 여건을 만들어 주는 것은 개인의 성장과 발달의 측면에서 볼 때 바람직한 일이다.

 각 나라마다 사회가 필요로 하는 인재 양성이라는 측면에서도 국가경쟁력 향상을 위해 영재교육의 중요성을 강조하고 있다. 미국, 영국, 러시아, 독일, 호주, 헝가리, 이스라엘, 남아공뿐만 아니라 아시아의 대만, 필리핀, 인도네시아, 싱가포르 등의 여러 나라에서도 영재교육에 관한 정책과 관련 교육법을 제정하여 시행하고 있다(Passow, 1993, p.42). 그리고 영재의 판별 및 교육의 중요성을 고려하여 오래전부터 체계적인 방법으로 각 분야에서의 영재를 선발하고 그들에게 적합한 교육 프로그램을 제공하고 있다.

 우리나라에서도 과학 영재교육의 중요성은 오래전부터 인식되어, 과학 영재에 관한 판별 도구 개발이나 심화학습 자료 개발에 관한 연구는 상당수 이루어졌다(이연섭, 조석희, 최운실, 1981; 한종하외 4인, 1985; 정연태, 1986; 박문태, 손영숙, 1986; 조석희, 김양분, 1988, 1989,

1994; 조석희, 김영민, 전경원, 박성희, 1990; 조석희, 김명숙, 박성희, 1992; 조석희, 김명숙, 1993; 김주훈, 박경미, 최고운, 이은미, 1996; 김주훈, 이은미, 최고운, 송상헌, 1996). 그러나 수학 분야에서는 영재교육을 위한 판별 절차(서정표, 1994)나 판별 도구 개발(신현성, 1991; 김홍원, 김명숙, 송상헌, 1996; 김홍원, 김명숙, 방승진, 황동주, 1997), 영재성에 대한 연구(강완, 1994) 및 프로그램 개발 연구(석용징, 신현성, 1992) 등 몇 가지의 연구가 시도되었다. 그러나 수학분야에서의 영재만을 위한 판별과 교육에 관한 연구가 체계적으로 이루어진 바는 없다. 다행히 최근 한국교육개발원에 영재교육 연구팀이 설치되어 2000년대까지 비교적 장기간에 걸쳐 초, 중등학교 과학, 수학, 언어 영재 판별 도구 및 심화 학습자료 개발을 위한 연구가 진행되고 있는데, 이 연구의 일환으로 수학 창의적 문제해결력 검사 도구의 개발과 표준화 작업을 진행하고 있다.

그동안 수학 분야에서 영재교육이라 지칭할 만한 활동은 각종 경시 대회나 표준화된 검사에서 뛰어난 성취를 보인 일부 아동들을 대상으로 부분적으로 실시된 정도였다. 수학 올림피아드나 각종 기관에서 실시하는 경시 대회를 통해 소위 수학 영재를 "시험 선수"로 선발해내었지만 그들에게 후속적으로 적절한 별도의 교육 프로그램을 지속적으로 제공하지는 못하였다. 예를 들어, 국제 수학 올림피아드 참가를 위한 국내 올림피아드, 올림피아드 여름·겨울 학교, 교육부, 대한수학회, 한국수학 경시 연구원, 일부의 대학, 신문사, 학습지 회사 등에서 실시하는 각종 수학 경시 대회, 각급 단위 학교에서 실시하는 수학 경시 대회나 모의고사, 특별활동반, 영재교육이라는 이름을 내건 몇몇 사설 학원들의 자체 프로그램 등이 대부분이었다.[1]

---

1) 우리나라는 호주대회부터 참가하여 1990년까지는 중하위권에 머물다가 1991년부터 1994년까지는 60여 개국 중 중상위권에 진입하였고 1995년부터 1996년까지는 70여 개국 중 금상 2개 이상으로 상위권을 유지해오고 있다.

최근에 민족사관고등학교의 신입생 선발을 위한 여름 방학 캠프와 같이 교육 기관에서 영재 판별을 위한 시도가 이루어지고 있기는 하나 그러한 활동들도 대부분 특수 목적 고등학교를 중심으로 이루어지고 중학교 수준의 활동이나 교육 프로그램은 거의 전무한 형편이다. 그리고 초등학교 수준에서 각 학교나 교육청에서 나름대로 운영하는 영재교육 프로그램에 참가하던 학생들도 중학교 진학 이후에는 영재교육 프로그램의 미비로 그런 활동들조차 거의 단절되고 만다. 그러므로 영재교육이 지속적으로 활성화되기 위해서는 제도적 측면의 보완과 더불어, 특히 중등학교 수준에서는, 구체적으로 각 교과의 영재교육에 필요한 전문적인 기초 이론 연구와 그에 바탕을 둔 프로그램의 개발과 평가를 병행해 나가야 할 것이다.

올바른 수학 영재교육을 위해서는 수학 영재성과 영재에 대한 분명한 정의가 필요하다. 영재들의 영재성을 진단하고 판별해내기 위해서는 영재와 영재성을 보다 명확히 정의하는 일이 선결 조건이다. 영재의 판별은 그 대상이 영재인지 아닌지를 판정하는 것이라기보다는 타고난 잠재력을 계발시키는 것을 목적으로 하는 영재교육 프로그램을 받을 사람과 그렇지 않을 사람을 가려내는 작업이 되어야 한다.

그동안 영재성과 재능의 개념이 혼재해 왔기 때문에 영재와 재능아를 구분하지 못하거나 혼용해서 사용하고 있었던 것이 우리의 실정이다. 또 입시 위주의 지적 교육 풍토에서 영재성의 판별 과정이나 판별의 성패 여부가 미치는 교육에의 파급 효과와 영향 때문에 판별을 위한 대부분의 기존 검사 도구는 객관성을 보장받아야 한다는 명목으로 지적인 면에서의 문제해결력이 우수한 아동을 위주로 선발하기 위한 것이었다. 그래서 그 검사 도구의 성격도 명쾌한 답을 갖는 수렴적 사

2000년의 대회가 한국에서 열리게 되었다. 이를 대비하기 위해 우리나라는 1997년부터 국제 수학 올림피아드 준비를 위한 겨울, 여름학교에 중학생들도 참가할 수 있는 기회를 제공하고 있다.

고결과만을 위주로 측정하는 경향이 강하였다. 그러다가 근래에 이르러 창의적인 문제해결력과 창의적인 태도와 성향이 강조되고 있다.

따라서 본 연구는 수학 영재성과 수학 영재에 대한 정의와 수학 영재의 지적, 정의적 특성을 종합 정리한다. 그리고 그러한 정의와 특성들을 반영한 검사 도구를 예시적으로 개발하여 그 검사 도구를 통한 수학 영재성의 측정과 수학 영재교육 프로그램 대상자 선발 및 운영에 도움을 줄 수 있는 실제적인 수학 영재 판별 모델을 제시하고자 한다. 다만 우리나라의 현 시점에서는 아직 중학교 수준에서의 수학 영재들을 위한 수학 영재교육 프로그램이 아직 없으므로 본 연구는 그런 프로그램이 개발될 것을 전제로 한다.

2. 기본 가정과 용어의 정의

가. 기본 가정

본 연구에서는 다음과 같은 몇 가지 가정을 전제로 한다.

1) 수학 영재는 존재하며 그들은 각자의 흥미와 욕구에 맞는 수학 영재교육 프로그램을 필요로 한다.

2) 수학 영재의 수학 영재성(일반적인 지적 능력과 수학적인 사고능력, 수학적 창의성, 수학 과제 집착 성향)은 검사와 관찰을 통하여 측정하고 확인할 수 있다.

3) 초등학교 5-6학년 수준에서 「IQ 121 이상(상위 10% 이내, 수리부문은 상위 3% 이내)이고 비정형적인 수학 문제해결력 검사에서 중학교 2학년의 상위 7% 이내에 드는 자」를 전통적인 기준에서의 수학 영

재로 인정하여 본 연구에서의 실험 대상자로 설정한다.

수학 영재성을 지닌 초등학교 5-6학년 학생들이 중학교 수준의 수학 영재교육 프로그램에 참가하기 위해서는 그들이 중학교로 진학하면서 곧바로 영재교육 프로그램에 편입될 수 있도록 사전 판별을 할 필요가 있으므로 초등학교 5-6학년 2학기 학생을 대상으로 연구한다. 특히 속 진제의 실시로 5학년을 마친 후에도 곧바로 중학교로 진학할 수 있게 되었기 때문에 5학년 학생도 일부 포함시킬 수 있다. 현재 우리나라에 는 아직 공식적인 수학 영재 판별 검사 도구가 없기 때문에 본 연구를 위해서 외국의 기존 판별 도구의 특성과 제한점을 고려하여 우리나라 초등학교 5-6학년 수준의 수학 영재를 조작적으로 정의하고 그들을 판 별할 수 있는 자체적인 기준과 소 검사 도구를 개발해야 한다.

초등학교 6학년에서 수학 문제해결 능력이 상위 3% 이내가 되도록 하기 위해 중학교 2학년의 비교집단에서 상위 7% 이내를 기준으로 정 한 이유는 다음과 같다.

첫째, 연구 문헌에 의하면 많은 영재교육자나 영재교육 프로그램에서 영재의 비율을 자기 나이 또래에서 3-5% 이내로 잡고 있으며, 특히 SMPY에서 속진 대상자를 뽑는 기준으로 자기 나이 또래의 SAT-M 검사에서 상위 3% 이내의 성적을 얻은 자에 한해 자기보다 높은 학년 수준의 SAT-M 검사를 실시한다.

둘째, 초등학교 6학년의 우수아 집단(예를 들어, 학업 성취도 검사의 수학 성적이 상위 3%)을 일반학교에서 대규모로 표집하기가 어렵고 초등학교에서는 지능검사처럼 모든 학생들을 대상으로 하는 판별 규준 이 달리 없다. 따라서 속진의 가능성도 고려하여 자기보다 나이가 2-3 살 정도 더 많은 중학교 2학년생들을 비교집단으로 선정하였다.

셋째, KEDI 집단지능검사(중학생 검사)의 수리 부분의 원점수를 기 준으로 할 때 초등학교 6학년 또래 나이의 상위 3% 이내에 해당하는 점수는 나이가 2살 많은 집단에서 상위 9-10% 이내에 해당한다. 그런데 중학교 2학년의 표준화된 학업성취도 검사에서 동점자가 많아 상위 9-10%로 끊기가 어려워 그 이내인 7%를 기준으로 잡았다.

위의 가정 3)은 전통적으로 영재를 판별하던 한 가지 방법[2]이며 우리나라에서도 일반적으로 통용될 수 있는 기준이다.[3] 이러한 기준으로 수학 영재성을 판단하기 위해서는 일반적인 지적 능력을 가늠할 수 있는 지능검사와 수학적인 문제해결 능력을 가늠할 수 있는 수학 문제해결력 검사 도구를 만들어 실시하게 된다. 지능검사는 이미 검증되고 공인된 것이 있어 별 문제가 없지만 수학 문제해결력 검사 도구는 검사 도구로서의 타당성을 보장받기 위해 가능한 한 기존 연구에서 이용하고 있는 기출 문항들을 중심으로 검사지를 만들고 이 검사지의 실제적인 신뢰도와 타당도, 난이도, 변별도 등을 검증해야 한다.

나. 용어의 정의

(1) 영재성(giftedness)과 수학 영재성(mathematical giftedness) : 고도의 일반적인 지적 능력, 창의성, 과제집착력이라는 세 가지 요인이 개인의 인성과 주변 환경의 영향을 받아 특정 분야에서 특출한 과업 수행을 해낼 수 있는 역량과 그 가능성을 영재성이라고 말한다 (Renzulli & Reis, 1978, 1985, 1994, 1996). 그리고 수학 영재성이란 수학이라는 특수 학문 분야에 국한하여 나타내는 영재성을 말한다.

---

2) IQ와 성취도 검사 또는 해당 학생의 학년을 뛰어넘는 수준의 적성검사 또는 문제해결력 검사 이용(Greenes, 1981; 서정표, 1994).
3) 가정 3)에 대해 우리나라의 영재교육 전문가와 수학 및 수학교육학자, 영재교육을 하고 있다는 현장 지도교사, 영재를 둔 학부모들을 대상으로 별도의 설문조사를 실시하였다.(IV장 3절의 설문조사 결과 참조)

(2) 재능(talent)과 재능아(the talented): 각 교과나 특정한 분야의 영재성이 이미 탁월한 성취 결과로 나타난 능력을 재능이라고 말하며, 재능아란 자기 나이 또래에서 탁월한 성취를 보이고 있으며 특별한 재능이 있다고 인정된 자를 말한다(Gagné, 1991, 1993; Taylor, Sternberg, Richards, 1995).

(3) 영재(gifted child or the gifted): 이미 탁월한 성취를 나타내 보인 재능아는 물론, 아직 탁월한 성취를 보이지는 않았지만 그러한 성취를 보일 잠재적 가능성(영재성)을 가지고 있는 자까지를 포함하여 말한다(Gagné, 1991, 1993).

(4) 창의성(creativity)과 수학적 창의성(mathematical creativity): 창의성은 지능과는 다른 인간의 독특한 지적 특성이다. 창의성이란 아이디어나 작품을 독창적으로 생각해내고 추리의 규칙에만 얽매이지 않고 때때로는 엉뚱하거나 기발한 생각을 하며, 일상적이고 관습적인 사고과정에서 벗어나 유용한 아이디어를 생산해내는 지적인 능력과 정의적인 태도와 성향을 말한다. 새롭고 신기하고 희귀한 아이디어와 작품을 생산해낼 뿐만 아니라 그 아이디어를 개발하고 정교화하여 만들어낼 수 있는 능력을 창의성의 지적 측면이라고 한다면, 자유분방하고 융통성 있고 다소 위험부담을 가지면서도 실패를 두려워하지 않고 도전적으로 사고하며 행동하는 성향을 창의성의 정의적 측면이라고 말할 수있다(Feldhusen, 1977; Torrance et al., 1992). 특히, 수학적 창의성이란 수학의 특별한 논리-연역적인 성격과 생성된 개념들이 수학의 중요한 핵심에 통합되기 위한 적절한 관련성을 지니고 있는지를 고려하면서 구조적으로 사고하고 문제를 푸는 능력(Ervynck, 1991)을 말하며, 유용하고도 새로운 문제까지 만들어 내는(Sheffield, 1994) 능력이다.

(5) 비정형적인 문제(non-routine problem)와 창의적인 문제(creative problem, 또는 창의적인 문제해결을 요구하는 문제): 비정형적인 문제란

문제에 당면한 개개인이 전에 그런 문제 유형이나 해결법을 접해보지 못하였던 문제로서 새로운 해결책과 생산적인 사고를 요구하는 틀에 박히지 않은 문제 유형이다(Kantowski, 1974). 창의적인 문제란, 문제에 대한 해답이 여러 가지라는 차원을 더 첨가한 Lowen(1995, p.96)의 정의를 기본으로 하되 또래 학생들의 사고 수준과 깊이에 비해 기발하고 독창적인 풀이과정이나 해답을 더 기대할 수 있는 비정형적인 문제이다(송상헌, 1997).

(6) 창의적인 문제해결 능력(creative problem solving ability): 당면한 도전적인 문제 상황을 창의적으로 접근하여 효과적으로 처리해내는 능력을 말한다. 즉, 새롭고 융통성 있고 독창적인 아이디어를 생산해내어 주어진 문제를 해결하고 더 나아가 그 아이디어를 정교하게 다듬거나 일반화까지 할 수 있는 능력을 말한다(Guilford, 1967; Wilson, Guilford, Christiansen, 1981). 문제해결과 창의적 사고는 밀접한 관련이 있다.

(7) 행동특성(behavior characteristics): 태도는 사고에 긍정적인 영향을 주는 성향을 말하며, 행동은 내면적인 창의적 사고뿐만 아니라 사고와 태도에 의해 외면적으로 나타나는 활동까지를 일컫는다. 행동특성이란 태도와 행동으로부터 나타나는 모든 지적, 정의적인 내-외적 특성들을 통틀어 일컫는다.

3. 연구의 문제

본 연구에서 밝히고자 설정한 연구문제는 다음과 같다.

1) 지능검사와 고난이도의 사고력을 요하는 수학 문제해결력 검사 또는 경시대회 입상 경력을 통해 판별된 영재들이 창의적 문제해결력에서도 탁월한가?

수학 영재성의 요인 가운데 특별히 "수학적 창의성"을 측정할 수 있는 방안과 검사 도구를 알아보고, 예시적으로 개발한 수학 창의적 문제해결력 검사('2부 검사'라고 명함)를 통해 기존의 전통적인 방법인 지능검사와 고난이도의 문제해결력 검사('1부 검사'라고 명함)나 경시대회를 통해 판별된 수학 영재들이 적절히 판별된 것인지를 검증해본다. 여기서 전통적인 검사 도구 이외에 창의적인 문제해결력 검사가 더 필요한지 어떤지를 밝혀 판별 도구의 개선을 위한 시사점을 얻고자 한다. 이는 수학 영재성의 중요한 한 요인으로 고려되고 있는 수학적 창의성을 전통적인 방법만으로는 효과적으로 잴 수 없다고 보기 때문이며, 이러한 수학적 창의성을 측정하고자 하는 후속 검사 도구의 개발에도 시사하는 바가 있을 것이다.

2) 우리나라의 초등학교 5-6학년 수학 영재들에게 나타나는 지적, 정의적 행동특성에는 어떤 것들이 있고, 이것이 지능이나 경시대회 입상 경력, 다른 검사들과는 어떤 상관과 차이를 보여주는가?

수학 영재성의 한 가지 요인인 "과제집착 성향"을 측정하기 위해 기존의 연구 문헌에서 밝히고 있는 수학 영재의 지적, 정의적 행동특성을 종합 정리하고, 그러한 행동특성들이 우리나라의 초등학교 5-6학년 수준의 수학 영재들에게 어떻게 구체화되어 나타나며 또한 측정 가능한지를 연구한다. 이를 위해서 먼저 문헌 연구에서 밝혀진 수학 영재들의 지적, 정의적 행동특성을 토대로 기존의 지필 검사지만으로는 잘 드러나지 않는 과제집착 성향 등을 점검해볼 수 있는 한 가지 도구로서의 수학적 행동특성 체크 리스트(교사용, 부모용, 학생용)를 만든다. 교사나 부모, 전문가의 추천이 이루어지기 위해서도 그들의 판단을 도울 수 있는 도구가 필요하다면 이러한 행동특성 검사지의 개발이 요구될 것이다.

3) 우리나라의 영재교육 전문가, 현장 경험이 풍부한 영재교육 지도교사, 수학 또는 수학교육학자들은 각각 수학 영재성에 대한 정의와 판별에 관련하여 어떤 의견과 동의 및 반응을 보이는가?

위의 3가지 문제에 답하기 위해 실험 및 조사 연구를 실시하고 이를 바탕으로 수학 영재교육 프로그램에 참여할 대상자들의 판별 기준과 도구, 절차 등에 대한 개선 방안과 영재교육 대상자 선발 예시 모델을 제안하며 수학 영재교육 프로그램의 조직과 개설을 위한 시사점을 알아본다.

4. 연구의 제한점

본 연구의 첫 번째 제한점은 연구 대상과 관련된 점이다. 수학 영재에 대한 명확한 규정과 이미 판별되어 있는 영재 집단이 없었기 때문에 문헌연구와 전문가들의 의견을 고려하여 연구 대상자를 직접 결정하여야만 하였다. 이를 위해 앞에서 밝힌 기본 가정을 전제로 연구를 시작하였다. 특히 초등학교 5-6학년생을 연구 대상으로 하면서 그들 나이 또래의 수학 문제해결력의 수준을 나타내 주는 규준이 없기 때문에 비교집단으로 중학교 2학년을 선정한 것도 하나의 제한점이다. 초등학교 5-6학년과 중학교 2학년에게 똑같은 문제를 제시함으로써 각 학년의 특성과 수준에 따른 차이점을 적절히 고려하지 못하고 1부의 점수만을 기준으로 동일한 규준을 적용하였다. 또 5학년 학생도 6명이 참가하였는데, 이들은 6학년 학생들과 함께 공부하면서 동일한 경시대회에 참가하는 학생들이기 때문에 6학년과 동일 집단으로 취급하였다. 그리고 대상 학생을 중학교 2학년 수준에서의 수학 문제해결력 점수가 상위 7% 이내인 자로 정하였는데 이 기준은 문헌의 자료를 토대로 하여 연구자가 임의로 정하고 영재교육 전문가와 수학교육학자, 영재교육 현장 경험자, 수학 영재를 둔 학부모들에게 설문을 통하여 동의를 확인하였다.

두 번째 제한점은 소수의 개인에게 나타난 특성이 전체 학생들에게 성급하게 일반화되기 어렵다는 한계점이다. 표본 추출의 어려움 때문에 강남 지역의 학생들을 위주로 할 수밖에 없었고 전국 규모의 경시대회 입상자도 수도권 내에서 초청에 응한 일부 학생으로 제한할 수밖에 없었다.

세 번째 제한점은 검사문항과 시간에 관련된 것으로서 유사한 문제를 풀어본 선행 경험이 작용할 수 있음을 배제할 수는 없었다는 점과 검사의 제한된 시간 때문에 능력을 충분히 발휘하지 못한 학생들이 있을 수 있다는 점이다. 본 검사의 참가 대상자들은 경시대회 참가를 위해 다양한 문제를 풀어본 경험이 많은 우수한 학생들이라서 일부 유사한 문제(예를 들어, 파스칼의 삼각형) 풀이에 대한 경험이 영향을 미칠 수 있음을 배제하기 어렵다. 검사의 시간은 2부 검사보다는 1부 검사에서 충분하지 못하였는데 이는 비교집단인 중학생들이 수업시간(45분) 내에 검사를 마쳐야 하는 제한 때문이었다. 본 검사의 성격이 속도검사보다는 역량검사임에도 불구하고 충분한 시간을 제공하지 못한 것은 또 하나의 제한점이다.

네 번째 제한점은 확산적 산출을 통한 일반 창의성 연구는 이미 1960-70년대에 나타난 방법이므로 보다 질적으로 세련된 접근이 시도되어야 하지만 수학 영재교육 분야에서는 1990년대까지도 확산적 산출을 통한 연구가 보고되고 있다. 따라서 본 연구에서도 확산적 산출 검사지를 통한 창의력 측정으로 제한하였다. 특히 창의성의 요인 중에서 정교성 요인은 설문조사에서도 대체로 초등학교 6학년 수준에서는 그다지 중요한 요인으로 여기지 않았고 문헌 연구 결과 채점기준으로 고려하지 않는 경우가 많을 뿐만 아니라 실제 채점에도 어려움이 있어 분석에서 제외하였다.

마지막으로, 특이한 행동이나 검사 결과를 보이고 있는 학생들을 대상으로 한 개별적인 사례연구가 이루어지지 못한 것은 또 하나의 제한점이다. 그러나 이는 장기간의 연구 시간이 소요되고 개입되는 변수들이 너무나 많기 때문에 실시하기가 매우 어려운 점이 있으므로 이 부분은 후속연구로 남길 수밖에 없었다.

Ⅱ. 문헌연구

1. 수학 영재성과 수학 영재의 행동특성

가. 영재교육의 역사적 기원과 영재교육의 목적

우수한 인재를 조기에 발굴하고 이들의 능력을 계발시켜 주려는 각 국의 노력은 과학 기술 개발을 위한 최근의 사회적 필요에서 비롯된 현상은 아니며 이미 오랜 역사적 기원을 갖는다. 기원전 4-5세기에 소크라테스와 플라톤은 사회적 역할이나 지위에 상관없이 특별한 재능을 가진 인간을 길러내는 데 관심을 갖고 영재성을 지식의 빠른 습득과 수준 높은 이해를 할 수 있는 능력으로 보았다(Ziv, 1977. p.3). 플라톤은 각 방면에 재능이 있는 인재를 위한 특별 교육 기관의 설립을 주장하기도 하였다. 또한 맹자는 군자에게 세 가지의 즐거움이 있는데 그중 하나가 천하의 영재를 얻어 그를 가르치는 것(得天下之英才而敎之樂乎: 盡心章 3편 20)이라고 하였고, 호머도 교육의 목적은 슬기로운 사람과 실천하는 사람을 기르는 것이라 하였는데, 이러한 말들 가운데 영재교육의 취지가 들어 있다고 하겠다.

그러나 보다 현대적 의미에서 영재교육에 새로이 관심을 갖게 된 것은 19세기 말부터 20세기 초에 걸쳐 영재교육 발달에 공헌한 Galton, Binet, Terman, Hollingworth 등에 의해서이다. Stanley(1978)는 Galton을 영재교육의 시조로, Binet를 산파로, Terman을 아버지로, Hollingworth를 영재교육의 성장에 자양분을 공급한 어머니로 비유하였다(이군현, 1989).

영재교육을 위한 초기의 시도는 지능에 대한 연구에서부터 시작되었다. 19세기 말에 영국의 과학자인 Galton경은 지능의 개인차를 연구하였다. 그는 두 가지 일반적인 감각적 기질을 포함하는 지능이론을 개발하였다. 그는 서로 다른 유형의 개인들에 대해 기질의 다양성을 연구하였으며 그가 얻은 정보를 요약하기 위해 통계적인 방법을 고안하였다. 20세기 초에 프랑스의 Binet와 Simon은 개인의 "정신연령"을 측정할 수 있는 표준화된 척도를 개발하였다. 이는 처음에는 학습 가능한 아동과 학습이 불가능한 아동을 구별하기 위한 의도로 시작되었다. Binet-Simon의 척도는 백치, 저능아, 정상아, 우수아를 분류하기 위한 기준 점수를 포함하고 있다. 미국 스탠포드 대학의 Terman이 1916년에 Binet-Simon의 "정신연령" 척도를 개선하여 스탠포드 - 비네 IQ 검사 도구를 만들게 되었는데, IQ는 생활연령에 대한 정신연령의 비를 백분율로 환산한 것이다. 1920년대에 천재에 대한 연구를 하던 Terman에 의해 IQ검사가 본격적으로 사용되고 개선되었다. 1927년에 Spearman이 모든 인지와 학습 수행 능력을 의미하는 일반정신 능력 요인인 "g"요인을 주장하였으나 1938년에 Thurstone이 지능은 7개의 주된 정신능력(언어 이해, 수, 기억, 인지 속도, 공간 지각, 어휘의 유창성, 귀납적 추론)을 포함한다고 말하면서 요인분석법을 통해 일반정신능력 요인보다는 이 7개의 정신능력이 중요함을 주장하였다. 그 후에 Guilford에 의해 '조작 - 내용 - 산물'이라는 3차원 식의 120개 요인을 포함하는 지능의 구조(SOI)가 발표되었는데 이는 어느 모델이나 이론보다도 영재교육의 초기에 많은 영향을 미쳤던 모델이다. SOI모델은 교육과정과 교수전략을 개발하는 데뿐만 아니라 지능의 정의, 판별 및 검사 등에 큰 영향을 미쳤다. Guilford 이전에는 영재성의 개념이 지능과 동등하게 여겨지던 것이 비로소 다면적인 또는 다차원적인 재능의 개념으로 받아들여지게 되었다. 그러나 이들 중 몇 가지 요인을 교실 수업에 실제로 적용하고 또 SOI 교육 자료를 학교교육에 보급한 것은 Meeker(1969)였다.

Terman 이래로 영재성의 정의는 거의가 지적 능력이라는 한 가지 면에서 시도되어 오다가 최근에 학문적 적성이나 잠재력, 각 분야의 학문적 능력, 창의적 산물, 발달율, 재능, 기계적 능력, 공간적인 능력 등과 같은 말이 생기면서 영재성의 논의는 각 학문 분야의 특수재능에 관한 연구로 발전해 갔다. 영재성에 관한 보다 현대적인 의미는 다음 절의 영재성의 정의에 관한 부분에서 살펴보기로 한다.

Sisk(1987)에 의하면 영재교육이란 학습 내용, 학습 방법, 학습 환경, 그리고 학습 결과의 활용 방법을 정규 보통 학교에서 일반 학생에게 제공하는 것보다 보다 깊고 수준 높게 제공하는 것을 말한다(pp.42-43). 따라서 수학 영재교육이란 교육의 수월성 원칙에 따라 수학 분야에 재능이 있는 영재 개개인의 능력과 개인차, 수용 태도에 맞는 적절한 수준의 수학교육을 말한다. 이를 위해서는 첫째, 보통의 학생들이나 일반 정규 학교의 교육에 비해, 교육의 내용 면에서도 보다 다양하고 수준이 높으며, 둘째, 학습 방법과 학습 환경 면에서 보다 빠른 학습 진도나 속진도 허용되고, 셋째, 학생들에게 수학 문제해결 과정의 경험과 독립성, 창의성을 키워 줄 수 있는 개인 연구를 장려하며, 넷째, 학생들이 학습한 결과를 발표하고 활용할 수 있는 기회를 제공해 주는 등의 교육적인 조치를 위한 종합적인 행정적, 재정적 지원이 있어야 한다.

수학 영재 선발의 목표가 수학 영재를 규정하거나 그들의 특성을 연구하는 데 그치지 않고, 이들을 적당한 교육 프로그램에 배치하도록 하기 위한 것이다. 따라서 아무리 우수한 집단을 선발하였다 할지라도 영재들의 빠른 학습 속도와 학습 방법 및 고유한 가치관에 적합한 교육 여건과 제도적 장치가 뒤따라 주지 않으면 바람직한 영재교육을 기대하기 어렵다.

우리나라뿐만 아니라 세계 각국의 교육법에는 아동은 그 나이와 능력, 적성에 맞는 교육을 받아야 한다는 취지의 내용을 담고 있다. 모든 아동은 그들의 학문적, 예술적, 사회적, 신체적으로 나타난 재능은 물론 그들이 지니고 있을 어떤 잠재적 능력을 개발하기 위해서, 또한 민주시민으로서의 권리와 책임을 깨닫기에 필요불가결한 정신적, 정서적 건강을 유지하도록 하기 위해서 시기적절한 지도와 도움을 받아야 한다. 영재교육은 결코 국가 발전에 유용한 일군을 만들자는 외재적인 목적만 있는 것이 아니며 영재들에게도 그들의 개성에 맞도록 정당하게 교육을 받을 수 있는 기회를 제공하자는 것이다. 그러므로 영재들도 지적인 욕구의 충족이나 성취만이 아니라 공부하고 일하는 태도와 습관을 키워야 하며 더 나아가서는 문명생활에 필요한 윤리적 가치관인 "생명에의 경외"를 배워야 한다. 이 민족과 세계 공동체는 수학만을 잘하는 '꾼'이나 '쟁이'를 원하는 것이 아니라 21세기를 이끌어갈 지도자인 참된 스승과 섬기는 일군을 필요로 한다.

나. 영재성과 영재에 대한 정의

영재교육에 있어서 가장 먼저 부딪치는 문제는 '英才性'을 무엇이라고 규정하고, 어떤 사람을 '英才'라고 할 것인가 하는 정의의 문제이다. 영재성과 영재에 대한 정의에 대해서는 많은 의견이 있으나 아직까지도 완전히 합의된 정의는 없으며 학자들의 시각도 매우 다양하여 수정을 거듭하고 있다. 그 이유는 영재성에 대한 개념과 영재에 대한 기준이 그 사회의 가치관이나 문화, 시대의 흐름에 따라 달라지고 있기 때문이다(조석희, 김양분, 1984). 그러나 영재성을 어느 정도라도 규명하고 정의하는 것은 매우 중요하다. 영재성을 어떻게 정의하느냐에 따라서 영재를 효과적으로 판별할 수도 있고, 누구에게 어떤 유형의 영재교육 프로그램을 제공할 것인 지도 결정할 수 있기 때문이다. 김주훈 등(1996)도 영재를 위한 심화 학습 프로그램 개발 연구에서 "영재성의 개념에 대한 연구는 영재들의 심리적 특성에 대한 통찰과 안목을 제공해 주며, 영재를 위한 교수 학습 자료를 개발하고 그것을 적용하는 데 있어서 중요한 실제적 지침을 제시해 줄 뿐만 아니라 영재를 위한 특별 교육에 참여할 수 있는 대상 학생을 결정하는 중요한 기준이 된다."(p.11)라고 말하고 있다.

영재성과 영재에 대한 분명한 조작적 정의가 없으면 영재성의 판별이나 교육 프로그램은 근거가 불분명하게 되고 결국 실패로 돌아갈 수밖에 없다. 따라서 NCTM(House, 1987)에서도 영재성의 조작적 정의는 영재의 판별과 선발 절차를 결정하는 기초가 되고, 교육적 프로그램과 기회의 개발에 대한 방향을 설정해 주기 때문에 중요하다고 강조하였다.

영재란 흔히 특정 분야에서 이미 괄목할 만한 업적을 성취하였고 인류 문명의 발달에 유의미한 공헌을 한 사람, 또는 비상한 능력이나 재능을 소유하여 남들과는 다른 매우 뛰어난 사람을 지칭한다고 막연히 생각되고 있다. 그러나 구체적으로 어떤 능력을 가지고 있으며 또 어떤 특성을 가지고 있는 사람을 영재라고 부를 수 있는가에 대해서는 역사적으로 많은 연구 결과와 주장이 있었음에도 불구하고 아직까지도 절대적인 기준이 없으며 학자 간에도 상당히 의견을 달리하고 있어 용어의 정의에서조차 혼란을 초래하고 있다.

영재 관련 연구 문헌에서 접할 수 있는 가장 일반적인 말이 "gifted"와 "talented"이다.4) 그런데 이 두 가지 용어 중에서도 어떤 사람들은

---

4) 영재와 관련하여 종종 구분하여 쓰이는 말로는 "보다 능력 있는(more able)", "유능한(competent)", "조숙한(precocious)", "예외적인(exceptional)", "똑똑한(bright)", "능숙한(proficient)", "뛰어난(excellent, top, superior)", "비범한(uncommon)", "탁월한(prominent)", "天賦的인(gifted)" 등과 같은 형용사와 "天才(genius)", "神童(prodigy)", "鬼才", "秀才", "英才(gifted)", "才能兒(talented)"와 같은 명사들이다. 특히 우리나라의 일반인들에게는 어감상 天才와 神童은 선천적으로 타고난 재능아로, 秀才는 후천적인 노력에 의해 얻어진 빼어난 재능의 소유자로 여겨진다. 그런가 하면 英才는 타고난

영재성(giftedness)과 재능(talent)을 동일한 뜻으로 쓰는가 하면 또 어떤 사람들은 이를 완전히 구분하여 달리 사용하기도 한다. 예를 들어, gifted는 지적 영역에서, 수학, 과학, 언어 등의 여러 영역들에서 동시에, 선천적으로 부여받은 타고난 능력, 매우 희귀하고 특출한 능력을 가진 사람을 일컫는 말로 사용되는 반면, talented는 예술이나 비인지적인 영역에서, 또는 어느 특정한 한 영역에서, 획득된 후천적 능력, 평균 이상의 두드러진 수준의 능력을 가진 사람을 일컫는 말이기도 하다(George, 1995. p.3). 이러한 입장은 영재를 조작적으로 정의하려는 시도로 볼 수도 있다. 그러나 이러한 정의에서의 gifted란 거의 찾기가 힘들 정도의 희귀한 것이기 때문에 잘못하면 gifted의 명칭은 이상적인 "genius"로 오해될 수도 있다. 영재와 재능아의 용어에 대한 전통적인 인식에 있어서 나타나는 몇 가지 차이점을 간략히 표로 대비시켜보면 다음과 같다.

〈표 Ⅱ-1〉 영재성과 재능에 대한 전통적인 인식 차이

구분	영재(the gifted)	재능아(the talented)
영역	지적영역	예술이나 비인지적인 영역
나타나는 분야	수학, 과학, 언어 등의 여러 가지영역들에서 동시에	어느 특정한 한 영역에서
기원	선천적으로 부여받은 타고난 능력	후천적으로 획득된 능력
수준이나 비율	매우 희귀한 특출한 능력을 가진 사람(희소성)	평균 이상의 두드러진 수준의 능력을 가진 사람(보편적)

어떤 사람들은 "talented"라는 말을 듣기 위해서는 배경이 되는 높은 일반적인 지적 능력이라든지 특별한 적성이나 발휘된 성취도뿐만 아니라

선천적인 요인이 어느 정도 있기는 하지만 아직 그 능력이 완전히 발휘되거나 피어나지 못한 재목감으로 인식되어진다. 그러나 이런 말들도 역시 학자들에 따라서는 다르게 사용되어진다. Vernon(1989. p.94)은 재능아, 천재, 신동, 영재를 각각 구분하여 다르게 정의하고 있지만 Webster's 사전(1994)에 의하면 "gift", "gifted", "talent"라는 용어의 의미 속에는 모두가 다 선천적으로 타고난 부분이 있음을 인정하고 있다.

과업을 성취해내려는 동기나 집착력 등을 포함해야 한다고 말하면서 "talented"라는 용어를 더 선호하는 반면, "gifted"라는 용어는 오히려 낡은 용어라고 비판하기도 한다(Jarwan & Feldhusen, 1993, p.4). 그러나 여기서는 다음과 같은 이유로 "gifted"라는 용어를 사용하기로 한다.

첫째, 기존의 영재 관련 연구 문헌에서 일반적으로 사용되고 있다.

둘째, 능력은 후천적인 학습에 의해서만 습득되는 것이라기보다는 선천적인 요인도 분명히 있고 오히려 그 부분이 무시되어서도 안 되고 무시하지도 못할 만큼 상당히 중요하다. 뿐만 아니라, 특히 교육에서는 이 부분을 잘 계발시켜 주어야 한다는 전통적인 신념이 있다.

셋째, 영재성의 요인으로 그동안 중시되던 지적 능력보다는 오히려 정서적 성향이나 과제집착력, 특히 창의성 요인이 중요한 요인으로 고려되어야 한다.

넷째, 재능은 이미 발휘되어 나타난 능력을 말하지만, 잠재적인 적성이나 소질, 능력을 계발시켜주어야 한다는 교육 가능성의 의미가 포함되어야 한다. 한자어로 '英才'의 '英'은 아직 완전히 피지는 않은 '꽃봉오리'가 주는 뉘앙스를 풍기고 있어서 교육적인 의미로서도 적절하다고 생각된다.

이와 같이 이미 드러난 능력뿐 아니라 잠재적인 능력과 적성, 성향까지도 계발시켜 주려는 교육 프로그램에서 교육 가능성을 전제로 하는 "영재성(giftedness)"이라는 포괄적인 의미를 갖는 용어가 적절할 것으로 생각된다. 본고에서는 보다 일반적이고 포괄적인 의미를 갖는 "영재"라는 용어를 우선적으로 사용하면서 꼭 필요한 부분에서는 "재능"이라는 용어를 사용하기로 한다.

영재성에 관한 정의를 내리기 위해서 고려해야 할 몇 가지 기준을 생각해보면 다음과 같다.

첫째, 정의는 영재들의 특성과 욕구에 관한 심리적이고 교육적인 이론과 경험을 포함하는 문헌에 근거한다.

둘째, 정의는 잠재성과 수행을 예측함에 있어서 어느 정도의 주관성은 용납하지 않을 수 없다.

셋째, 정의는 조작적인 형태로 분명하게 명시되어야 한다.

영재성은 관점에 따라서 매우 다양하게 정의되고 있다. 영재성에 관한 정의 가운데 전통적인 정의 이외에 최근에 흔히 인용되어지고 있는 것들만도 미국 교육부의 정의, Renzulli와 Reis의 세 고리 개념 정의, Tannenbaum의 사회 – 심리적 정의, Feldhusen의 자아 개념 정의, Gardner의 다지능 이론 정의, Gagné의 적성 이론 정의, Sternberg의 인공지능 이론 정의, Taylor의 토템 기둥 정의 등 여러 가지가 있다. 이러한 정의들은 지능지수, 집단의 상위 일정 비율, 이미 공인된 특별한 성취 업적 여부, 특정한 분야에서 드러낸 재능 그리고 창의성에 따라 유형별로 분류할 수도 있고, 접근하는 방법에 따라 심리사회적 접근, 개인심리적 접근, 발달적 접근, 인지적 접근, 교육적 접근과 같이 5가지로 요약될 수도 있다(강충렬, 1997, pp.10-14). 여기서는 유형별 분류에 따른 정의를 살펴본 다음, 본 연구에서 모델로 삼고자 하는 미 교육부의 정의와 Renzulli의 세 고리 개념 정의를 간략히 살펴보고 특히 Gagné의 적성 이론을 중심으로 전체를 종합하여 보고자 한다.

'IQ 정의'란 지능지수(IQ)에 따라 영재성을 구분하는 영재성 연구 초기의 정의인데, 오늘날에는 영재성에 관한 대부분의 연구들이 지능과 관련하여 뇌 연구에 초점을 두는 방향으로 전환하고 있다.

'퍼센트 정의'란 개인이 속한 집단에서 위치하는 상위 비율의 정도에 따라서 영재냐 아니냐로 분류하는 정의인데, Terman은 지능이 140 이상에 드는 1%, 영국의 교육부는 2%, 미국의 교육부는 3-5%를 영재로 보고 있다. Martison은 여러 전문가를 대상으로 조사한 결과, 전문가 중의 82%가 상위 5% 이내의 능력을 지닌 학생을 영재로 본다고 보고하였다. 또 정연태 등의 연구(1986)에서는 우리나라 초, 중, 고 영재 4000명 정도를 대상으로 한 조사 연구에서 지능, 성적, 재능을 포함해서 전체 학생 중의 6-7% 정도(지능 3-4%, 성적 2-2.7%, 재능 0.7% 정도)가 영재로 추정하고 있음을 보고하고 있다. Renzulli(1996)는 영재교육 프로그램에 참여할 대상자들을 상위 5%로 제한하는 것보다는 상위 15%까지의 학생들에게도 영재교육의 기회가 주어져야 한다고 주장하고 있다. 그러나 이런 광범위한 대상자는 모두가 다 영재라기보다는 영재성을 가지고 있는 아동으로서 영재교육의 대상자로 고려하기를 요구하고 있는 범위를 말한다. 또 다른 영재교육 프로그램(George, 1995, p.85)은 상위 20% 중 18%를 능력 있는(able) 아동으로, 최고 상위 2%를 재능 있는(talented) 아동으로 취급한다.[5] 수학 영재의 비율은 미국의 존스 홉킨스 대학이 1972-1977년에 수행한 SMPY 연구(Study of Mathematically Precocious Youths)가 참고가 될 수 있는데, 여기서는 동일 연령배 중의 상위 1.5% 정도를 수학 영재로 보고 있다. 서정표(1993)는 전체 학생 중의 0.2-0.3%를 수학 영재로 선정할 것을 제안하고 있다. 영재를 어떤 특성을 갖추고 있는 아동으로 규정하기 위한 비율이라면 매우 제한적일 수 있지만, 영재교육을 필요로 하는 대상자로 보는 Renzulli의 입장을 따른다면 그 비율은 오히려 증가할 수 있다.

'성취 후(after-the-fact) 정의'란 특정 분야에서의 성취 정도에 따르는 것으로 영재란, 사회 구성원이 가치 있게 여기는 분야에 지속적으로 뛰어난 성취를 이룬 사람, 즉 학교나 국가, 세계적으로 이미 해당 분야에서 뛰어난 업적을 성취한 사람들만을 영재로 간주한다. Gardner가 연구했던 뛰어난 성취를 보인 7인(문학가 엘리어트, 과학자 아인슈타인,

---

5) 상위 0.1%(IQ148 이상)인 사람을 gifted, 그리고 2%-0.1%(133-147)인 사람을 talented라고 하는가 하면, gifted를 대략 상위 2%(133 이상) 정도로 보고 talented는 2-7%(124-132)에 속하는 사람으로 규정하는 등 학자들마다 주장이 서로 다르다.

음악가 스트라빈스키, 미술가 피카소, 무용가 그래함, 정치가 간디, 심리학자 프로이드)으로부터 영재들의 특성을 비교 연구한 자료를 얻을 수 있듯이, 이러한 정의는 확실한 증거가 있기 때문에 논란이 적을 수 있지만 잠재능력을 아직 계발시키지 못한 모든 학생들의 타고난 잠재력까지도 개발시켜 주어야 한다는 교육적 측면에서 볼 때는 별로 바람직하지 못한 정의가 될 수도 있다. 그러므로 영재성의 정의는 나타난 결과만으로 판단하는 것이 아니라 추후에 유의미한 업적을 남길 것이라는 유의미한 징후가 현재 보이는 사람, 즉 현재의 교육 대상자를 포함하도록 확대되어야 할 것이다.

'재능 정의'란 음악, 미술, 체육 등의 예술 분야에서 뛰어나거나 가능성이 있는 사람뿐만 아니라 특정 학문 분야에서 발휘되는 재능에 초점을 맞춘 정의이다. 영재성이란 어떤 특정 분야의 타고난 '적성(aptitude)'과 '성취(achievement)'가 조화된 상태라는 점을 결코 배제할 수는 없다. 이에 대해서는 아래에서 제시할 Gagné의 적성이론에서 좀더 자세히 살펴보기로 한다.

'창의성 정의'란 영재성을 규정짓는 가장 핵심적인 요인으로 뛰어난 창의력을 우선시키는 정의이다. 일반 창의성은 지능과의 상관이 높지 않으며 수렴적 검사보다는 특이한 단어 연상, 단순한 혹은 복잡한 그림에 대한 선호, 예정되지 않은 다양한 반응 등과 같은 확산적 사고력을 재는 검사로 측정하는데, 인지적 산물을 창출할 수 있는 능력이나 사회적으로 가치 있는 성취를 할 수 있는 능력을 의미한다. 그러나 한편으로 창의성이 실현되기 위해서는 독립적인 한 가지 특성으로서의 창의성보다는 지적 배경과 지능, 과제집착력, 사회적 지지, 높은 동기 등이 함께 요구된다. 최근에는 특정 분야에서의 실제 문제를 해결하는 과정이나 제작해낸 작품을 평가함으로써 각 분야별 창의성을 측정하는 것이 더 타당하다고 보는 학자들이 많아졌다. 더 나아가, 창의성은 일반적

인 지식과 기능, 특정 영역의 지식과 사고 기능, 성취동기, 애매함에 대
한 인내심과 개방성, 과제에 대한 집착력, 발산적 사고 등의 여섯 가지
가 동시에 복합적으로 작용하여 나타나는 심리적인 특성이라고 보는
복합 창의성 이론(Urban, 1995)이 최근 많은 호응을 얻고 있다. 교육현
장에서 영재를 판별하고 교육하기 위해 이 정의를 적용하려면 창의성
의 지적, 비지적인 특성에 대한 요인분석과 이들을 측정할 수 있는 검
사 도구와 방법이 요구된다.

그러나 "영재성은 뛰어난 잠재능력을 말하고 특수 재능은 한 가지
이상의 분야에서 나타내는 뛰어난 성취를 말한다."라고 정의함으로써
지능 정의, 성취 후 정의, 재능 정의를 모두 포괄하는 영재성의 정의를
제시하고 있는 Gagné(1991, 1993)와 같은 사람도 있다. 그러나 이러한
다양한 정의들 중에서 과연 어느 정의를 선택하는가 하는 문제는 이론
적인 바탕에 근거한다기보다는 그 사회, 시대, 또는 문화가 가치 있다고
여기고 영재들에게서 요구하는 것이 무엇이며 또 영재들을 위해서 얼
마나 많은 도움을 줄 수 있느냐에 달렸다.

미국 교육부(U. S. O. E.)는 영재를 다음과 같이 정의하고 있는데, 대부
분의 미국 영재교육 담당자들은 이러한 영재의 정의를 바탕으로 프로그램
을 계획하며 각 주 정부가 제공하는 영재교육 예산이나 각급 학교 또는 교
육청이 준비한 프로그램 계획서에 이러한 정의가 빠짐없이 나타나고 있다.

영재/재능아란 뛰어난 능력을 지니고 있어서 훌륭한 성취를 보일 가능
성이 있다고 전문가에 의해 판별된 자들이다. 그들은 그 자신과 사회에
기여하기 위하여 정규 교육과정이 제공하는 것 이상의 변별적인 교육 프
로그램이나 도움을 필요로 한다. 이들은 다음의 한 가지 또는 몇 가지의
영역에서 이미 성취를 나타내고 있거나 성취할 잠재 능력이 있는 자들이
다(Marland, 1978).

   ① 일반 지적 능력   ② 특수 학문 적성

③ 창의적 또는 생산적인 사고   ④ 지도력
⑤ 시각적 공연 예술   ⑥ 정신 운동 능력6)

　미국 코네티컷 대학의 교수인 Renzulli와 Reis(1978, 1985, 1994, 1996)는 영재성은 평균 이상의 지적 능력, 과제집착력, 창의성이라는 3가지 요인의 상호 작용의 결과로 나타나며 이들은 인성과 환경에 의해 큰 영향을 받는다고 주장한다.

　첫 번째 요인인 평균 이상의 지적 능력은 일반능력과 특수능력을 포함한다. 일반 능력은 추론능력(언어 및 수적 추론능력), 공간관계 지각 능력, 기억력, 언어 유창성, 정보를 빠르고 정확하고 선택적으로 회상하는 능력 등을 포함하며, 일반 적성 검사와 지능 검사로서 측정될 수 있다. 특수 능력은 특정 영역(수학, 과학, 음악, 조각 등)에서 지식과 기능을 획득하거나 문제를 수행하는 능력으로, 특정한 영역에서의 학업 성취도, 학업 적성 검사 점수로서 측정될 수 있다. 두 번째 요인인 과제집착력은 일정 시간 동안 문제에 몰두하는 능력으로 인내, 지속성, 집중성, 자신의 능력에 대한 믿음, 자기신뢰감 등의 정의적인 측면과 관련을 맺는다. 세 번째 요인인 창의성은 사고의 유창성, 융통성, 독창성, 경험에 대한 개방성, 호기심, 모험심, 정신적으로 끊임없이 활동하려는 성향, 세

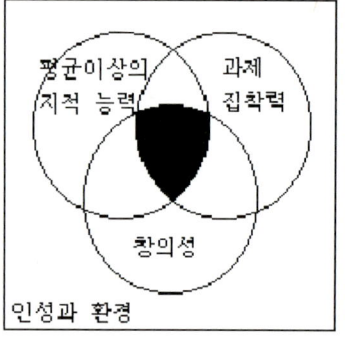

그림 [Ⅱ-1] Renzulli 영재성
구성요인

밀한 것에 대한 민감성, 아이디어와 사물에 대한 미적 감각, 자신의 아

---

6) 나중에 이 여섯 번째의 정신 운동 능력은 별도의 교육적 지원이 없어도 이미 사회적으로 상당한 동기화가 되고 있고 또 각종 재정적 지원을 받고 있다는 이유로 미 연방 교육부의 공식적인 정의에서는 빠지게 되었다.(Davis & Rimm, 1989, pp.11-12)

이디어와 느낌에 반응하고 작용하려는 태도 등을 포함한다.

영재나 재능아는 이러한 특성을 이미 보유하고 있거나 발달될 가능성이 있는 아동들로서 이들은 정규 교육과정에서 제공하지 않는 다양한 교육 기회와 서비스를 필요로 한다고 말한다. 또한 영재성이 나타나는 영역을 일반적 성취 영역과 특수 성취 영역으로 구분하고 있는 데 수학은 특수 성취 영역에서 철학, 시각 예술, 과학, 사회 과학, 법률, 종교, 언어, 음악, 생명 과학, 운동 예술 등과 함께 11개의 세부 영역 중 한 부분을 차지하고 있다. 영재성은 위의 3가지 요인이 모두 상위 15% 이내이면서 적어도 한 가지 이상의 요인에서 상위 2% 이내의 능력을 지녀야한다고 하였다. Renzulli는 지능이 상위 15(때로는 20)%의 학생들도 후에 매우 뛰어난 성취를 보였다는 연구 결과를 토대로 하여 영재성이 나타나는 영재교육의 대상자 범위를 15-20%까지로 확대하여 잡고 있는 것이다.

캐나다 퀘벡 대학의 교수인 Gagné(1991, 1993)는 인간의 능력을 영재성과 특수 재능으로 구분하면서, 타고난 영재성이 뛰어난 특수 재능으로 계발되는 과정과 이 과정에 필요한 개인적 요인 및 환경적 요인을 포괄적으로 제시하였다. 그에 의하면 '영재성'은 천성적으로 타고났거나 체계적인 훈련을 받지 않은 상태에서 나타나는 인간의 적성, 또는 잠재 능력을 말하며, '특수 재능'은 타고난 영재성을 체계적인 훈련, 연습, 경험 등을 통해 각각의 특수한 활동 분야에서 발휘할 때 나타나는 뛰어난 능력을 말한다. 다시 말하면, Gagné는 한 가지 이상의 영역에서 각자가 타고난 우수한 잠재 능력을 '영재성'이라고 보았고, 이 영재성이 개인 요인과 환경 요인이라는 촉매에 의해 발휘되어 나타나는 뛰어난 성취를 '특수 재능'으로 구분하고 있는 것이다.

Gagné의 모델은 영재성과 재능을 적성(competence)과 수행(perfor-mance)이라는 면으로 구분하여 사용하고 있다. Gagné의 적성 이론에

따른 영재성 – 재능
모형은 영재성과 특
수 재능 간의 관계
를 잘 나타내 주고
있을 뿐만 아니라
특히 이들 간에 상
호 작용을 하는 촉
매 요인의 관계를
잘 설명하고 있다.
Gagné의 적성 이론
은 각 적성 분야에
서 매우 뛰어난 사
람만을 영재로 보기

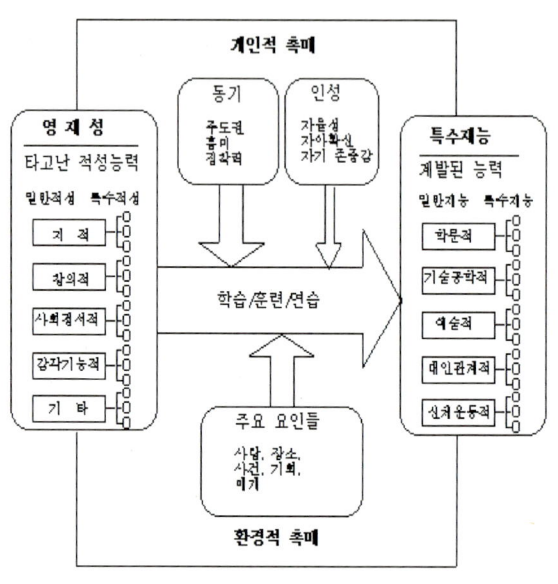

[그림 Ⅱ-2] Gagné의 영재성 – 재능 모형

보다는 15-20% 정도의 범위에 드는 아동은 모두 영재성이 있는 것으로 보고 훈련과 연습의 기회를 제공하여야 한다는 점을 강조하고 있다. 타고난 영재성이 특수 재능으로 계발되기 위해서는 동기, 성격, 태도와 같은 '개인적인 촉매'요인과 가정, 학교, 사회가 제공하는 체계적이고 집중적인 훈련과 같은 '환경적인 촉매'요인이 모두 필요하다. Gagné의 정의는 기존의 영재성과 재능에 관한 논의를 더 세분하여 '영재성'은 선천적으로 뛰어난 잠재능력을 말하고 '특수 재능'은 한 가지 이상의 분야에서 나타내는 뛰어난 성취를 말한다고 정의함으로써 지능 정의와 성취후 정의 그리고 재능 정의를 모두 접목한 포괄적인 영재의 개념을 정립한 이론에서 한걸음 진보하여 실제적으로 적용할 수 있는 정의라는 측면에서 가치가 있다. 따라서 Gagné의 정의는 영재를 위한 특별 프로그램을 만들고 운영하는 데 가장 적합하게 사용될 수 있는 개념이다.[7]

---

7) Gagné, F.(1991)의 p.67과 Gagné, F(1993) p.72 및 김정휘(1996) p.46에

최근의 영재성 개념 정의에서 나타나고 있는 공통점은 영재성의 개념이 인간 능력의 구체적인 측면으로 세분화되어 간다는 점과 영재성을 지적 능력만이 아니라 태도나 성향(예를 들어, 과제집착력 등) 등과 같은 非인지적 능력의 영향력이 강조되고 있다는 점이다.

다. 수학 영재의 수학적 능력과 수학적 행동특성

영재의 일반적인 행동특성에 대해서는 이미 많은 연구 문헌에서 논의하고 있다. 첫 번째는 평균 이상의 지능과 높은 창의성, 그리고 이로 인한 신속하고 성취도 높은 학습력이요, 두 번째는 다양한 지적 흥미와 특수 학업 분야나 특정한 적성 영역에서의 비범한 재능이며, 세 번째는 강한 자아개념, 과제집착력, 성취가능성과 같은 비지적인 특성이다. 영재들은 심리적, 행동적 특성에 따라 그들이 나타내 보이는 심리적 욕구도 다양하다. 그들은 무엇보다도 지적으로 새로운 자극과 도전을 받고 싶어 하며, 평범하고 일반적인 것보다는 창의적이고 혁신적인 것을 좋아한다. 그러나 그들의 정서적인 발달은 인지적인 발달만큼이나 충분히 성숙하지 못하는 경우도 흔히 나타난다(조석희 외 4인, 1996, pp.21-23). 이들의 심리적 특징에 따른 욕구를 간단히 표로 정리한 것이 〈표 Ⅱ-2〉이다.

나와 있는 그림을 재종합한 것이다.

〈표 Ⅱ-2〉 영재의 심리적 특징에 따른 욕구

심리적 특징	욕구
추상적인 개념을 다루는 능력	단순 반복적인 활동보다는 고급 사고를 즐길 수 있는 게임을 더 좋아한다.
문제 해결 능력	구조화된 문제, 非구조화된 문제를 모두 해결해보고자 하며, 실제적인 문제와 가설적인 문제를 모두 해결하고 싶어 한다.
창의성	자기 자신을 다양한 형태와 독창적인 방법을 통해서 표현하고 싶어 한다.
비판력	건설적인 목적을 위하여 비판과 평가를 자주 하고 즐긴다.
독서 능력	독서, 토론, 언어 학습을 하고 싶어 한다.
주의 집중 능력	시간이 오래 걸려야 하는 프로젝트와 의미 있는 활동에 참여하는 것을 싫어하지 않는다.
호기심: 예민하고 다양한 흥미	우연히 접하게 된 많은 현상들을 더 깊고 자세히 탐색하고 싶어 한다.
독립심	혼자서 자발적으로 노력하고 싶어 한다.

학교에서 흔히 '똑똑한' 아이들은 가르치기 쉽고 설명을 잘 알아듣기 때문에 교사를 즐겁게 하는 반면, 영재들은 개성이 특별하기 때문에 매우 다루기 곤란하고 어려운 아동으로 취급된다. 〈표 Ⅱ-3〉은 영국의 영재교육을 위한 교사용 자료(George, 1995, p.13)에서 영재들이 일반적으로 똑똑하다고 여겨지는 아이들과 어떤 차이점이 있는지를 정리한 내용이다. 그러나 Ehrlich(1982, p.164)는 이런 긍정적인 특징뿐만 아니라 부정적인 특성을 보이는 경우에는 미확인된 영재성에 대한 단서가 된다고도 말하고 있다.

〈표 Ⅱ-3〉 똑똑한 아이들과 영재들의 행동 차이

똑똑한 아이(bright child)	영재(gifted child)
흥미를 느낀다.	호기심이 매우 많다.
질문에 답을 잘 한다.	세밀하게 토론한다.
답을 알고 있다.	질문을 한다.
가장 우수한 집단이다.	특정한 집단의 범위를 벗어난다.
의미를 잘 잡아낸다.	추리하고 추정한다.
기민하고 빈틈이 없다.	관찰력이 예민하다.
과제를 완수한다.	과제를 주도한다.
좋은 아이디어를 가지고 있다.	엉뚱하고 우스꽝스러운 아이디어를 가지고 있다.
학교생활을 즐긴다.	학교생활에 대해 매우 비판적인 경우도 있다.
배운 것에 대한 기억력이 뛰어나다.	추리력이 뛰어나다.
누군가 가르쳐 주는 것을 즐거워한다.	스스로 배우는 것을 즐긴다.
정보를 잘 받아들인다.	정보를 조작하며 알고자 하는 일에 열정적이다.
쉽게 배운다.	이미 알고 있다.
곧바로 쭉 올라가는 것을 즐긴다.	복잡하고 꼬인 것에 도전한다.
동료들을 좋아한다.	어른이나 자기보다 나이 많은 아이들을 좋아한다.

여기서 제기되는 기본적인 문제는 일반적인 영재성에서 확인된 3가지 요인 - 즉, 고도의 일반적인 지적 능력, 창의력, 과제집착력 - 이 수학 영재성에는 어떻게 나타나며, 수학 영재는 일반적인 영재의 행동특성만으로는 구분해낼 수 없는 별도의 어떤 독특한 특성이 있는가 하는 것이다.

Blurton(1983)은 수학 - 과학적 재능은 일반적 능력과는 엄연히 구분될 수 있는 것으로 보고하고 있다. 수학 분야에서 이미 뛰어난 재능을 나타내고 있거나 잠재력을 가지고 있는 아동의 행동을 관찰하여 그 특징을 추출하는 방법이 존스 홉킨스 대학의 수학 속진아를 위한 연구 (Study of Mathematical Precocious Youth: SMPY)에서 제시되었다. Blurton은 그의 "과학적 재능: 그 붙잡기 힘든 재능"이라는 글에서 과학적 능력을 과학에 대한 흥미, 고도의 수학적 능력, 고도의 언어 능력

44

이라는 세 요인으로 제시했다.

수학적 능력에 관한 대표적인 연구로서는 Krutetskii(1976)에 의해 발표된 13년간의 방대한 연구 결과가 있다.

Krutetskii는 수학을 배우는 능력이란 "모든 다른 조건이 동일한 경우에, 학교에서 요구하는 수학적 활동을 수행하고 또 학교 교과목으로서의 수학을 창의적으로 숙달하기 위해서, 특히 수학적인 지식, 기능, 습관 등을 비교적 신속하고, 용이하고, 철저하게 숙달하는 데 영향을 주는 개인의 심리적인 특성(주로 정신 활동의 특성)을 의미한다"(p.74-75)고 하였고, 동시에 수학적 능력이 의미하는 바를 사회적 가치를 지닌 독창적인 산출물을 혼자서 창조하면서 학문으로서의 수학을 하는 데 필요한 "창조적 능력"과, 학교 수학 과정을 학습하고 이에 적당한 지식과 기능을 익히는 데 필요한 "학교 능력"의 두 가지로 크게 구분하였다. Krutetskii는 수학적 능력과 특별히 관련이 있는 지적 변인을 일반 요인, 수적 요인, 공간 요인, 언어적 요인, 추론 요인으로 나누어 요인 분석법에 의한 연구 결과를 정리하였다. 그러나 Krutetskii는 지필 검사에 의존해 온 기존의 요인분석법이 편향적이며, 수학적 능력에 관하여 정확하고 의미 있는 개념을 주지도 못한다는 점을 비판하였다. 그는 이 방법이 수학적 능력의 구조와 본질을 밝힐만한 도구가 못된다고 결론지은 후 문제해결 과정에서 나타나는 수학 영재의 행동특성을 분석하였다.

Krutetskii는 수학 문제를 해결하는 정신적 활동을 정보 수집 능력, 정보 처리 능력, 정보 파지 능력이라는 3가지 단계적 능력으로 나누었는데, 각 단계에는 8가지의 하위 능력(문제에 대한 구조적 파악, 논리와 기호 등의 사용, 사고과정의 일반화, 단축, 유연성, 경제성, 가역성, 구조적 기억)이 포함된다.

Krutetskii는 수학교사들이 수학적 능력이란 무엇을 의미하고, 어떤 기준으로 능력의 존재 여부를 판단하는지를 알아보기 위해 러시아의 수학교사들에게 두 차례에 걸쳐 구두와 서면으로 행한 질문의 결과를 분석하였다. 두 번째의 조사에서는 조사가 있기 며칠 전에 학교아동의 수학적 능력의 심리학에 관한 강의-토론을 개최하였기 때문에 교사들의 생각이 보다 더 요점적이고 수준 높은 진술이 되었다고 보인다. 그러나 이러한 교사들의 진술은 매우 흥미롭기는 하지만 너무 일반적이고 명확하지 않았다.

〈표 Ⅱ-4〉 러시아 수학교사들의 수학적 능력 요인에 대한 의견

구분	1차(1958-1960년, 62명)		2차(1965년, 56명)	
순위	내용	동의비율	내용	동의비율
1	수학적인 지식, 기술, 습관에 대한 상대적으로 빠른 숙달: 교사의 설명 이해의 신속성	95%	쉽게 일반화하는 능력	98%
2	사고의 논리성과 독립성	82%	추론의 논리	98%
3	수학을 공부할 때 재치의 풍부함과 예리함	67%	예리한 재치와 기지의 풍부함	88%
4	수학적인 자료에 대한 빠르고 안정된 기억	50%	수학적 정보에 대한 기억력	82%
5	수학적인 자료의 일반화, 분석, 합성 능력의 높은 발달 수준	50%	추상화하는 능력	82%
6	수학학습에서 별로 피로를 느끼지 않음	3%	사고의 유연성	73%
7	순행적인 사고 고리를 역행적으로 재빨리 바꾸는 능력	1.5%	시각적인 방법의 사용	63%
8			공간적인 개념의 존재	57%
9			사고의 순행 고리로부터 역행 고리로 이동하는 능력	52%
10			정신력 소모의 경제성을 위해 간단한 방법을 찾으려는 노력	48%
11			추론과정의 단축	38%
12			수학학습에서 별로 피로를 느끼지 않음	30%

Krutetskii에 의하면 수학 영재들은 "수학적인 성향"이라는 신경학적 조직을 가지고 있는데 이 특성은 흔히 7-8세경에 초보적인 형태로 나타나서 그 이후에 폭넓게 드러난다. 즉, 자기 주위의 환경을 수학적으로 끼워 맞추려 하며, 현상의 수학적인 측면에 지속적인 관심을 가진다든지, 항상 공간적, 양적인 관계와 결합, 함수적 관련성을 알아내려고 한다. 수학에 재능을 보이는 학생들에게는 종종 "수학적인 눈으로" 세상을 보려는 속성이 있는 것이다. Krutetskii는 이러한 수학적 사고의 성향에는 분석적 성향, 기하학적 성향, 이 둘이 조화를 이룬 성향 등 세 가지가 있다는 것을 알아냈다(pp.315-329).

이외에도 Weaver & Brawley(1959), Keating(1974), Hoare & Wood(1980), Greenes(1981), Consuegra(1982), Miller(1990) 등과 같은 많은 사람들이 수학 영재의 수학적 능력에 대해 언급할 때는 지적인 능력만이 아니라 정의적인 태도와 성향을 포함하는 다면적인 특성을 고려해왔다. 특히 Kieβwetter(1985)는 수학적 능력을 설명하면서 검사에서 단지 높은 점수를 따내는 측면보다는 특정 문제와 관련된 문제를 발견하거나 만들어 내는 능력 등에서 얼마나 새로운 시각으로 수학적 이론을 생각해낼 수 있는가에 초점을 맞추고 있다.

이상에서 언급한 수학적 능력에 대한 정의와 그 구성요인, 그리고 그런 능력을 소유한 수학 영재의 지적, 정의적 행동특성들을 어느 정도 종합적으로 정리한 최근의 연구는 NCTM(House, 1987)에서도 찾아볼 수 있는데, 거기서는 수학 영재들의 행동특성을 크게 일반적 행동특성, 학습 행동특성, 창의적 행동특성, 수학적 행동특성의 4가지로 나누고 이런 유형의 수학적 성향을 개발시킬 필요성을 강조하고 있다(pp.8-9).

또한 NCTM의 교육과정과 평가의 규준집(1989)에서는 수학 교육에서 가장 중심이 되는 것이 모든 학생을 위한 수학적 능력의 개발이며, 이것은 인지적 능력과 정의적 능력을 모두 포함하는 것이어야 한다고 기술하고 있다. 즉, 수학적 능력이란, 조사하고 추측하고 논리적으로 추론하는 능력, 실생활의 문제를 해결하는 능력, 수학에 대해 그리고 수학을 통해 의사소통하는 능력, 수학 내의 여러 가지 아이디어 및 수학과 다른 지적 활동 간의 아이디어를 관련짓는 능력 등을 포함한 인지적 능력과 문제해결과 의사 결정에서의 자신감의 개발, 수량적 정보와 공간적 정보를 찾고 평가하며 이용하는 성향의 발달, 유연함, 인내력, 흥미, 호기심, 독창성 등과 같은 정의적 능력 모두를 포함한다고 말한다.

미국 국립 과학재단(NSF)은 수학자, 과학자, 공학자가 되기를 희망하는 중 고등학교 학생들에게 제공되는 청소년 학습 프로그램(Young Scholar Program)에 자금을 지원하고 있는데, 이 중 수학 프로그램에서 가장 뛰어난 학생들을 구별하는 특성으로 책임자들이 가장 빈번히 언급하고 있는 것이 끈기라고 한다(Young Scholar, 1993). 이들은 문제에 집착하고 쉽게 포기하지 않는 학생들이 바로 모든 프로그램에서 최고 수준의 학생들이라는 점에 동의하였다. 각 프로그램에서 능력이 있다고 선발된 학생들은 모두 이전에 각종 수학활동에서 평균 이상의 능력을 보였던 학생들이다. 그러나 표준화된 수학 시험에서 상위권의 성적을 얻었던 학생들이 이 프로그램에서도 항상 상위권을 유지하고 있지는 못하였다. 끈기와 노력은 높은 성취를 암시하는 요인이며, 연구하는 과정에서 다른 사람으로부터 배우는 능력도 수학적인 결과와 연구의 질을 높이는데 중요하게 기여하는 것으로 나타났다. 호기심, 창의력이나 집착 성향을 자극하는 문제를 통해 자신의 능력을 연마할 기회를 제공하지 않으면 이러한 학생들의 수학적인 재능을 개발시킬 기회를 잃게 할 수도 있을 것이다.

이와 같이 수학 영재성에 대한 연구는 수학적 능력에 대한 연구와 거의 동일시되고 있음을 알 수 있다. 따라서 본고에서는 기존의 여러 연구에서 공통적으로 중요하게 여기는 수학적 능력 요인들을 수학 영재성의 요인으로 그대로 사용하기로 한다. 어떤 연구자들은 인지적인 측면을 중시하기도 하였지만 수학 영재성의 구성 요인 가운데 정의적인 측면을 결코 소홀히 할 수 없다. 수학 영재성에 관한 여러 가지 특성들은 영재에 관한 하나의 테두리를 제시해 줄 뿐 절대적이고 일반화된 기준을 제공해 주는 것은 아니다. 어떤 한 영재에게 두드러지게 나타나는 특성이 다른 영재에게는 별로 나타나지 않을 수도 있고 그 반대일 수도 있으므로 어떤 학생이 위에서 언급한 영재성의 특성 가운데 몇 가지를 더 많이 가지고 있다고 해서 그 학생의 영재성이 더 있다거나 뛰어나다는 식으로 단정할 수는 없다. 특히 Gagné 등은 교육 환경이나 프로그램을 통하여 타고난 잠재적 영재성이 각 분야별 재능으로 나타날 수 있도록 도와주는 교육 프로그램의 중요성을 강조하고 있다. 영재성의 특성을 보다 구체적으로 세분화된 특정 영역 또는 특정 과제해결의 영역으로 한정함으로써 보다 신뢰할 만한 기준을 세울 수도 있고 특성의 변산도를 줄일 수도 있을 것이다. 근래에 영재의 개념이 다변화되어 가고 있고 구체적인 영역으로 한정하면서 특성을 연구하고 있는 것은 당연하다고 할 수 있겠다.

2. 수학 영재의 창의적인 문제해결 능력 측정

여기서는 위에서 살펴본 수학적 능력과 수학적 행동특성들이 실제 수학 문제를 해결하는 데 구체적으로 어떻게 나타나는지를 알아보고자 하는데, 특히 수학 영재의 창의적인 문제해결 능력에 초점을 맞추고자 한다. 이를 위하여 창의성의 개념과 수학적 창의성의 실체를 분석하고 이를 수학 문제해결에 적용시켜볼 수 있는 가능성을 타진해보고자 한다.

가. 수학교육에서의 창의성에 관한 연구

교육학 및 심리학에서의 창의성에 관한 연구는 Guilford가 미국 심리학회에서 창의성의 중요성에 대해 연설한 것을 계기로 하여 활발히 진행되었다. 이제까지의 창의성 연구는 일반적으로 다음의 두 부분으로 나눌 수 있다. 그중 하나는 특별히 창의적으로 뛰어난 능력을 가진 사람들의 창의적 과정과 능력을 보통의 사람들과 비교하여 측정하려고 한 것인데, 이 접근법으로 의미 있는 중요한 연구 결과를 얻긴 하였지만 아직까지도 창의성 검사의 충분한 타당성은 입증되지 못하고 있다. 다른 하나는 창의적인 사람들의 심리적인 특질을 찾아보려는 연구로서, 이는 매우 창의적인 사람들이 자신이나 가까운 동료들의 특성들을 기술한 것을 기초로 이루어지거나, 정신분석학적인 측면에서 창의적 노력을 신경학적으로 또는 승화의 차원으로 보려고 시도한 것이다(Gardner, 1985).

Guilford 이후 지금까지 창의성에 관련된 연구들은 창의성의 평가와 창의성의 개발 및 육성에 대한 문제와 관련하여 시대와 내용 면에서 아래 표와 같이 크게 3부분으로 나누기도 한다(Treffinger, Sotore, Cross Jr., 1993, p.557).

〈표 Ⅱ-5〉 창의성 연구의 시대적 구분

시대	과정에 대한 이해	평가에 대한 이해
1950-1960년대	-확산적인 사고에 초점 -"창의성 = 확산적 사고"	-창의적 인물의 특성과 성격연구 -확산적 사고 검사지 출현
1970-1980년대	-교육용 패키지와 프로그램 개발 -창의적 사고와 비판적 사고의 균형	-"다원적 준거"를 사용 -창의성의 수준과 스타일에 대한 연구 -인물과 과정을 연결시키려는 연구
1990년대 이후	-생태학적 입장(과정의 요인적 관점에 초점을 둠): 규정적이지 않고 기술적이며 자연적임	-프로파일의 강조 -다양한 특성, 과정, 맥락, 과업 또는 결과에 대한 설명을 고려함

수학교육에서의 창의성에 관한 연구를 구체적으로 살펴보기 전에 창의성에 관한 일반적인 내용을 먼저 개관하고자 한다. 이는 수학교육에서 요구하는 창의성이나 창의성의 요인들이 일반적인 것과 전혀 별개의 것이 아니기 때문이다.

(1) 창의성에 대한 여러 가지 정의

인간은 새것을 좋아하고 끊임없이 새로운 것을 추구하며 보다 나은 삶을 누리고자 하는 욕구에서 새로운 것을 생각하고 만들어 내는데 이러한 능력 또는 성향을 창의력(creative ability) 또는 창의성(creativity)이라고 한다. 그러나 창의성이라는 용어는 상상력, 독창성, 확산적 사고, 창조성, 발명, 직관, 모험적 사고, 창출, 탐구, 창안, 신기성 그리고 영재성이라는 용어나 개념과 혼용해서 학자들마다 다르게 사용하기도 한다.

최근에 Tannenbaum(1983)은 영재, 천재, 고도의 창의성을 가진 사람 등은 유사한 의미로 사용된다고 말하면서 창의성을 영재성과 거의 동의어로 사용하고 있다. 조석희 외 4인(1996, p.80)에 의하면, Joyce는 창의성을 영재성의 중요한 한 부분으로 간주하면서 창의성을 우아한 것을 산출하는 능력, 조직하는 능력, 발산적으로 사고하는 능력, 새로운 것을 생성하거나 산출하는 능력을 의미한다고 하였고, Amabile는 "개방적인 과제에 대하여 새롭고도 적절한 해결책이나 반응을 제공하면 이러한 해결책이나 반응은 창의적이다"고 하였는데, 이 '적절한'이라는 뜻은 Vernon의 "전문가에 의해서 과학적, 심미적, 사회적, 또는 기술적 가치를 인정받은 독창적인 아이디어나 통찰, 재구조화, 발명, 또는 예술 작품을 만들어 내는 능력"에서 말하는 '전문가에 의해 인정받은'이라는 말과도 통한다고 말한다. 한국교육개발원의 허경철 등(1991)은 창의적 사고를 민감성, 유창성, 융통성, 독창성, 정교성을 요인으로 하는 기능적인 측면과 자발성, 독자성, 집착성, 호기심으로 요인으로 하는 성향적인 측면으로 구분하여 제시하고 있다.

또한 Sternberg(1994)는 창의성을 "무엇인가 새롭고, 문제 상황에 적절한 것을 만들어 낼 수 있는 능력"이라고 정의하였으며, Urban(1995)은 창의성이란 "주어진 문제나 감지된 문제로부터 통찰력을 동원하여 새롭고, 신기하고, 독창적인 산출물을 내는 능력"이라고 하면서, 창의성의 요소를 인지적인 요소(확산적인 사고와 행동, 일반적 지식과 사고 기반, 구체적 지식 기반과 특정 영역의 기능)와 정의적인 요소(초점 맞추기와 과제 집착력, 동기화 및 충동, 개방적이며 애매모호함에 대한 참을성)의 두 그룹으로 나누어 제시하고 있다. Noller는 '창의성=f(지식, 상상력, 평가)'와 같은 함수 관계로 파악하였고 임선하(1993, 1996)도 "창의성은 새로움에 이르게 하는 개인의 사고 관련 특성이다"라고 정의하면서 '창의성=f(성향, 경험, 기능, 지식)'이라는 C=f(DESK) 공식을 발표하였다(임선하, 1996, p.4). 그리고 상호 작용주의자의 창의적 행동 모델(Woodman & Schoenfeldt, 1989, p.81)이 나온 이후 최근에는 이를 보완하는 모델로서 세계 영재 협회(NAGC)에서는 창의성의 다차원적 상호 작용 과정 모델을 내놓기에 이르렀다(Alexander, Parsons & Nash, 1996, p.27).

이와 같이 창의성에 대한 정의는 영재성에 대한 정의와 마찬가지로 학자마다 표현하는 바가 다르기 때문에 명쾌하게 규정하기는 어렵다. Morgan(1953년), Rhodes(1961년), 그리고 Kheiralla(1963년) 등이 이미 그 이전까지의 창의성에 관한 기존의 정의들을 각각 22, 32, 60가지나 분류해 놓았을 정도이다(Balka, 1975, pp.16-18). 따라서 상황에 따라 적합한 조작적인 정의를 사용할 수밖에 없으나 어떤 정의에서도 인간의 내면적인 부분과 외면적인 상황 그리고 인지적인 부분과 정의적인 부분의 복합적인 상호 작용과 피드백이 이루어지고 있음을 부인할 수가 없다.

이러한 창의성의 특징을 고려하면서, 창의성을 다음과 같이 정의할 수도 있을 것이다. 창의성이란 일정한 틀이나 규칙에만 얽매이지 않고 때때로는 엉뚱하거나 기발한 생각 속에서 자기 나름대로 아이디어나 작품을 독창적으로 생각해내고, 그것이 일상적이고 관습적인 사고과정에서 벗어나 보다 유용한 아이디어가 되도록 하는 지적인 능력과 이를 가능하게 하는 정의적인 태도와 성향을 말한다. 다시 말해, 새롭고 희귀한 아이디어와 유용한 작품을 생산해내는 세련된 사고능력을 창의성의 지적인 측면이라고 한다면, 자유분방하면서도 융통성 있고 다소 위험부담이 있더라도 실패를 두려워하지 않고 관심 분야에 집착하여 생각하고 행동하려는 태도와 성향을 창의성의 정의적 측면이라고 말할 수 있다(Feldhusen, 1977; Torrance et al., 1992).

창의성의 요인들에 대해서는 Urban이 제시하고 있는 창의성 요소모델을 중심으로 살펴보면 전체적인 맥락을 쉽게 이해할 수 있을 것이다 (Urban, 1995, pp.10-15; 조석희, 오영주, 김홍원, 박경숙, 1996, pp.6-11; 김주훈, 이은미, 최고운, 송상헌, 1996, pp.27-30). Urban은 확산적인 사고와 행동, 일반적 지식과 사고 기반, 그리고 특정 영역의 지식기반과 기능 등 3가지의 '인지적 요소'와 집중력과 과제 집착력, 충동과 동기화 및 개방성과 애매함에 대한 참을성 등의 3가지 '인성적인 요소' 등 모두 6가지 요소가 개인적, 사회적, 세계적인 맥락에서 상호 작용을 통해 나타나는 것이 창의성이라고 설명했는데, 이것은 Renzulli가 말하는 학업적 영재성과 창의적 영재성과도 접목되며 학업적 영재성에서는 Urban의 인지적 요소가 강하게 나타나며 창의적 영재성에서는 인성적인 요소가 보다 강하게 나타나는 것으로 해석되는 경우도 있다. 그러나 이 같은 Renzulli의 이분법보다는 Urban의 요소적 접근 모델이 창의력을 측정하고 교육하는 데보다 더 세분화된 정보와 시사점을 제공할 수 있다고 본다(조석희, 오영주, 김홍원, 박경숙, 1996, pp.11-12). Urban의 요소적 접근 모델의 응용 가능성과 적용 방법에 대해서는 다음과 같은 조석희 등의 지적에서 시사 점을 얻을 수 있을 것으로 생각된다.

> 이 모델은 지금까지 우리가 생각해왔던 것과는 달리 일반적인 창의 성 검사나 일반적인 창의성 교육 프로그램의 개념이 성립하기 어렵다 는 점을 보여주고 있다. 왜냐하면 여섯 요소 중, 특정 영역에서의 지식 과 기능이 얼마나 풍부하고 원활히 활용되는 가에 따라서 창의성이 발 휘되는 정도가 다르기 때문이다. 또한 기능은 기초 사고기능뿐 아니라 고급 사고기능까지도 뜻한다. 분석, 종합, 평가 등의 사고 능력이 원활 히 이루어져야 창의성이 발휘된다는 주장을 하고 있다. 이 모델은 기능 적이어서 문제해결의 단계와 나이에 따라서 이 여섯 가지 요소가 작용 하는 정도가 달라진다. 문제해결의 첫 단계에서는 개방성과 애매모호함 에 대한 참을성, 확산적 사고와 활동, 일반적 지식과 기능 기반이 더 많이 작용하고, 문제해결의 후반부에서는 초점 맞추기와 과제 집착력, 동기, 특정 영역에서의 지식과 기능 기반 등이 더 많이 작용한다.(조석 희 외 4인, 1996, pp.82-83).

창의성을 아동의 확산적인 사고와 관련한 문제해결력으로 보는 인지적 인 접근도 있다. 인지적인 접근은 Wallas나 Wertheimer와 같이 창의적인 문제해결 과정으로 보는 입장, Mednick이나 Koestler와 같이 독립된 두 사건의 연합 능력으로 보는 입장, 그리고 Guilford와 Torrance와 같이 확 산적인 사고 능력으로 보는 입장 등이 있다(조정순, 조석희, 홍용희, 김정 효, 1996, p.35; Cohen & Ambrose, 1993, pp.352-357). 그 중 Guilford의 이론이 인지적인 접근의 가장 대표적인 것인데, 그는 많은 정신적 기능이 창의성과 관련되어 있으나 특히 조작 요인 중의 하나인 '확산적인 산출물' 이 결정적인 연관성을 지닌 것으로 간주하였다. Guilford는 확산적 사고의 하위 구성 요소로, 민감성, 유창성, 융통성, 정교성, 종합력, 분석력, 재구성 력, 복잡성, 평가 등 9개의 요소를 들고 있다.

(2) 수학교육에서의 창의성에 관한 연구

여기서 일반적인 창의성 이론이 수학이라는 특정한 교과 영역에서는 어떻게 구체화되어 적용되고 발전되어 왔는지를 좀더 깊이 살펴볼 필요가 있다.

수학적 창의성은 Weaver와 Brawley(1959)가 말한 대로 '수량적인 상황을 고정된 방식이 아니라 통찰, 상상, 창의성, 독창성, 자기-지시성, 독립성, 열망, 집중성, 끈기 등을 가지고 융통성 있게 생각하고 수행하는 능력'으로 규정될 수도 있을 것이나, Krutetskii(1976)는 창의성에 대해 직접적으로 자세히 언급하고 있지는 않지만 주된 수학적 능력의 하나로서 사고과정의 유연성을 말하고 있다. 그는 "고정화 극복"이나 "자기 제한 극복" 또는 "해법을 찾는 판에 박힌 방법을 벗어나는 것"처럼 창의성의 한 가지 요인인 융통성의 측면을 강조한다.

Tammadge는 1979년 영국 수학 협회에서 행한 연설에서 수학 교사들이 수학적 창의력을 구별할 줄 알 뿐만 아니라, 학생들을 고무하며, 학생들의 창의력을 향상시키도록 할 필요가 있다고 주장하였다(Haylock, 1984, p.45에서 재인용). 그는 수학 교수법이 이미 존재하는 지식을 누적적으로 학습하는 데 강조점을 둔 원론적 사고와 암기학습 모델에 의해 너무나 오랫동안 좌우되었다고 말하면서 그 대안으로 제시한 창의적 사고 모델을 통해 수학 교실에서의 창의력 발휘 가능성을 언급하고 있다.

Deridder(1986)는 초등학교 6학년 학생들을 대상으로 한 연구에서 지능과 수학 성적만으로는 영재 학생들을 올바로 판별할 수 없음을 보여주었고, 문제해결력 검사, 수학적 창의성 검사, 과제 집착력 검사가 반드시 포함되어야 한다고 하였다. NCTM(1989)에서도 다가오는 21세기를 대비하여 모든 학생들은 수학적 소양을 지녀야 하며, 이를 위해서 학생들은 탐구하고, 추측하고, 논리적으로 추론하고, 효과적으로 다양한 문제해결

을 해 나가는 방식에 익숙해져야 한다고 설명하고 있다. 이를 위해 학생
들은 확산적이며 건전한 수학적 사고를 하도록 자극받고 창의적 아이디
어를 제기할 수 있도록 도전적인 과제를 제공받아야 하며, 한 가지 문제
를 다양한 방법과 전략을 사용하여 풀게 하는 것은 이러한 수학적 사고
를 신장시키는 데 유용한 방법이라고 기술하고 있다. 그리고 NRC
G/T(1993, 1994)는 수학 영재를 판별하는 방법으로 관찰, 질문에 대한
학생의 반응, 학생 산출물의 검사를 들면서, 기존의 사지선다형이나 단답
형의 문제들은 학생들의 사고 능력에 관한 정보를 거의 알려주지 못하기
때문에, 한 가지 이상의 답을 요구하는 열린 문제[8]를 가지고 수학 분야
에서의 창의적 사고 능력과 표현 능력을 측정해야 한다고 주장하였다.

　수학적 창의성에 대한 정의 및 수학적 창의성 발현의 원동력, 그리고 창조
과정의 결과로 나타난 결과물의 수용 기준 등에 대해서는 Ervynck(1991)이
잘 요약하고 있다. Ervynck은 수학적 창의성은 본질적으로 수학적 대상을
만들고 그 대상들의 상호관련성을 찾아내는 능력이라고 전제하면서, "수
학이라는 교과의 특별한 성격을 고려하여 그 구조 속에서 사고를 개발하
고 문제를 풀어내는 능력"(pp.46-47)이라고 정의한다. 수학적 창조는 일
반적으로, 관련 주제에 친숙해지려는 노력, 주제의 심층 구조에 대한 직
관, 상상과 영감, 연역(형식)적인 구조로 틀이 갖추어진 결과물 생성하기
의 과정을 따르는데 이러한 단계는 Hadamard(1945)가 말한 창조적 사고
의 4단계와도 관련을 지을 수 있다.

　수학적 창의성이 발현되는 원동력은 개념에 대한 깊이 있는 이해, 추
측을 바탕으로 한 직관, 새로운 지식을 만들어 내는 추진력 있는 통찰,
장차 무엇이 중요하게 될는지를 예견하는 것과 관련된다. 창의성은 현
상황을 예전에는 생각지 못했던 방법으로 확장시킬 것을 요구하며, 새
로운 아이디어를 만들어 내고 더 나아가 기존의 아이디어를 새로운 방

---

8) 'open-ended/ open-response question'을 '열린 문제'라고 번역하였다.

법으로 결합시킬 것을 요구한다. 수학적 창조에로 도약할 때 나타나는 수학적 창의성의 특징으로서는 여러 가지 아이디어와 개념들의 상호작용으로 연결되는 관계성, 그들 속에서 서로 경쟁하여 살아남을 수 있는 선택성, 유용하면서도 선택하고자 하는 기준에 맞는 적합성, 세련되고 정교화된 개념의 압축성 등을 들 수 있다. 이 같은 수학적 창조과정에 따라 생성된 수학적 아이디어들이 마지막으로 수학계에서 수용되고 생존하기 위해서는 모호하지 않고 설명력이 있어야 하며, 관련성과 응용 면에서 폭넓고 심오한 것이어야 하고, 앞으로의 발달에 기초가 될만한 유용성이 있어야 하며, 기존의 것을 단지 재배열한 것이 아닌 독창성이 있어야 한다(Ervynck, 1991, pp.47-48).[9]

창의성을 구체적으로 측정하고 평가하는 일은 전통적으로 Guilford와 Torrance에 의한 확산적 산출물 검사에 의해 실시되어 왔다. 그들의 공통적인 특징은 주어진 문제에 대해 여러 가지의 적절한 반응을 제시하는 것이다. 그러한 검사에서 나타나는 확산적 사고는 한 가지 정답만을 찾아내는 수렴적 사고의 반대되는 것이다. 그러나 창의성의 측정은 계속 논란의 대상이 되고 있는데, 이는 아직 창의성이라는 요인의 존재 여부와 그 구성 요인이 지능만큼 명료하지 않기 때문이다. 그럼에도 불구하고 수학에서의 창의성을 측정하려는 연구 또한 끊임없이 이루어져 왔다.

그동안 학교 수학에서는 확산적 사고보다는 수렴적 사고가 보다 더 자연스러운 것이었다. 학생들은 대개가 주어진 문제에 대해 하나의 정확한 해답을 나름대로의 방법으로 재빨리 찾도록 요구된다. 그러나 우리는 수학적 능력을 평가함에 있어서 사고과정의 유연성이라 일컬어지는 확산적 산출물을 내는 잠재적 능력이 나타나는 것을 보아왔다. Bishop(1968)도 "모든 평가에서 오직 한 가지 정답만을 요구한다면 학생으로 하여금 창

---

9) 이는 "좋은 수학"이라고 이름 붙일 수 있기 위해 요구되는 몇 가지 준거로서 Maclane(1986)이 제안한 것이라고 Ervynck은 밝히고 있다.

의적이 되라고 하는 것이 가치가 있겠는가?"라고 반문한다.

수학적 창의성도 다양한 답을 낼 수 있는 확산적 산출물을 통하여 그 속에서 아이디어의 유창성과 사고과정의 융통성, 수학적 아이디어 나 풀이 방법의 독창성, 고안해낸 독특한 아이디어를 세련시키고 의 사소통을 위해 다듬는 정교성을 통해 측정하려는 시도를 보여 왔다. Evans(1964)는 5-8학년 학생들(주로 8학년)을 대상으로 하여 유창성 (반응한 수), 융통성(반응들이 서로 다른 범주로서 분류되는 수), 독창 성(반응의 상대적인 희소성)을 측정하는 확산적 산출물 검사지를 이용 하여 수학적 창의성을 측정하고 이 검사를 지능, 수학 성취도, 수학 평 점, 수학에 대한 태도, 일반 창의성 검사 점수와 비교하였다. 그 결과 평균 이상의 지능은 창의성 검사의 높은 성취도를 위한 필요조건은 되 지만 충분조건은 되지 못하며 성취도는 나이나 학년에 의해 결정되는 것이 아니라는 결론을 내리고 있다.

Balka(1974)는 수학적 창의성을 수학적 사고 능력에서의 중요한 요인 으로 간주하고, 지필 검사를 통해 수학적 창의성을 측정할 수 있는 구체 적인 방법을 제시하면서, 수학에서의 창의적인 능력에 대한 6가지 준거 를 제시하고 있다.[10] 또한 그는 유창성, 융통성, 독창성을 측정하기 위 한 수학적 창의성 측정 문항을 개발하여 중학생을 대상으로 조사하였으 며, Deridder(1986)도 그와 동일한 방법을 사용한 조사를 실시하였다.

Haylock(1984)은 중학생을 대상으로 하여 고정된 사고를 깨뜨리는 능력과 확산적 산출물을 측정하는 두 가지 방법으로 수학적 창의성을 측정하였다. Haylock은 수학에서의 확산적 산출물에 근거한 평가 도구

---

10) 이는 1972-1973년간에 걸쳐 3개의 수학 및 수학교육과 관련된 협회의 회 원 중 중등교사, 수학교육자, 수학자 각 100명씩을 표본 추출하여 25개의 항목에 대하여(예, 아니오)로 응답할 수 있는 설문을 의뢰한 결과 회신이 온 중등 교사 82명, 수학 교육자 88명, 수학자 75명을 대상으로 80% 이상 의 동의를 얻은 6개의 항목들이다.

를 사용해온 수많은 연구자들의 연구물을 조사하였다. 이 중 초등과 중
등에 관한 것만을 중심으로 정리하면서 이후의 논문을 추가하여 소개
하면 다음과 같다.

〈표 Ⅱ-6〉수학적 창의성의 평가 도구에 관한 기존 연구물 종합표
(5-8학년을 중심으로)

저자	년도	국가	대상 연령	사용된 구인/준거
Evans	1964	미국	5-8학년	확산적인 산출물: 유창, 융통, 독창 수렴적 사고
Prouse	1965	미국	7학년	창의적인 수학자의 특성: 문제 만들기, 귀납과 유추를 통한 일반화, 상상하여 많은 답을 제시하기-수렴/확산적인 사고
Bishop	1968	영국	중등	확산적인 산출물: 유창
Bauer	1970	미국	중등	비정형적인 문장제 문제를 해결하는 수렴적인 사고와 확산적인 산출물
Foste	1970	미국	9-11	확산적인 산출물: 유창
Jensen	1973	미국	11-12	확산적인 산출물: 문제 만들기, 주어진 수학적 상황에 대해 다양하고 적용 가능한 질문 제기하기
Maxwell	1974	미국	중등	확산적인 산출물: 유창
Balka	1974	미국	중등	확산적인 산출물: 가설 설정, 기발한 생각을 평가하기, 빠진 것 찾아내기, 일반적인 문제를 구체적인 세부 문항으로 쪼개기. 수렴적인 사고: 패턴 결정하기, 고정된 사고의 틀 극복하기
Dunn	1976	영국	12-13	확산적인 산출물: 유창
Krutetskii	1976	러시아	초, 중등	문제해결 모델. 동일한 유형과 자기 제한을 탈피하는 많은 풀이방법을 통해 보여주는 융통성
Zosa	1979	미국	12-13	확산적인 산출물: 유창, 융통, 독창
Brandau & Dossey	1979	미국	중등	수학적으로 열린 문제 상황에서 언어와 비언어적인 상황 관찰하기: 유창, 융통, 독창, 조직화
Cornish & Wines	1980	호주	12-15	패턴과 관련성을 확장, 결합, 재배열하기 약속을 변환시키고 효과를 예측하기
Haylock	1984	영국	11-12	사고 과정-고정화 극복 사고결과-확산적인 산출물: 문제해결, 문제제기, 재정의
Kießwetter	1985	독일	16-20	질문의 요지 파악하기, 문제를 진술하기, 새로운 용어, 수학 공식, 수학적 증명을 창출하기, 이미 확립된 관계들을 새로운 방법으로 대치하여 여러 분야에서 적용하기
Derrider	1986	미국	6학년	Balka(1974)의 연구를 기초로 하여 6학년에 적용
Stevens	1992	미국	8학년	여러 개의 수를 주고 답이 일정한 값이 되도록 하는 다양한 식 만들기
Fouche	1993	미국	6, 8학년	판에 박히지 않은 다양한 해결 방법
김홍원외	1997	한국	초등2-고2	확산적인 산출물: 유창, 융통, 독창

이상의 여러 검사에서 창의성을 대표하는 확산적 산출물을 측정하는
데 고려한 요인은 유창성, 융통성, 독창성, 정교성 등이며 한국교육개발
원의 수학 영재 판별 도구 개발 연구 보고서(김홍원, 김명숙, 송상헌,
1996, p.67)에서도 다음과 같이 평가 준거를 제시하고 있다.

⟨표 Ⅱ-7⟩ 수학적 창의성의 4가지 하위 요인과 평가 준거

구 분	정 의	평가 준거
유창성	문제 상황에 유의미한 답으로서 여러 가지 반응, 아이디어를 낼 수 있는 능력	의미 있는 반응의 개수
융통성	서로 다른 범주의 반응, 아이디어를 낼 수 있는 능력	반응의 유형별 가짓수
독창성	다른 사람들과는 다른 참신하며, 질적으로도 수준 높은 반응, 아이디어를 낼 수 있는 능력	반응의 상대적 희귀 빈도와 질적인 참신성, 가치
정교성	산출한 반응, 아이디어를 보다 구체화하고, 세밀하게 다듬어 일반화할 수 있는 능력	반응의 구체성, 세밀성, 일반화

그러나 ⟨표 Ⅱ-6⟩에서도 드러나듯이 초, 중등학교 수준에 초점을 맞춘
창의성 연구에서는 다른 요인들에 비해 정교성 요인 측정을 위한 객관적인
준거 마련에 어려움이 있어 실제의 측정요인으로는 고려하지 않고 있다.

나. 수학적인 창의적 문제해결 과정

창의성에 관한 많은 정의에는 창의적인 문제해결 과정과 활동이 포
함되어 있다. 창의성을 문제해결의 과정으로 여기는 정의 가운데 대표
적인 것이 Hadamard에 의한 정의이고, Polya는 수학적 능력을 문제해
결의 과정이라는 수학 활동의 과정적인 측면에서 논의하였다. Polya
(1957)는 문제해결의 과정을 문제 이해, 계획 수립, 계획 실행, 반성의

4단계로 설정하였고, 매 단계에서 일어나는 구체적인 활동과 사고 전략을 제시하고 있다. 수학적 능력은 이러한 문제해결 과정을 효율적으로 수행할 수 있는 능력이다. Poincaré는 이것을 자신의 경험에 대한 반성으로부터 수학적 발견에 이르기까지의 과정을 크게 의식적 사고단계와 무의식적 사고단계로 설명하고 있다. 이러한 Poincaré의 생각을 이어받아 Hadamard(1945)는 수학에서의 발견적 사고의 과정을 준비기-부화기-계시기-검증기의 네 단계로 구분하였다. 나중에 이 단계는 보다 정교화되어서 "창의성에 이르는 길"이라고 불리게 되었는데(Kaiser Aluminum and Chemical Corporation, 1968, pp.9-12), 이것은 매 단계의 사이 사이에 몇 가지 단계를 추가하여 상세화된 단계[11]을 포함한다. 여기서는 부화기에서 계시기로의 전환에 많은 흥미를 보이고 있는데, 종종 부화기에서 계시기로의 전환점에 있는 사람들이 통찰을 경험하지 못하는 것은 기존의 사고 태(mental set)에 너무 집착하기 때문이거나 사고가 부적절한 선을 따라 진행되고 있기 때문으로 생각된다.

Polya의 발견술은 수학을 배우는 평범한 모든 학생이 문제를 해결하는 과정에서 마음속에 일어나기를 바라는 조작에 대해 말하고 있는 반면, Hadamard는 특별히 새로운 수학을 만들어 내는 과정에 대해 이야기하고 있다. 그런데 Poyla의 의도적인 문제해결 과정과 Hadamard의 비의도적, 창조적인 문제해결 과정이 통합될 수 있다고 본 이가 Armbruster이다. Armbruster(1989)는 Hadamard의 창의적 사고과정 단계는 Polya의 문제해결 단계와 여러 점에서 일치하고 있음을 지적하였다. 즉 준비와 문제 이해, 계시와 해결 계획 수립, 검증과 반성의 단계는 서로 일치되며, 무의식적인 면이 강조되는 부화기와 의식적인 면이 강조되는 계획 구상 단계만 서로 일치하지 않는다고 하였다. 그러나 Armbruster는 창조적 사

---

11) 문제 해결을 갈망하는 단계 → 준비 단계 → 교묘한 조작 단계 → 부화 단계 → 암시 단계 → 계시 단계 → 검증 단계.

고는 세마의 재구성에 의식적으로 영향을 미치는 상위 인지적 기능을 가지고 있으며, 따라서 창의적 사고과정도 의도적으로 지도될 수 있다고 하였다. 그리고 Hadamard의 이론은 창의적 사고과정이 직선적이라는 잘못된 가정을 지니고 있다고 비판하면서, 창의적 사고과정은 상호 작용적이며 반복적인 것이라고 하였다. 즉 부화나 계시도, 그것이 일어나는 순간에는 의식이 개입되지 않지만, 그 전에는 많은 의식적인 노력이 있어야 한다고 보았다. 또한 한국교육개발원의 허경철 등(1991)이 개발한 사고 모형에서도 문제해결 과정이 문제 발견, 문제 이해, 문제 평가, 문제 해결 단계에 비판적 사고와 창의적 사고가 작용하여 일어난다고 보고 있는 바, Poyla와 Hadamard의 모형을 통합할 수 있는 가능성을 제시해 준다.

실제로 Hadamard(1945, p.104)에 의하면 문제를 풀려고 애쓰는 학생들의 활동과 창조의 활동 사이에는 오직 정도와 수준에만 차이가 있을 뿐이며, 두 가지 활동은 본질적으로 유사하다. Poincaré와 Hadamard는 수학자의 사고 특성, 수학자에게 있는 본래의 특유한 "수학적 직관"과 잠재적인 창조 활동에 대해 논의하면서 수학적 재능과 수학적 창조성에 주목하고 있으며 "논리적인 사고를 하는 고도로 발달된 능력과 높은 지능을 가진 사람은 모두 수학자가 될 수 있는가?"라는 물음에는 '과학적 심미안'을 거론하며 부정적으로 답하고 있다.

한편, Jensen(1976)은 우수한 아동을 지도하기 위해서는 Polya가 제시한 문제해결의 4번째 단계에서 일반적인 아동이 생각하는 수준을 뛰어넘는 새로운 발견술이 필요하다고 하면서 아래 [그림 Ⅱ-3]과 같은 수학적 재능의 개발을 위한 모델을 소개하고 있다. 이러한 수학적 재능의 개발을 위한 모델에 대하여 Jensen은 다음과 같이 설명하고 있다.*

---

* Linda R. Jensen(1976)은 결혼 후에 Linda Jensen Sheffield(1994)로 발표하고 있다. 이들은 동일한 인물이다.

62

학생들은 관련짓기 단계
에서부터 시작할 수도 있
는데, 이 단계에서 학생들
은 그들이 배우고 알고 있
는 모든 수학적 영역과 관
련된 유용한 정보를 사용
한다. 예를 들어, 소수를
배우고 있는 학생은 에라
토스테네스의 체, 약수와
배수, 최대공약수와 최소공
배수, 합성수, 짝수, 홀수

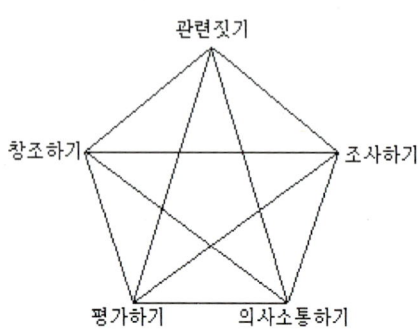

[그림 Ⅱ-3] Jensen의 수학적 재능
개발을 위한 모델

등 모든 수론에 관한 주제를 연관시킨다. 그는 관련된 영역의 수를 조
사한 후에 연구하고자 하는 새로운 질문을 만들어 제기한다. 또 다른
예로, 한 학생이 이 에라토스테네스의 체가 다른 진법에 대해서도 성립
할 것인지에 대해서 의문을 제기할 수가 있다. 그러면 그 학생은 5진법
이나 12진법에서의 이 과정을 조사하게 될 것이고 서로 다른 진법에서
생기는 공통점과 차이점을 살펴보면서 또 다른 질문을 제기하거나 서로
의 관련성을 살펴보려고 할 것이다. 철저한 조사가 이루어지고 난 다음
에는 해법이나 여러 가지 질문에 대해 발견한 해답들을 평가하고 그 해
답을 확신한 후 그것을 다른 사람들에게 알려주거나 서로의 의견을 교
환할 것이다. 그 상대자는 학급 동료일 수도 있고, 동생이나 선생님, 수
학 전문가 등이 될 수도 있다. 그들과의 의사교환 과정에서 얻은 새로
운 시사점을 다시 조사하고 관련짓고, 새로운 문제를 제기하거나 수정
하여 그 결과를 평가하고 이를 다시 나눌 수 있다. 물론 이런 과정은 반
드시 어떤 정해진 순서대로 일어나지 만은 않는다(Sheffield, 1994,
p.23).

한편으로, 문제해결자의 다양한 수준에서 수학 영재의 위치를 살펴볼
수도 있을 것이다. 수학을 연구하고 배우는 사람의 수준도 다양하다. 우
리는 수학을 배우는 학생들의 수준을 Sheffield(1994)가 제시한 다음과

같은 연속선상의 위계에서 생각해볼 수도 있다. 이와 같은 단계를 설명하고 있는 Sheffield의 글을 인용하면 다음과 같다.

> 가장 아래 단계에 있는 것은 수학적으로 문맹인 사람이다.(중략) 그 바로 위의 단계는 자연수와 분수의 사칙연산만으로 된 계산을 어느 정도할 수 있는 사람들로서 이제 막 수학을 배우고 있는 사람 정도의 수준이다. 이는 사칙연산을 외워서 수학 교과서에 나와 있는 초보적인 계산을 할 수 있는 사람들이다. 그러나 그들은 일반적으로 연산이 왜 그러한지를 이해하지 못한다. 단지 반복하고 습관적으로 외워서 써먹을 뿐이다.(중략) 다음은 수학을 조

CREATORS	수학을 만들어 가는 사람
↑	
PROBLEM POSERS	문제를 제기할 줄 아는 사람
↑	
PROBLEM SOLVERS	문제를 풀 줄 아는 사람
↑	
CONSUMERS	일상 생활에서 써 먹을 줄 아는 사람
↑	
COMPUTERS	수 계산을 할 줄 아는 사람
↑	
DOERS	수학을 배우고 있는 사람
↑	
ILLITERATES	수학에 대해 전혀 모르는 사람

(Sheffield, 1994, p.4)

> 금 배우고 난 뒤에 어느 정도의 계산은 손쉽게 해내는 사람이 있다. 그들은 분수의 계산도 잘 하며 연산의 개념이나 수체계의 구조도 어느 정도 이해하고 있어서 수학 성취도 검사의 수계산 부분에서만큼은 상당히 높은 점수를 얻을 수도 있다.(중략) 다음은 계산만을 잘하는 단계를 넘어서서 수학적인 개념을 일상생활의 문제를 해결하는 데 잘 이용하고 적용할 줄 아는 사람이다.(중략) 실제로 수학 문제를 푼다는 것은 이 보다 높은 단계이다. 문제해결자는 수학에 대한 그들의 지식을 새로운 상황에 적용할 줄도 알며 심지어는 답이 명쾌하지 않을 때에도 물러서려 하지 않는다. 그들은 이전에 전혀 시도해보지 않았던 방법을 사용하거나 완전히 다른 유형의 문제를 풀 때 사용했던 방법들을 적용해보기도 한다. 과거에 우리는 우수한 학생이라면 이런 수준으로 공부하도록 요구했을 것이다. 하지만 요즘은 모든 학생들이 다 훌륭한 문제해결자가 되기를 기대하고 그럴 필요를 느끼며 교육을 시키고 있다. 그럼에도 불구하고 아직도 요즘의 표준화된 검사는 모두 다 이와 같은 수준을 포함하고 있는 것은 아니다.(중략) 다른 사람이 제시한 문제를 단

64

지 해결할 수 있는 능력보다 더 뛰어난 능력의 소유자가 되기 위해서는 자신이 직접 문제를 만들고 정의하고 제시할 수 있어야 한다. 이러한 재능은 주어진 상황의 중요한 면을 볼 줄 알고 그것에 대해 문제를 제기할 줄 아는 능력에 달려 있다.(중략) 최고 수준의 단계는 새로운 수학을 만들어 내는 사람들이다. 수학의 창조는 첫째로는 우선 자신이 하고 있는 일에 대한 새로운 질문을 던질 줄 아는 것이며 그 다음으로는 그 질문에 답하기 위해 수학을 발견하거나 발명해내는 일이다. 심지어 나이 어린 학생들조차도 자기 나이 또래나 자기 자신에게는 전혀 생소한 수학을 발견하거나 만들어 낼 수가 있는데, 이런 일들을 할 수 있도록 격려되어야 한다. 그들은 교사가 가르치고자 하는 수학을 그보다도 훨씬 더 수준이 높고 나은 자기 자신 나름대로의 구성에 의해 이해하고 기억하고 있다. 이런 수준의 학생들은 큰 열망을 가지고 있다. 누구나 다 이 수준에 도달할 수 있는 것은 아니지만 가능하다면 우리는 최고 수준의 학생들이 이러한 수준에 도달할 수 있도록 도전감을 주어야만 하지 않을까. 우리의 사회가 현재의 수준을 넘어설 수 있으려면 이 방법밖에는 없다(Sheffield, 1994, pp.4-5).

이상과 같은 여러 수준의 단계 중에서 수학 영재성을 나타내 보이려면 적어도 단순한 문제해결자의 수준을 넘어서 뛰어난 문제해결자 이상은 되어야 한다. 이미 제시된 문제를 훌륭히 해결해낼 뿐만 아니라 스스로 문제를 제기하고 새로운 상황을 만들어 가는 적극적인 태도와 그 가능성을 보이는 행동적 특성이 나타나야 할 것이다. 관련성을 볼 줄 아는 능력은 문제해결의 초보자와 능숙한 문제해결자를 분리해내는 주된 특성 중의 하나이다. 평범한 학생들은 별로 관련성이 없는 정보의 조각으로 규칙이나 사실들을 외우려고 하지만, 훌륭한 문제해결자는 그 문제에 깔려 있는 구조를 파악해내려고 하며, 어떠한 새로운 문제라도 그것을 이미 알고 있는 정보와 관련시키려고 한다. 이러한 사고전략은 수학적으로 생각하는 법을 배우기 시작하는 학생들에게 모델이 되어야만 한다.

새로운 문제를 만들 때 훌륭한 문제해결자는 자신이 이해하고 있는 정보와 예전에 이미 풀어 보았던 문제들을 가지고 새로운 관점을 공략하려고 한다. 그들은 수학을 암기해야만 하는 일련의 규칙들이라기보다는 발견하거나 발명하기를 기다리고 있는 풍성한 주제로 생각한다. 훌륭한 문제해결자는 계산에 반드시 능숙해야 할 필요는 없다. 그들은 문제에 대해 생각하는 시간을 많이 들이며 문제가 어렵더라도 쉽게 포기하지 않는다. 그들은 문제를 도전거리로 바라보며 그 문제에 대해 연구하는 것을 즐긴다. 만일 학생들이 그들이 하고 있는 것에 관해 생각할 충분한 시간을 갖고 어려운 문제를 성공적으로 해결해낸 경험이 있다면, 그러한 학생들은 훌륭한 문제해결자가 될 수 있고 그중 뛰어난 사람에게는 새로운 수학의 창조자가 되도록 고무할 필요가 있다.

다. 창의적인 문제해결 능력 측정을 위한 문제의 구성

수학 영재성을 구성하는 요인으로 강조되고 있는 것이 수학적 창의성과 창의적 문제해결 능력이다. 우리가 일상생활에서 해결해야 하는 문제나 과학자들이 해결해야 하는 문제들의 대다수는 잘 정의되고 틀에 박힌 문제가 아니라, 잘 정의되지도 않고 틀에 박히지도 않은 보다 높은 사고와 창의적인 해법을 요구하는 문제들이다.

문제란 그 해결에 이르는 알고리즘이 주어져 있지 않은 과제를 수행하도록 요구하는 상황, 즉 아직 목표에 도달하지 못한 상황에 처해 있는 현재의 상태를 의미한다. 도달해야 할 목표가 분명히 있고, 현재 자신의 상태를 확인하여 도달해야 할 목표와 현재 자신의 상태 사이에 있는 간격을 발견하는 과정이 바로 문제의 인식이다. 이러한 간격을 좁히고 목표 상태에 도달하기 위해 여러 가지 조작 활동을 시행하여 목표에 도달하려고 하는 모든 활동이 문제해결이며, 문제를 해결하는 능력이 문제해결 능력이다. 따라서 수학 문제해결이란 당면한 현재의 여러 가짓수학적인 문제 상태에서 도달하고자 하는 목표로 가려고 할 때 발생하는 장애를 극복하기 위해 수학적인 인지, 태도, 의지적 능력을 모두 동원한 총체적인 조작 활동이라고 할 수 있다.

문제의 유형을 분류하는 방법은 분류자의 관점에 따라 여러 가지가 있을 수 있다. 흔히 수학의 내용 영역별로는 대수, 해석, 기하, 확률과 통계 등으로, 대학 수학능력 시험에서와 같이 계산, 이해, 추론, 응용 등의 행동 영역별로 세분화하는 것과 같이 그 방법은 매우 다양하다.

문제를 구성하는 요인은 주어진 현재의 상태(조건)와 원하는 또는 도달하고자 하는 상태(목표), 그리고 어떤 한 상태에서 다른 상태로 가는 데 필요한 규칙 또는 절차(조작)이다(Wickelgren, 1974, pp.10-15). 그러므로 문제의 종류는 문제가 제시된 형태나 유형, 요구하는 사고 형태나 과정, 목표 상태인 해법의 결과에 따라, 다시 말하면 위의 세 가지 요인의 각 특성에 따라 분류할 수도 있다.

익숙한 문제이거나 똑같은 문제라 할지라도 예전에 생각했던 풀이법과는 매우 다른 더 나아가서는 보다 새롭고 독특한 풀이법이나 답을 얻어낼 수 있는 문제라면 그렇지 않은 경우와는 사뭇 다르다. 문제해결자는 새로운 풀이법이나 답을 얻은 사실과 남들은 그것을 알지 못할 것이라는 생각으로 인하여 예전

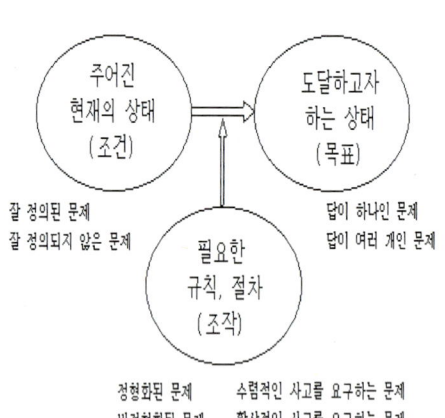

[그림 Ⅱ-4] 문제 구성 요소와 그에 따른 문제의 유형 분류

에 답을 얻었을 때보다도 더 큰 만족과 희열을 느낀다. 그리고 그러한

풀이법이나 답이 반드시 하나만 있는 것은 아니므로 더 나은 풀이법이나 답을 얻기 위해 동일한 문제라 할지라도 계속해서 새롭게 풀어 보려는 동기가 생기며, 더 나아가 그 문제의 조건을 약간씩 변화시켜가면서까지 그에 적절한 또 다른 풀이와 답을 계속해서 찾고 만들어 낼 수도 있을 것이다.

문제란 당장에 풀리건 풀리지 않건 간에 그 문제에 당면한 사람이 주어진 상황과 조건을 이용하여 요구하는 한 가지 답이나 보다 나은 발전된 답을 얻으려는 지적, 정의적, 의지적 활동을 하도록 자극하는 것이어야 한다. 문제다운 문제를 스스로 해결한 사람은 그 문제풀이의 경험이 적어도 그 자신에게 있어서는 이미 하나의 창조적인 활동이 된 셈이다. 어떤 문제는 풀이과정에서 개인의 사고 성향에 따라 다양한 해법을 찾아보려고 할 수도 있지만 처음부터 문제 자체를 아예 다양한 답을 낼 수 있도록 제시하여 확산적이고 창의적인 사고를 하도록 유도할 수도 있을 것이다.

따라서 본고에서는 한 가지 정답만을 요구하는 전통적 문제 유형보다는 여러 가지의 해법과 창의적인 답안을 요구하는 창의적인 문제들을 접하게 될 때 보다 더 아동의 사고를 자극하고 확산시키고 도전감을 줄 수 있을 것이라는 가정하에, 이런 창의적인 문제 유형의 구체적인 제시 방법과 그 해결이 가져다주는 수학교육적 의미를 알아보고자 한다.

전통적인 문제해결, 특히 Polya의 발견술에서 강조하는 것은 "주어진 조건은 무엇인가?"와 "구하고자 하는 것은 무엇인가?"하는 두 가지 질문을 연결시키면서 달성하고자 하는 목표를 위해 필요한 문제해결 전략을 복합적으로 사용하는 것이다. 다시 말해서 일반적으로 전통적인 문제해결은 여러 가지 조건하에서 잘 정의된 질문이 주어졌다고 할 때 이로부터 여러 가지 사고 방법과 다양한 문제 풀이 전략을 사용하여 그 조건과 질문에 알 맞는 해답을 찾도록 하는 과정으로 받아들여지고 있다.

그러나 NCTM의 교육과정과 평가의 규준집(1989)에서는 학생들이 탐구하고, 추측하고, 논리적으로 추론하고, 효과적인 다양한 문제해결 방법에 익숙해져야 한다고 설명하고 있는데, 이를 위해 학생들은 확산적이며 건전한 수학적 사고를 자극받고 창의적 아이디어를 제기할 수 있도록 도전감 있는 과제를 제공받아야 하며 한 가지 문제를 다양한 방법과 전략을 사용하여 풀게 하는 것은 이러한 수학적 사고를 신장시키는 데 유용한 방법이라고 주장하고 있다.

한 가지의 정확한 답만을 요구하는 전통적인 문제 유형보다는 여러 가지의 해법과 창의적인 답안을 요구하는 창의적인 문제들을 접했을 때 아동의 사고를 보다 더 자극하고 확산시키고 도전감을 줄 수 있을 것이다. 전통적인 문제는 주로 한 가지의 정확한 답만을 요구하는 것인 데에 비해, 창의적인 문제(또는 창의적인 문제해결을 요구하는 문제)란 Lowen(1995, p.96)의 정의를 기본으로 하여 주어진 문제에 대한 해답이 여러 가지라는 차원을 더 첨가하되, 그 해답 중에는 그 문제를 대하는 또래 학생들의 사고 수준과 깊이의 정도에 따라서는 기발하고 독창적인 해답을 더 기대할 수 있는 문제이어야 할 것이다(송상헌, 1997, p.401).

문제의 유형은 주어지는 문제 상황의 조건과 답의 종류에 따라서 다음 〈표 II-8〉와 같이 분류할 수도 있다(김홍원, 김명숙, 송상헌, 1996, p.70)

〈표 II-8〉 주어진 조건과 반응의 수에 따른 문제의 유형 분류

조건과 반응에 따른 문제의 유형 구분		반응 유형	
		폐쇄적: 한 가지 반응	개방적: 여러 가지 반응
주어진 조건의 상황	폐쇄적: 많은 제한적 조건	유형 A	유형 C
	개방적: 적은 제한적 조건	유형 B	유형 D

전통적인 문제는 대부분 유형 A, B를 포함하며, 창의적인 문제는 보통 유형 C, D를 포함한다. 위의 표에 의하면 전통적인 문제와 창의적인 문제는 주어진 문제 상황의 조건에 의해서라기보다는 답의 다양성에 의해 구분된다.

문제를 해결하는 데 사용된 풀이 전략과 답의 수에 따른 문제의 유형을 도해하면 [그림 Ⅱ-5]와 같다(Lowen, 1995, p.96). 여기서 말하는 창의적인 문제가 전통적인 문제와 다른 가장 큰 차이점도 바로 답이 한 가지인가 여러 가지인가에 있다. 전통적인 문제도 답을 얻기 위해 사용하는 문제 풀이의 전략과 방법은 여러 가지가 있을 수

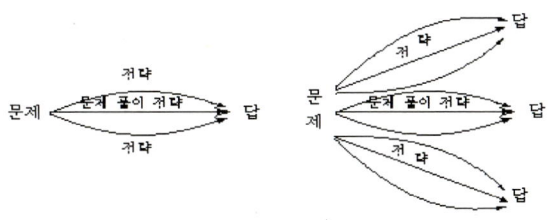

[그림 Ⅱ-5] 사용된 풀이 전략과 답의 수에 따른 문제의 유형

있다. 그러나 창의적인 문제의 특성은 비록 동일한 전략을 사용하든 서로 다른 전략을 사용하든 간에 여러 가지의 서로 다른 답을 얻어 낼 수 있다는 데에 있다.

이제 사고과정을 수렴적 또는 확산적인 사고 형태로 구분하고 〈표 Ⅱ-8〉과 [그림 Ⅱ-5]를 종합하여 입체적으로 나타내면 [그림 Ⅱ-6]과 같다.

창의적인 문제를 통하여 나타나는 창의적인 문제해결이란 다양한 해법과 사고 전략을 이용하여 기존의 풀이나 답과는 다른, 보다 가치 있고 독특한 여러 가지의 답을 생각하도록 요구되는 문제해결과정과 그 결과를 일컫는다. 창의적인 문제를 해결하는 사람은 많은 답으로부터 그것을 잘 분류하여 유형화, 일반화까지도 할 수 있으며 그중에서 자신이 가장 선호하는 답을 선별해내는 일을 통해 그 답의 질을 고려하고 평가할 수 있는

기회와 책임을 가진다. 창의적인 문제라고 해서 전혀 새로운 문제만을 말하는 것은 아니며, 이미 알려진 조건이나 똑같은 상황을 포함할 수는 있지만 달성하고자 하는 목표를 얻는 방법과 해답의 본질인 가치와 질을 더 고려하는 것이다. 그렇게 함으로써 창의적인 문제해결자는 보다 많고

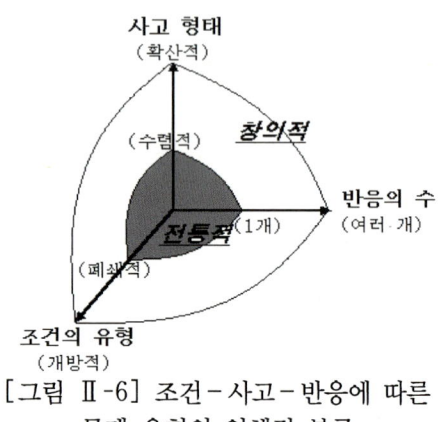

[그림 Ⅱ-6] 조건 – 사고 – 반응에 따른 문제 유형의 입체적 분류

높은 정도의 창의적인 사고를 요구받게 된다.

라. 창의적인 문제해결 능력과 수학 영재교육

전통적인 문제와 창의적인 문제는 해결하는 방법이나 사고과정 그리고 그 결과에 있어 서로 공통점과 차이점이 있을 것이다. 여기서는 이들의 공통점과 차이점을 비교하면서 수학 영재교육에 시사하는 바를 찾아보고자 한다. 다음은 Lowen(1995, pp.97-98)이 정리해 놓은 내용을 참고하여 보다 구체화한 것이다.

첫째, 전통적인 문제와 창의적인 문제는 주어진 조건으로부터 구하고자 하는 답을 얻기 위해 문제를 정확히 이해하고 조건을 분석하기 위한 다양한 사고 방법의 개발을 공통적으로 요구한다. 문제해결자는 표를 만들고, 모델화하고, 그래프를 그리며, 문제를 단순화하고, 가능한 모든 경우를 살펴보기 등과 같은 전략들을 연습하고 배울 수 있는 기회를 가져야 한다.

둘째, 전통적인 문제와 창의적인 문제는 발견 학습을 통하여 추상적인 개념과 문제해결 기법의 발달을 촉진시켜 줄 수 있다. 학생들은 분류하고 일반화하며 응용하는 학습 활동을 통하여 새로운 원리와 성질들을 발견하며, 수학적 어휘를 확대시켜 나가고, 학습 경험을 즐길 수 있다.

셋째, 전통적인 문제와 창의적인 문제는 교사와 학생 간에 또는 학생 상호 간에 문제를 통하여 서로의 생각과 의견을 교환하고 이를 통하여 새로운 것을 발견하는 즐거움을 나눌 수 있다.

넷째, 전통적인 문제와 창의적인 문제는 문제해결자의 능력과 흥미에 따라 문제를 확대시키거나 제한할 수도 있다는 공통점을 갖는다. 이 같은 문제의 난이도 수준과 질의 조절은 문제해결의 활동을 교실 상황에 따라 학생들 수준에 맞출 수 있다.

그러나 전통적인 문제와 창의적인 문제 간에는 분명한 차이점이 있고 장단점도 있다. 여기서는 차이점을 부각시키기보다는 창의적인 문제와 그 해결이 영재교육에 주는 시사점을 위주로 살펴보기로 한다.

첫째, 수학 문제의 답은 오직 하나뿐이라는 고정 관념의 극복에 도움을 준다. 창의적인 문제는 문제해결자로 하여금 "모든 문제는 한 가지의 정확한 답만을 지니고 있는 것이 아니며 어떤 문제는 여러 가지의 서로 다른 답이 있을 수도 있다."라는 사실을 인식하게 해 준다. 이는 "모든 수학 문제는 풀리게 되어 있으며 답이 분명해서 좋다."라는 식의 기존의 긍정적인 관념까지도 없애려는 것은 결코 아니다. 그러나 특히 수학 문제는 다른 교과 문제와 달리 하나의 답만을 가지며 명쾌한 답이 있다는 식의 고정 관념은 잘못된 것이며 이를 수정하도록 해 주어야 한다.

둘째, 수학에 대한 호기심과 자신감을 심어 주기에 용이하다. 창의적인 문제는 동일한 문제에 대해서도 쉬운 답에서부터 어려운 답에 이르기까지 답이 다양하므로, 학생들에게 "나도 풀 수 있다"라는 자신감을 갖게 하며, 교사는 학생들로 하여금 문제에 보다 쉽게 접근할 수 있도록 호기심을 자극하기에 적합하여 각 학생들의 수준에 맞게 제시하고 평가하며 해결할 수 있도록 도울 수도 있다.

셋째, 여러 가지의 경우를 유형화하고 분류하면서 체계적인 일반화를 경험할 수 있다. 답이 여러 가지인 문제의 답을 구하려고 하면 가능한 한 많은 답을 구하기 위해 또는 여러 가지 답들이 혼란스럽게 나열되지 않도록 하기 위해서는 답이 될 수 있는 경우를 체계적으로 살펴보려고 할 것이다. 따라서 일반화된 풀이법이나 여러 가지 답들을 체계적으로 유형화하거나 분류하려는 생각을 가져오기가 쉽다.

넷째, 자신의 풀이과정을 돌아보고 반성할 수 있도록 유도한다. 창의적인 문제는 반복적이고 지속적인 사고과정을 통해서 문제의 주어진 조건과 구하고자 하는 결과를 보다 정확히 인식해 나갈 수 있을 뿐만 아니라 보다 다양한 수학적 사고와 문제해결 방법을 경험하게 한다. 전통적인 유형의 문제들은 한 번 문제를 풀게 되면, 그 다음에는 그에 대해 더 이상 생각하지 않게 된다. 전통적인 유형의 문제를 푼 다음 학생들은 결과에 집착을 보이는 반면, 자신의 풀이 과정을 점검하고 반성하려는 동기는 약하다. 그러나 답이 여러 가지가 있다는 것을 알게 되면, 학생들은 다른 해결책들을 찾아보려 하고, 그 새로운 답이 문제의 모든 조건을 충족시키고 있는지를 다시 한번 생각해보게 된다.

다섯째, 여러 가지 답들 중에서 자신이 선호하는 답을 선택할 수도 있고 이를 통해 가치 평가를 경험할 수 있다. 답이 여러 가지가 아니고 방법만 여러 가지인 문제에서도 그 여러 가지 방법 중에서 하나를 택하는 가치 평가를 경험할 수도 있지만 어떤 방법을 사용해서건 하나의 답에 도달하기만 하면 되므로 여러 가지 방법이 있더라도 결국은 가장 효율적인 방법에만 집착한다.

마지막으로, 새로운 문제를 제기하고 탐구할 수 있는 보다 열려진 경험을 통해 창조적인 사고에의 도전 기회를 제공한다. 창의적인 문제 풀이를 하다보면 떠오른 아이디어가 주어진 문제의 조건과 달라서 조건을 제한하거나 완화시킴으로써 새로운 문제와 답을 얻어 낼 수 있다는 경험을 할 수 있게 한다. 창의적인 문제는 여러 가지의 새로운 해결책을 찾으려는 과정을 통해서 수학을 공부하려는 동기를 보다 강하게 할 수 있다. 한 번 문제를 풀고 나면 그것으로 끝이고 다만 시험공부를 위해서 다시 복습하는 것이라는 생각보다는, 반성적이고 지속적인 사고과정을 통해서 보다 새롭고 가치 있으며 우아한 답을 찾아내고자 하는 동기의 유발을 지속시켜 준다. 더 나아가 주어진 문제와 관련되거나 새로운 문제까지도 만들어 볼 수 있도록 요구한다. 이와 같은 활동들은 곧 창조적 사고에의 도전 기회가 된다.

결과적으로, 그동안 주어진 문제에 대한 문제해결 능력의 신장을 위주로 교육하던 데 반해 창의적인 문제를 통해 다양한 방법의 문제해결, 새로운 정의, 규칙 발견하기나 문제 만들기 등을 통한 문제 제기 등의 창조적인 수학 활동의 경험을 시키고 아울러 수학적 창의력을 신장시킬 수 있게 될 것이다.

3. 수학 영재성의 측정과 수학 영재교육 대상자의 선발

영재의 판별에는 목적이 따른다. 영재를 판별하는 이유는 영재들의 타고난 잠재력을 계발시키는 것을 목적으로 하는 영재교육 프로그램을 전제로 할 때 의미가 있다. 판별은 영재성에 대한 명확한 조작적 정의를 바탕으로 하되 프로그램의 목적과도 일관성이 있어야 하며 판별에 따른 여러 가지의 논란을 극복할 수 있어야 한다. 수학 영재성을 정의하고 판별하는 활동은 영재에 대한 규정적이고 최종적인 판별 자체라기보다는 수학 영재성을 갖고 있는 수학 영재들의 잠재적인 능력을 계발시키기 위해 영재교육 프로그램에 참가하는 것이 유익한 학생을 선발하는 것이기 때문에 수학 영재라고 할지라도 그 개인의 참가의지나 욕구가 개설된 영재교육 프로그램의 목적과 부합하지 않아 프로그램에 참가하는 것이 오히려 유익하지 못하다고 판단된 학생들은 선발에서 제외되어야 한다. 이처럼 판별과 선발은 서로 다른 기준으로 접근해야 한다.

가. 수학 영재성 측정 및 판별의 원칙

수학은 어린 아동의 두드러진 지적인 능력을 쉽게 관찰할 수 있는 분야이다. 일반적으로 Gauss, Euler, Fermat, Galois, Pascal, Newton, Leibniz와 같이 수학의 천재로 여겨지는 사람들 중에는 어릴 때부터 조숙함을 나타내 보인 사람들이 많다. 그러나 Weierstrass와 같은 대수(代數)학자는 40대가 되어서야 수학을 시작하였다. 따라서 어릴 때 조숙함을 보인다는 것이 반드시 수학에서의 영재성을 가늠해보는 조건이 되지는 못한다. 오히려 '빨리 익은 감이 빨리 떨어진다'는 속담처럼 너무 일찍 나타난 재능이 오히려 쉽게 소멸되어 버리는 예는 우리 주변에서도 흔히 접할 수 있다. 교육자로서는 아동에게 필요하고도 적절한 교육적인 여건을 제공해 주기 위해 영재성을 조기에 진단하고 판별해내는데 대한 책임의식을 느껴야 하겠지만(Marjoram & Nelson, 1985) 빨리 가는 것보다는 바르게 가는 것이 더 중요함을 명심하여야 할 것이다. 잘못 들어선 길은 빨리 가는 만큼 손해이기 때문이다. 하지만 적절한 시기에 능력을 바르게 진단하는 일은 능력에 합당한 교육 프로그램을 제공하기 위한 선결 조건이다.

Sternberg는 영재성을 판단하는 5가지 기준을 제시하고 있는데, 그것은 한 개인이 특정 차원이나 여러 차원에서 또래에 비하여 우수하다는 우수성의 기준, 또래에 비하여 그 우수한 특성이 드물게 나타난다는 희귀성 기준, 어떤 분야에서 생산성을 나타낼 가능성이 있는 생산성 기준, 한 가지 이상의 타당한 검사를 통해서 그 우수성이 드러날 수 있는 가시성 기준, 마지막으로 사회가 그 우수성의 가치를 인정해 줄 수 있는 가치성 기준이다.[12] 이외에도 몇몇 글에서 수학 영재성 판별을 위한 원칙을 몇 가지로 요약하여 제시하고 있다(김홍원, 김명숙, 송상헌, 1996, pp.35-37; 송상헌, 1996, pp.283-284).

그 내용을 표로 종합하여 정리하면 다음과 같다.

---

[12] Sternberg는 영재성을 측정하는 데 있어서 기존의 지능검사와는 다른 새로운 측정 검사 도구를 만들 것을 제안하고 있다. 새로운 검사는 기존의 지능검사가 주로 측정했던 분석적 능력만이 아니라 종합하는 능력과 실제적 능력을 폭넓게 측정할 수 있는 것이어야 한다. 기존의 검사가 학습의 결과를 주로 측정 대상으로 한 것이었다면 새로운 검사는 학습의 과정을 측정 대상으로 하여야 한다. 기존의 검사가 정보 처리의 속도를 강조하였던 오류를 지적하고, 새로운 검사 도구는 질적 측정을 하기 위하여 검사 시간을 충분히 제공해야 한다.(김홍원, 김명숙, 송상헌, 1996, p.15)

〈표 Ⅱ-9〉 수학 영재성 판별의 원칙

구 분	～ 에서	～ 로
판별의 목적	최종적인 판단과 규명	잠재적 영재성의 개발과 적절한 교육 프로그램에의 배치를 위함
판별의 철학	소수의 우수아를 중심으로 한 제외성의 원칙	개인의 특성과 장점을 강조하는 포괄성의 원칙
판별의 기준	단일한 준거와 방법	다양하고 복합적인 준거와 방법
판별 단계	한번의 종합적 총점제	다단계의 절차와 특성별 강조점
판별자	소수의 전문가와 행정 책임자	부모, 학생, 교사 등의 의견까지도 최대한 반영
수집하는 정보의 종류	효과적인 한, 두 가지	가치 있는 다양한 종류
평가의 방법	단답식 또는 선다형의 일회적 지필 검사	장기간에 걸친 수행과정을 직접 관찰할 뿐만 아니라 포트폴리오나 창작물과 같은 평소의 업적물을 참고한 질적인 개별 사례 연구 포함
평가의 내용	습득된 지식의 양이나 사고 과정, 기본적 문제해결 능력	습득한 지식을 활용하고 새로운 자료를 조작할 수 있는 능력과 발휘된 창의적이고 구체적인 행동 산출물과 교육 장면에서의 태도와 성격적 특성 포함

나. 수학 영재성 측정 및 판별 방법과 도구 및 그 한계점

기존의 많은 영재관련 문헌들을 분석해보면 상당수가 영재의 정의와 판별에 초점을 맞추고 있다. 그러나 초등학교 수준의 어린 아동이나 특성화된 고등학교의 신입생 선발을 위한 판별 체제 위주이며, 중등학교(5-8학년) 수준의 영재교육 프로그램을 위한 판별에 관한 연구는 별로 없었다 (Feldhusen, Hoover, Sayler, 1990; Jarwan, Feldhusen, 1993, p.2).

수학적 인지 능력의 측정은 수학 문제의 정확하고 효율적인 해결과 독창적인 창안의 풍부함, 깊이, 새로움, 신속함과 메타인지 능력을 알아보는 것이며, 수학에 대한 태도와 가치 인식 등의 수학적 성향은 자가 진단이나 행동특성 관찰로 측정할 수 있다. Krutetskii(1976, p.11)도 수학적 능력을 해석하고 판별하는 방법으로서 크게 두 가지를 생각해볼 수 있다고 하였는데, 그 하나는 각종 검사와 그 결과를 처리하는 다양한 통계학적, 수학적 방법을 사용하는 것이고, 다른 하나는 다소간 깊이 있는 분석법으로서 전반적인 영재성에 대한 개인 사례의 분석, 개인의 전기적인 자료를 수집하고 이들을 조합한 분석, 개인 활동의 산물에 대한 분석 등이다.

과거에는 난이도가 높거나 해당 학년 수준을 뛰어넘는 한두 가지의 엄격한 검사를 실시하여 능력이 뛰어난 사람을 뽑으려고 하였으나, 최근에는 특정 과목에서 특정 변인에 따라 학생들이 달리 반응한다는 많은 연구 결과가 나옴에 따라 다방면에서 다양한 방법으로 평가하고자 하는 경향이 높아졌다. 그리고 Renzulli와 Gardner가 수행 평가와 산출물을 바탕으로 한 평가를 하면서 전통적인 평가 방법의 타당성에 대한 의문이 더욱 제기되었다(조석희 외 4인, 1996, p.54). 많은 문헌들은 학문적 영재의 판별에 관한 다양한 자료를 제공하고 있는데, 표준화된 지능검사, 적성과 성취도 검사, 학교 성적과 등급, 부모나 교사 또는 전문가의 추천서, 인터뷰 등의 기존에 주로 사용되던 정보 이외에 에세이, 시상 경력과 성취물, 창의성 검사, 창의적 발명품 등이 추가되어야 한다고 주장한다. SMPY에서 해당 학년과 학년을 뛰어넘는 SAT를 치르게 한 것이나 표준화된 검사 도구를 사용하는 것은 특별히 응시 대상자들의 학교 성적과 학교의 프로그램이 출신 학교마다 다양한 것을 고려하여 학생들의 능력을 공평하게 사정하기 위한 것이다. 그러나 특정한 검사 척도는 비교적 가치 있는 정보를 제공하기는 하지만 신뢰도와 타당도에 결함이 많다.

영재를 판별하기 위해 지난 사반세기 동안 IQ검사에서 시작하여 여러 가지 다양한 방법들이 첨가되었다. 먼저 Pregnato와 Birch(1959)는 다음 표와 같이 여러 가지 판별방법의 효과와 효율성을 발표한 적이 있다. 그 이후로도 끊임없이 진단 검사, 교사의 추천, 표준화 검사, 비언어적 추론 검사, 동료의 추천, 이 모두를 합친 방법 등이 제시되어 왔지만 이들 중 많은 것들이 본질상 부적절하거나 주관적이라는 것이 밝혀졌다(Bartkovich & George, 1980, p.7).

Krutetskii는 이러한 검사 도구들의 성격과 한계에 대해 다음과 같이 말하고 있다.

> 각종 검사들은 어떤 과제를 수험자가 시행한 실제 과정의 본질을 무시한 채 최종적인 결과만을 확인한다. 이러한 맥락에서 검사들은 단지 고려 중인 현상의 양적인 표현만을 추구하며 그것의 질적인 특성은 결코 드러내지 않는다. 주어진 결과에 이르기까지의 정신과정을 드러내는 데 실패하기 때문에 이러한 검사들은 정밀 조사 중인 현상의 완전한 형태를 제공하지 못한다. 과정을 분석하지 않고서는 결과의 심리학적 본질을 발견하고 능력들 간의 질적인 차이를 서술하는 것을 기대할 수 없다. 검사에 의한 연구는 단지 형식적으로 수적이고 등급을 매기는 점수에 기초한 결과의 양적인 평가 결과만을 제공한다(Krutetskii, 1976, p.13).

각종 검사에 의한 점수나 교사에 의한 평가의 또 다른 문제점은 사용된 척도가 학생의 성취와 동기, 태도에 따라 달라진다는 것이다. 수학영재들은 때때로 부주의하고 행동적인 문제를 일으킨다든지 또는 지루하기 때문에 낮은 성취를 보이는데 교사들은 이런 학생들을 좋게 보지 않는다. Renzulli(1994)는 학생의 학업 태도가 다른 동료들과 다르면 평범한 교실환경이나 교사의 스타일이 그 학생의 성취에 부정적인 영향을 미치게 될 것이라는 점을 보여주었다.

영재성을 측정하기 위해 사용된 지능검사와 표준화된 검사, 그리고 관찰법, 인터뷰, 학생 자신 - 부모 - 교사의 판단, 가정환경 조사와 같은 여러 가지의 비지적인 분야에 대한 비표준화된 방법들에 대해 하나씩 살펴보면서 그들의 한계점과 사용상 주의할 점들을 정리해본다.

영재성을 측정하기 위한 목적으로 사용되는 지능검사는 신중히 사용해야 한다. 영재들은 특정 영역에 대한 특별한 능력을 가지고 있기 때문에, 스탠포드－비네와 같은 일반적 IQ테스트에 의한 지능지수로 등급화될 수는 없다. 지능 검사에 포함된 수학은 수학적 추론능력이라기보다는 주로 계산과 공식을 이용할 수 있는 내용들이다. 뿐만 아니라 타당하고도 결정적인 수학적 능력을 알아보기에는 그러한 문항으로는 충분치가 않다(Bartkovich & George, 1980, p.6). 따라서 개인의 IQ는 수학 영재성 판별의 절대적 조건이 될 수는 없다. 다음은 영재 판별 방법에 따른 판별의 효과와 효율성을 표로 요약한 것이다.[13]

〈표 Ⅱ-10〉 영재 판별 방법에 따른 판별의 효과와 효율성

판별 방법	판별방법에 사용된 표집 수(N)	비네의 지능 검사에 의해 이미 판별된 수(n)	효과 (91명의 영재 중 차지하는 비율)	효율성: $\frac{n}{N} \times 100$
교사의 판별	154	41	45.1	26.6
우등상 경력	371	67	73.6	18.0
일반 창의성	137	14	15.5	10.2
미술적 능력	66	6	6.6	9.1
음악적 능력	71	8	9.9	11.2
학생회 추천	82	13	14.3	15.8
수학 성취도	179	50	56.0	27.9
IQ 115	450	84	92.3	18.7
IQ 120	240	65	71.4	27.1
IQ 125	105	40	43.9	38.1
IQ 130	36	20	21.9	55.5
집단 성취도 검사	335	72	79.2	21.5

표준화된 수학 성취도 검사가 수학 영재들을 잘 판별할 수 없는 한 가지 이유는 이러한 검사들이 대부분 전체 학생들을 대상으로 하기 때

---

13) Pregnato & Birch(1959), p.303, Taylor, Sternberg, Richards(1995), p.177 에서 재인용.

문에 보다 낮은 수준의 과제들에만 집중되어 있다는 것이다. Romberg 와 Wilson(1992)은 당시 미국 중학교 2학년 학생들에게 실시하는 6개의 표준화 검사가 NCTM의 교육과정과 평가의 규준집(Standards)과 얼마나 잘 부합되고 있는지를 알아보기 위한 조사를 하였다. 이들은 각 검사의 수학 분야에 해당하는 검사 항목을 규준집의 영역에 기초하여 학년에 따른 수준으로 묶고 이를 내용 영역과 과정 영역으로 분류하였다. 그 결과 62-82%가 내용 부분 중 수 영역에 해당되고 다른 영역에 해당하는 문항들은 극히 소수에 불과하였다. 문제의 62-91%가 계산과정을 묻는 것이었으며 84-96%가 절차적 지식을, 4-16%만이 개념적 지식을 묻는 것이었다. 이 검사들은 규준집에서 추천하고 있는 내용 영역, 과정 영역, 개념 영역 면에서 극히 일부분밖에 만족시켜주지 못하고 있다. 특히 확률이나 통계와 같은 내용 영역, 의사소통이나 연결짓기와 같은 과정 부분의 검사 항목은 거의 없었으며, 학생들의 수학적 재능을 보여 줄 수 있는 부분들이 거의 제외되어 있었다. 이들은 연구 결과 표준화된 성취도 검사의 수학 성적으로는 수학 영재들을 제대로 판별할 수 없다는 결론을 얻었다.

미국의 국립 수리과학 연구센터(NCRMSE)의 연구자들은 1980년대 초에 수학 시험에 대해 조사하였는데, "학교에서 일반적으로 사용되는 평가 과정은 부적절할 뿐 아니라 학교 수학의 개혁에 주된 장벽이 되고 있는 것으로 보인다."(Romberg, 1993, p.1)고 지적하였다. Saul(1988)은 검사 도구를 통한 올바른 평가를 위해서는 잘못된 질문에 정확히 답하기보다 잘된 질문에 대충 답하는 게 오히려 더 낫다고 말한다. 영재들에게 합당하고 적절한 검사 도구에서는 결과 해석에 따른 오류가 비교적 적지만, 비적절한 검사 도구에서는 좋은 성적을 얻더라도 제대로 해석할 수 없기 때문에 혼란과 잘못된 판단만 가져올 뿐이다.

Rose-Hulman 공학 연구소의 Berzsenyi에 의해 관리되고 있는 미국 수학 재능아 연구(MTS)에서는 SMPY와는 달리 1개월 또는 그 이상에 걸쳐 문제를 내주는데, 권투와 같이 몇 라운드에 걸쳐서 매 라운드마다 5문제씩을 제시하고 그것을 다음 라운드 때까지 적어도 2문제의 답을 제출하도록 한다. 이 연구는 통찰력, 고안하는 재주, 창의력뿐만 아니라 수학적 능력을 십분 발휘할 수 있도록 충분한 시간을 주기 때문에 과제에 대한 집착력까지도 볼 수 있어서 NCTM의 규준집과 일맥상통한다(Berzsenyi, 1993).

수학 영재를 판별하는 다른 방법으로 관찰법, 인터뷰, 학생 자신-부모-교사의 판단 등이 있다. 어떤 사람들은 만일 충분히 흥미 있는 문제를 만들어 경시대회를 벌이고 모든 학생들을 포괄하고 자극해 줄 수 있다면 수학 재능아를 꼭 공식적으로 판별해낼 필요는 없다고 주장한다. 한편, 학교 밖에서 일어나는 매일의 활동에서 모든 학생들을 수학적 활동에 참여할 수 있도록 격려할 수 있고 학교에서도 모든 학생들의 흥미를 자극하는 수학적 상황을 제공할 수 있다. 이때 특별한 재능을 보이는 학생들은 보다 심층적인 수학 분야에 도전할 기회를 얻을 수도 있고, 심화 학습이나 실력 경쟁을 위한 학술 팀에 참여하도록 고무할 수 있다. 이는 영재성에 대한 Renzulli의 세 고리 개념 정의와 이들을 위한 회전문 교육과정 모델에 적용시킬 수도 있다. 이 모델에 의하면 수학적 능력이란 선천적으로 타고나는 것만도 아니요 불변의 것도 아니다. 오히려 모든 학생들은 각자의 창의력과 높은 수준의 사고력과 문제에 대한 집착력과 같은 세 가지를 사용하여 능력 있는 수학자가 될 수도 있으며 수학적 재능은 개발, 양성될 수 있는 것으로 여겨진다.

마지막으로, 영재들의 여러 가지 특성들은 가정환경과 생장과정에도 깊이 연관되어 있어서 이것들을 살핌으로써 영재 발굴에 큰 도움을 얻을 수 있다. 영재는 개인차의 소산이며 유전과 환경의 두 요인에 의해 생긴다. 부모의 교육 정도, 사회 경제적 위치, 생장과정과 특히 양육 태도가 중요하다. 가족의 화합도, 가풍과 문화환경, 가족과 본인의 관계를 살펴야 한다. 그 외에 아동에게 깊은 영향을 준 사람, 존경하고 사사하는 인물에 관하여 알아보는 것도 매우 중요하다. 이렇게 개인을 추적 조사한 전기적 정보 자료는 영재 발견의 중요한 수단이며 성장발달 상황의 누적기록은 중요한 교육상의 자료가 될 수도 있다(김정휘, 1996).

영재성에 대한 보다 정확한 판단을 위한 노력으로 비지적인 부분의 행동특성 검사도 시도되고 있는데 그중에는 Cicione의 영재 선별 척도(GTSS), Johnson의 영재 선별 도구(GTSF), Renzulli와 Hartman의 '영재의 행동특성 평정 척도' 등이 개발되어 있다. 특히 Renzulli와 Hartman의 '영재의 행동특성 평정 척도'는 영재의 행동특성에 관한 기존의 여러 연구물들을 기초로 해서 만들어졌는데 학습 특성, 동기 특성, 창의적 특성, 지도력 특성, 특정 교과에 대한 태도 특성 등으로 나누어 다방면의 영재를 판별하는 도구로 사용되고 있으며 현재 전 세계적으로 가장 광범위하게 활용되고 있다. 그러나 이런 도구들은 수학 영재성만을 측정하는 도구가 아니라 포괄적으로 일반 영재성을 측정하기 위한 것이므로 이것들을 바탕으로 하여 수학 분야의 영재성을 위한 행동특성 평정 척도를 자체적으로 만들어 보는 것도 의미가 있으리라고 생각된다.

이러한 검사들은 그 한계점들을 충분히 인식하면서 신중히 사용해야 한다. 가급적 다양한 방법과 도구들을 사용할수록 판별은 정확하나, 여건상 그렇게 하지 못할 수도 있다. 다양한 판별 방법을 통하여 얻어진 다양한 자료를 결합하는 방법은 어떤 결과를 목적으로 하느냐에 따라 장단점이 있고, 특히 일선 학교 현장에서 그런 결과를 직접 사용하는 일은 용이하지 않다. 따라서 학교 현장에서는 교사, 학부모, 프로그램 운영 책임자 등으로 이루어진 영재 판별 위원회를 구성하여 실시하고자 하는 영재교육 프로그램의 목적과 형태를 고려하여 각 자료에 어떻게 상대적인 비중을 줄 것인가 등의 구체적인 방법에 대한 논의를 통하여 결정하도록 하는 것이 한 방법이 될 수 있다(이재신, 1996).

수학 영재성은 지적인 부분이나 단시간의 지필 검사만이 아니라 다양한 방법과 도구를 통해서 판별되어야 하는데, 수학 영재성의 판별에서 활용될 수 있는 방법과 도구를 전체적으로 요약하여 정리하면 다음 표와 같다.[14)]

〈표 Ⅱ-11〉 수학 영재성 판별의 검사 영역과 도구

영 역 별	종 류 별
일반 지적 능력	지능검사(표준화된 집단용, 개인용)
수학적 지식	수학 학업 성취도 검사, 교내 수학 성적, 각종 수학 경시 대회 입상 성적
수학적 사고 능력	수학 문제해결력 검사(1부)(*), 포트폴리오, 프로젝트형 과제
수학적 창의성	수학 창의적 문제해결력 검사(2부)(*), 개인 연구/아이디어 노트
수학에 대한 태도와 성향	수학적 행동 특성 체크리스트(교사나 부모, 전문가의 관찰 평정 척도 이용)
기타	-구두 검사, 관찰/면담, 교사의 학생에 대한 보고서, 종단적인 연구와 가계조사 -학생의 수학에 대한 자기 보고서: 수학과 관련된 자아 개념, 흥미, 가치, 학교 내외의 활동과 성취에 대한 자기 보고서 -수학에서의 지적, 정의적, 조작적 능력과 태도를 평가하는 여러 가지 표준화된 검사 도구나 개인용 검사 도구 등

NRC/GT(1992)는 2000년대의 영재교육 연구의 방향을 제시하면서 전통적인 과거의 연구에 대해 반성함과 동시에 영재교육 프로그램 개발이 미진한 많은 이유 가운데 다음 6가지를 특별히 제기하고 있다(pp.3-5).

첫째, 영재교육에 대한 연구의 대부분이 판별과 실제 프로그램을 안

---

14) (*)는 한국교육개발원에서 표준화 작업을 실시한 검사 도구로서, 기초 연구 편(김홍원 외, 1996)에서 사용하던 1부(단답 및 서술형), 2부(다답형)의 명칭을 검사 제작 편(김홍원 외, 1997)에서는 서로 뒤바꾸어 사용하고 있다. 그 이유는 처음에 계획하였던 1부 검사가 너무 어려워 보다 쉬운 2부 검사를 먼저 실시하기로 함에 따른 것이다.

내하기 위해 고안된 특정한 이론이나 모델에 기초한 가설－검증을 위한 연구라기보다는 아직도 영재의 특성 연구에 초점이 맞추어져 있다. 이론적으로 건전한 판별 방법과 프로그램의 모델에 기초한 실질적인 교육 효과에 대해서는 아는 바가 거의 없다.

둘째, 이론적인 연구 업적물들은 학습 현장에 적용되고 현장을 개선해 나가는 것이어야 하는데도 연구 그 자체에 머무르고 있다. 현장의 프로그램은 충분한 연구 결과물에 의해서라기보다는 개인의 신념과 특별한 경험에 의해 운영되고 있는 실정이어서 검증되지 않은 도구를 사용하고 있다.

셋째, 연구 결과와 공공 정책 사이에 적절한 교감이 이루어지지 못하였다.

넷째, 교육적 영향을 결정할 때 여러 가지 표준화된 검사 점수에만 과도하게 의존하였다. 영재성과 영재의 행동발달은 복잡한 과정이어서 일반 아동에 대한 표준화된 성취도 검사나 적성검사만으로는 잴 수 없는 부분까지를 포괄하는 평가가 이루어져야 한다. 고등 수준의 창의적인 생산성은 전통적으로 이루어져온 양적 연구만으로는 감당할 수 없으므로 관찰, 면담이나 사례 연구와 같은 질적인 연구가 병행되어야 한다.

다섯째, 일반적인 영재에 대한 연구는 많은 관심을 가지고 연구되어 왔으나 수학, 과학, 언어, 체육, 미술, 음악 등과 같은 특정한 교과나 미성취, 부분 장애아, 사회, 경제적 소외아동 등의 분야별 연구는 아직도 많은 제한을 받고 있다. 특히 수학 영재에 관한 연구의 경우 수학 영재에만 초점이 집중된 연구보다는 일반적인 영재성의 규명 속에 수학 영재가 한 부류로 다루어졌다. 특히 우리나라에서는 과학 영재 연구의 일환으로 수학 영재를 취급하고 있는 실정이다.

여섯째, 영재에게 합당한 교육과정의 개발이 이루어지지 못하고 있다. 영재에게 일반 아동이 경험하는 정규 교육과정을 그대로 제시했을 때 생기는 부조화와 부적응의 문제에 대한 해결책이 시급하다. 기존 연

구들이 여러 가지 평가 도구와 방법, 학습 자료 등을 나열하고 있기는
하지만 이것들을 구체적으로 어떻게 사용할 것인가에 대해서는 논의하
지 못하고 있다.

　한국교육개발원에서 개발하고 있는 수학, 과학, 언어 분야의 영재를
위한 창의적 문제해결력 검사 도구는 표준화 작업을 하기로 되어 있다.
이런 표준화 작업이 위의 두 번째 문제점에 대한 대안은 될 수 있을지
라도 다시 네 번째 문제점을 반복할 우려가 있다. 지필 검사의 성적만
이 아니라 행동특성 검사지나 관찰/면담 등을 통한 사례연구도 병행되
어야 할 것이다.

다. 영재 판별 기준과 선발 절차에 관한 사례[15]

　교과별 심화 학습과 창의적인 학습을 다루는 중등학교 영재교육 프로
그램은 일반 초등학교 프로그램과는 상당히 다르다. 학생들의 재능과 흥
미영역이 세분화되고 전문성을 띠게 됨에 따라 중등학교 프로그램들은
구체적인 교과영역에 의해 좀더 변별화된다. 중등학교 수준에서는 초등
학교 수준에서 흔히 볼 수 있는 전체적인 '과정중심'의 교육보다는 교과
내용 속에서 창의적인 사고력과 문제해결력을 강조하는 프로그램이 개
발되어야 한다. Keating은 중등학교 프로그램의 접근방법에 대해서 학생
의 적성과 재능을 고려하여 심화학습과 속진학습의 기회를 제공하는 특
별반이 중요한 한 가지 접근 방법이라고 추천하였다. 그리고 Gallager가
실시한 영재 프로그램 형태에 관한 조사연구에서도 중등학교 학생들이
선호하는 프로그램의 형태는 특정 과목에서의 특별 속진반 형태였다
(Feldhusen & Treffinger(1983), 전경원, 박정옥 공역, pp.72-73).

---

15) [부록 1]에는 수학교육에서의 영재성 개발에 관한 대표적인 세 가지 연구
　　를 표로 간단히 정리해 놓았다.

일반적인 영재성을 판별하는 기준과 선발 절차에 대해서는 국내에 소개된 최근의 사례만 해도 영재를 위한 심화 프로그램의 대상자를 선발하는 기준과 절차16)(Renzulli, 1996), 미국 퍼듀 대학의 1997년도 6-7학년 여름 합숙 심화 영재 프로그램을 위한 대상자 선발 방법17)(김명숙, 1997)을 비롯해 미국, 러시아, 중국, 이스라엘 등의 다양한 사례들(김홍원, 김명숙, 송상헌, 1996)과 우리나라의 민족사관고등학교의 신입 장학생 선발을 위한 5단계 적용(조석희, 오영주, 김홍원, 박경숙, 1996) 등이 있으며, 과학고등학교와 교육부 지정 영재교육 시범학교들의 연구(경주 신라중학교, 1996; 안양 대안중학교, 1996) 등도 참고할 만하다.

일반적인 영재교육을 위한 프로그램의 운영 방식으로는 특수 목적 학교나 대학 부설의 특별학교, 정규학교 내의 특별학급, 교육청과 같은 지역 단위의 특별반이나 몇몇 단위 지역 학교들을 연합한 자석 프로그램(Magnet Program), 대학에서 방학 중 실시하는 여름학교, 국가나 지역에서 운영하는 자체의 특별 프로그램, 개인 사사제도나 클럽, 각종 경시 대회 등이 있다. 이러한 프로그램들의 특성이나 운영 방식 그리고 구체

---

16) Renzulli(1978, 1985, 1994, 1996)의 3부 심화 프로그램은 각종 표준화된 검사에서 좋지 않은 점수를 받은 학생들 가운데에서도 얼마든지 영재가 있을 수 있다는 점을 강조하고 있다. 1부는 자신의 관심 분야를 탐색하고 선택한 분야나 주제에 계속 참여할지의 여부를 결정하는 일반적인 탐구활동 단계이다. 2부는 자신들이 선택한 관삼 분야의 심화된 활동을 개방적 집단 훈련을 통해 3부 심화 단계의 준비를 한다. 3부는 개별 활동이나 소집단 활동 위주의 실제 연구로서 실제 상황에서 발생하는 문제해결 활동에 참여한다. 각 단계로의 진급 또는 잔류에 대한 판별은 교사가 결정하지 않고 학생들이 스스로 자기 특성과 수준에 따라 선택할 수 있는 여지가 있어서 새로운 주제나 영역을 학습하는 경우에는 3부에서 1부나 2부로 돌아올 수도 있다. 3부에 참여하는 학생은 전체 학생의 5% 내외이다.
17) 이 프로그램에서는 학교 성적은 B+ 이상이면 충분하지만 학생 자신이 이 프로그램에 참여하고자 하는 이유를 적은 에세이를 제출해야 한다. 이 프로그램의 선발 기준에 나타나는 특징은 참가를 위한 분명한 목적과 동기, 태도가 학생의 지적인 능력 못지않게 중요하다고 여기는 것이다.

적인 예시들은 House(1987)와 Wieczerkowski & Prado(1993), 김주훈, 박경미, 최고운, 이은미(1996), 조석희 외 4인(1996)에 잘 나타나 있다.

그러므로 여기서는 수학과 관련된 영재교육 프로그램서의 수학 영재 판별 기준과 선발 절차에 관한 사례들만을 중심으로 살펴보겠다.

러시아에서 이미 오랜 전통을 가지고 있는 한 가지 사례는 특별 학교이다. 노보시비르스크 대학의 공학·수학 부에 9-10학년의 부설 영재 중등학교가 설치되어 있다. 학생들은 몇 단계를 거쳐 선발되는데, 먼저 대학이 잡지를 통해 수학적이고 논리적인 능력을 측정할 수 있는 수학 문제를 전국에 공포한 후 그 문제에 대한 풀이를 제출한 학생들의 풀이를 평가하여 약 12,000명을 1차 선발한다. 이 학생들을 대상으로 지역별 수학 올림피아드 예선을 거친 700-800명(1차 선발 단계 학생의 상위 6-7%)을 2차 선발하고 이들을 노보시비르스크 대학에서 실시하는 4주간의 여름 영재학교 캠프에 참가시켜서 과학 회원과 교수들의 관찰 및 필답고사 결과를 받아 250-300명(2차 선발 단계 학생 중의 상위 31-41%) 정도를 최종 선발한다(서정표, 1993).

미국에서도 영재교육을 실시하는 특별학교나 교육기관은 쉽게 찾아볼 수 있지만 수학·과학 중-고등학교나 시애틀에 있는 the Country Day School처럼 주로 초등학교 학생들에 초점을 맞추며, 개인 지능검사(WPPSI 또는 WISC-R) 점수를 기준으로 삼고 부모와의 면담 그리고 이전까지의 학교생활 기록 등을 참고하여 선발한다. 이 학교는 지적인 영재성 뿐만 아니라 사회적인 성숙도와 정서적 안정성을 선발의 준거로 삼고 있다. 이 프로그램의 목표는 참여한 학생들이 나중에 학문적인 성취를 얻기 위한 기본 학습기술을 습득하도록 돕는 것이다. 이 취지에 따라 과학 실험과 고등 수학, 로봇이나 체스를 이용한 게임 등을 포함하는 교육과정을 순환적으로 따라가도록 하면서 학생들에게 선택 과정과 심화 과정을 제공하고 있다(Roedell et al., 1980).

체코에서는 정규학교 내에 특별학급을 설치한 예를 찾아볼 수 있는데, 수학 특별학급을 두고 있는 12개의 대학 진학 예비학교가 있다. 이는 1969년에 프라하에서 처음 개설된 4년제(9-12학년)의 고등학교로서 수학 영재를 위한 판별과 교육뿐만 아니라 과학과 기술 분야에서 공부할 학생들을 준비시키려는 것이 설립 목적이다. 몇몇 특별학급은 초등학교 수준의 수학 수업부터 시작하여 순열, 그래프를 다루는 활동, 자료처리에 기초한 수학 입문 등의 영역을 포함한 수준으로 확대되어간다. 이와 유사한 방식이 중등학교 수준에서도 적용된다. 주당 4회 이상의 시간이 수학, 물리, 화학의 특별학급에 투여된다. 여기서는 부모들이 자기 자녀를 추천한 후에 교사들이 적절한 시험을 치러서 동의한 후 최종 자격 요건을 갖추기 위해 입학시험을 치르는 순서를 밟는다(Wieczerkowski & Prado, 1993).

독일연방에서는 11학년(16세)에 시작하는 매우 특출한 수학 영재를 위한 프로그램을 실시하고 있는데, 최근에는 10학년에서 시작되는 프로그램도 설립되었다. 김나지움(대학 예비 교육기관)의 11-13학년에는 수학 문제로 집중 교육을 시키는 시간제 수학 특별학급이 운영되고 있다. 학생들이 그 준비학습을 위하여 선택과목을 결정하고 있으며, 이는 졸업의 필수요건이 된다. 수학과목에 대한 특별 과정에 참가하는 공식적인 선발 절차는 없으나 수학에 대한 강한 흥미와 그 과목에 대한 성취점수로 결정한다.

영국에서는 수학 영재들에게 속진과 심화의 기회를 주기 위해 중등수준에서의 교육과정을 개설하고 있다. 부가적인 단계와 발전 단계의 수학 외에 고등 수준에 해당하는 수학 과목도 개설하고 있다. 속진 과정에서는 보다 진전된 학습 자료를 포함하고 있으며, 표준적인 수학 교육과정보다 깊이 있는 내용을 다룰 수 있기를 요구한다(Marjoram & Nelson, 1985). 1981년 이래로 왕립 연구소에서는 12-14세 아동을 위한 수학 Master Class를 개설하고 있는데, 5-10번에 걸쳐 토요일에 학교 정규수업에서 다루지 않는 흥미 있는 수학 문제를 풀 수 있는 기회를 제공한다. 이를 위하여 대학에 재직 중인 수학자들이 이 수업을 안내하고 있다(Wieczerkowski & Prado, 1993).

서론에서도 언급하였지만 우리나라에서 수학 분야의 영재 또는 우수아에 관한 구체적인 연구는 손에 꼽을 정도인데 그중에서도 판별이나 선별에 관한 연구는 매우 적다.

석용징, 신현성(1992)은 영재를 위한 수학과 교육과정의 시안으로서 과학고등학교와 평준화된 학교의 우수 집단을 위한 교육과정과 프로그램의 개발을 시도하였고, 강완(1994)은 Krutetskii의 수학적 능력의 구조에 대한 연구 결과가 시사하는 바를 한국 영재협회(KAGC)와 협력하에 있는 영재교육 연구소(GEIK)의 수학 속진 프로그램(MAP)에 대한 관찰과 연계하여 논의하는 가운데 수학 영재들을 지도할 수 있는 방안을 연구하였지만(강완, 1994, pp.145-146) 영재 판별에 관한 논의는 포함되어 있지 않다.

영재를 판별하거나 교육 프로그램 제공을 목적으로 한 선발에 관한 연구로서는, 신현성(1991)이 "수학 우수아를 위한 수학과 교육과정의 개발(1)"에서 과학고등학교와 같은 우수아 교육기관에서의 선발을 위한 검사 문항 개발을 시도한 것이 있다. 그 가운데 9가지의 활동 곧 사고의 유연성을 보이는 활동, 수학의 일반화 과정을 인식하는 활동, 문제의 복합 구조를 이해하는 활동, 문제를 발전적으로 재구성하는 활동, 수학적인 증명을 수행하는 활동, 수학을 실생활에 응용하는 활동, 수학적 개념(정의, 정리) 사이의 관계성을 파악하는 활동, 수학적인 개념을 이해하는 활동, 수학적인 알고리즘을 활용하는 활동을 포함하는 지필 검사의 개발을 선보이고 있다. 또, 지필 검사만으로는 측정이 곤란한 능력을 살펴보기 위해 수학에 대한 태도, 흥미, 신념 등을 물어보면서 수학적 활동이 이루어지는 동안 관찰하는 정의적 영역의 측정 검사 도구로서 미네소타 국립 연구소에서 개발한 관찰 요목을 소개하고 있다. 후자의 검사 도구는 단시간에 일회적으로 이루어지는 지필 검사보다는 장기간 관찰에 의해 평가되므로 학생을 잘 아는 교사나 학부모의 관찰이 가장 중요하다고 보고 있다. 이런 검사 도구는 자신의 수학적인 아이디어를 제시하고 표현하며 설명하는 등의 전반적인 의사소통 능력과 수학에 대한 태도, 흥미, 신념 등의 성향과 가치관을 알아보기에 적합하다.

서정표(1994)는 수학 영재의 판별 절차 및 기준에 관한 연구에서 먼저 수학 영재에 대한 조작적 정의부터 내리고 있는데, 수학 영재란 "일반 지적 능력, 창의성, 그리고 과제 집착력의 세 요소에서 모두 평균 이상의 특성을 소유하고 있는 사람 중에서 수학적 제 능력(즉, 수학적 지각력 및 창의력, 민첩성, 일반화하는 능력, 유연성, 사고과정의 가역성, 그리고 적용력)이 뛰어난 사람이다"라고 정의함으로써 일반적인 영재성의 3가지 요인에다 특별히 수학적 제 능력이 뛰어난 사람이어야 한다고 보았다. 그는 러시아의 노보시비르스크 대학 부설 수학-물리 학교의 학생 선발 과정에 기준한 3차의 선별과정을 거쳐 이들을 최종적으로 판별해낼 것을 제안하고 있다. 그러나 이 인원은 지원자의 0.2-0.3% 정도에 불과하고 이들이 영재성을 보이기 때문에 별도의 교육 프로그램에 정치하는 것이 아니며, 이런 판별 기준을 거쳐 이 학교에 들어가기만 하면 수학 영재인지, 수학 영재성을 가졌다 하여 모두 수학 영재라고 할 것인지 등에 대한 기준이 없으며 다만 수학 영재 판별을 위한 3단계 절차를 소개하는 데 그치고 있다.

최근에 김홍원 외(1996, 1997)는 표준화된 수학적인 창의적 문제해결력 검사의 실시를 전제로 한 종합적인 문헌 연구에서 다음과 같이 영재 판별을 제안하고 있다. 여기서는 선발도 판별의 한 과정으로 보고 있다는 점이 주목할 만하다.

〈표 Ⅱ-12〉 한국교육개발원의 수학 영재 판별 절차

1차 판별	2차 판별	3차 판별
·교사의 관찰 ·지능지수 ·수학 학업 성취도 ·15-20% 정도 선발	·수학 창의적 문제해결력 검사 ·수학 행동특성 검사지 ·기타 표준화된 검사 ·5% 정도 선발	·고난도의 문제 제공 ·특수 교육 프로그램 제공 ·특수한 학생은 별도의 전문가에 의한 지도를 받게 함
손쉽게 얻을 수 있는 정보나 자료 활용	여러 가지 표준화된 검사나 특별한 실시	프로그램을 실시하면서 판별

송상헌(1996)은 단순히 영재를 규명하고 판별하려는 차원보다는 이들을 교육하기 위한 교육 프로그램에 초점을 맞추어, 먼저 수학 영재성과 수학 영재에 대한 개념을 명확히 구분하고자 시도하였고 그동안 일반적인 영재 연구의 한 부분으로만 취급되던 연구의 범위를 넘어서 수학 영재성과 영재 연구 그 자체의 위상을 새롭게 하려고 시도한 바 있다. 특별히 수학 영재교육 프로그램에 참여할 학생들을 선발하는 기준과 절차를 예시적으로 제시하면서 다양한 도구를 사용한 판별을 원칙으로 하되 이들의 종합적인 성적보다는 몇몇 성적들의 특이한 요인을 우선적으로 고려할 것을 제언하였다. 이는 최종적인 영재를 규명하기 위함보다는 수학 영재성을 개발시켜 주기 위한 교육 프로그램에의 참여자들을 선발하는 데 목적이 있기 때문이다.

최영한(1992, 1996)은 그동안 논란이 되어왔던 과학고등학교 중심의 "수 Ⅲ" 교과서 편성의 문제점과 개선 방안을 지적함과 동시에 각종 수학 경시대회의 활성화와 ICMI에의 참여, 국제 수학 올림피아드(IMO)를 통한 수학 영재 발굴의 중요성 등을 수차례 강조하여 왔다.

Ⅲ. 연구의 설계

1. 검사 도구와 설문지 개발의 필요성

본 연구에서 대상으로 택한 중학교 입학 직전의 초등학교 5-6학년 2학기 아동들의 수학 영재성을 가름하고 이들에게 수학 영재교육 프로그램을 제공하기 위해서는 먼저 수학 영재에 대한 분명한 조작적 정의와 영재교육 프로그램에 참가시킬 대상자를 선별하기 위한 검사 도구가 필요하다.[18] 이 검사 도구는 운영하고자 하는 수학 영재교육 프로그램의 목적에 적합한 수학 영재성의 정의를 기초로 하여 제작된 것이어야 한다.

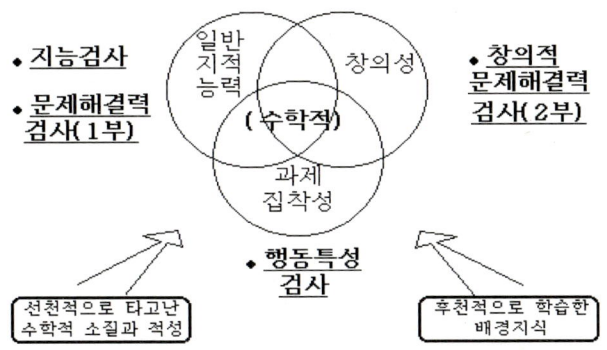

[그림 Ⅲ-1] 수학 영재성의 구성요인과 측정 도구

---

18) 이 같은 취지의 검사 도구 개발은 현재 한국교육개발원에서 일반 학교에서의 속진 및 심화 과정을 위한 수학 영재 판별 도구의 하나로서 '수학 창의적 문제해결력 검사 도구'를 개발하고 있기는 하나, 완성된 검사 도구가 아직 나오지 않았을 뿐만 아니라 그 검사 도구는 교내 학업 성적이 상위 20-30% 이내 또는 일반학생 전체를 대상으로 표준화 작업을 하는 것이 목적이므로 영재들에게만 초점을 맞추어, 본 연구에 적합한 검사 도구를 만들어 적용해야만 하였다.

수학 영재성의 정의에 따른 첫 번째 요인으로서 일반적인 지적 능력은 지능검사의 결과를, 수학부문의 지적 능력은 지능검사의 수리부문을 참고할 수 있으며, 보다 고차적인 수학적 사고 능력과 문제해결 능력을 측정하기 위해서는 국내외의 각종 수학 경시대회의 문제 유형을 따르거나 그에 대한 성적을 참고할 수도 있다. 하지만 동일한 경시대회에 참가하지 않은 아동들이 많았고 이미 공개된 문제를 사용할 수는 없기 때문에 자체 검사지를 새로 제작해야만 하였다. 또한 두 번째 요인인 수학적 창의성을 측정하기 위해서는 비록 일반적인 창의력을 측정하는 검사 도구가 일부 있기는 해도 그 검사 결과가 수학적인 창의성을 보장해 준다고 보기 어려우므로 수학적 창의성을 측정하기 위한 별도의 검사 도구가 필요한데, 이러한 검사 도구는 아직 국내에 소개된 것이 없는 실정이다. 세 번째 요인인 아동의 수학에 대한 과제집착 성향은 단 시간의 지필검사만으로는 측정할 수 없는 부분이므로 학생 자신뿐 아니라 학생을 잘 아는 부모와 교사가 함께 참여하는 행동특성 체크리스트를 만들 필요가 있었다. 일반적인 유아 영재를 위한 행동특성 체크리스트는 개발되어 활용되고 있고, 수학 분야에서의 일반 아동을 위한 행동특성 체크리스트는 소개되어 있지만 초등학교 5-6학년 수준의 수학 영재를 위한 공인된 수학적 행동특성 체크리스트는 발견할 수 없었다.

수학 영재성의 정의에 적합한 검사 도구는 초등학교 5-6학년 수준의 우수한 학생들이 반응할 수 있는 문항에 초점을 맞추면서 그들의 반응을 분석할 수 있어야 하며, 그들의 수학적 사고 능력과 수학 창의력이 잘 반영되는 동시에 측정이 용이한 것이어야 한다. 그리고 반드시 그 검사 도구의 신뢰도와 타당도가 보장되어야만 한다.

또한 문헌 연구에서 살펴본 내용을 바탕으로 우리나라의 수학교육학자나 교사들, 그리고 영재교육 전문가들은 영재성과 영재교육에 대하여 어떤 시각의 차이를 보이고 있으며 본 연구자와 어느 정도 의견이 일치되는지를 알아보기 위한 설문지를 개발할 필요가 있었다. 이 설문지 속에는 영재성의 정의와 판별 방법 및 도구, 영재의 행동특성들에 대한 동의 여부와 우선순위, 그리고 이들을 위한 교육 프로그램을 개발하는 데 참고가 될 만한 여러 가지 제언 등의 내용들이 포함될 수 있을 것으로 기대하였다.

이와 같은 취지의 검사 도구와 설문지 개발에 대한 필요성을 가지고 이를 다음과 같은 방법으로 개발하였다.

2. 수학 창의적 문제해결력 검사지(1, 2부)의 개발

가. 검사지의 개발

전통적인 문제해결 능력을 측정하는 검사지는 고난이도의 사고전략을 위주로 하는 한 개의 답을 가지는 문항으로서 적절한 신뢰도와 타당도를 가지고 있어야 한다. 본 연구에서는 기존의 여러 검사지에서 문제를 적절히 변형하거나 원안 그대로 번역하여 사용하되 충분한 예비검사를 거쳐 수학 영재에게 적절한 수준의 난이도와 이전에 풀어본 경험이 있는지, 자신들의 수학적 능력을 충분히 반영하고 있는지 등의 여부를 설문을 통하여 확인한 다음 사용하기로 하였다. 주로 참고한 문제는 Krutetskii(1976)의 실험 문제 시리즈에 나오는 문제들이며 보조적으로 참고한 문제는 Gardiner(1993)의 문제집에 수록된 문항들이다. 이들 문제의 내용을 살펴보면 학생들에게 익숙하지 않는 비정형적인 문제 유형을 기본으로 하면서 수를 포함한 대수적인 영역, 평면 도형의 관계와 성질을 이용한 기하 영역, 그리고 논리를 포함한 관계 영역의 비율을 적절히 조정하고 시간의 안배를 생각하여 10문제 이내에서 난이도별로 배치하였다. 이 문제를 이용한 검사를 '1부 검사'라고 부르기로 한다.

다음에는 답이 여러 가지가 나올 뿐만 아니라 창의적인 답안이 가능하도록 구성된 수학적 창의력을 측정하는 검사 도구를 작성하였다. 수학적인 맥락에서 확산적인 사고를 평가할 수 있는 문제를 구성함에 있어 문헌 연구를 통해 드러난 다음 5가지의 능력 요인이 포함되도록 하였다. Haylock(1984)이 제시한 3가지, 곧 문제해결(problem solving), 문제 제기(problem posing), 그리고 재정의(re-definition)에서 문제 제기를 규칙 발견과 문제 만들기로 나누고, 계산전략을 첨가하여 5가지 내용으로 구성하였다. 검사지에 사용된 문항들은 Fouche(1993)의 문제해결과 창의성에 관한 연구, Balka(1974)의 창의적 능력 측정에 관한 연구, Derrider(1986)의 영재 판별의 요인에 관한 연구, Haylock(1984)의 수학적 창의성에 관한 연구, Steven(1992)의 암산 능력에 관한 연구 등에서 선별한 문항이고, '파스칼의 삼각형' 문항은 Gardiner(1993)의 수학 퍼즐에서 힌트를 얻어 만들었다. 이들 문항으로 구성된 검사지를 '2부 검사'라고 부르기로 한다. 이 1, 2부의 검사문항을 확정하기까지 거친 준비단계와 예비검사 과정은 다음과 같다.

(0) 전문가의 검토와 예비 검사를 위한 준비

능력이 뛰어난 학생들을 변별할 수 있는 타당한 문항을 선정하기 위하여 수학 영재성 연구에 관한 여러 가지 문헌에 게재되어 있는 문항들을 선정하였고, 이를 번역 또는 개작한 후 수학교육학을 전공하고 있는 S대 대학원 박사과정 학생 3명과 수학교육학 박사학위를 소지한 연구원 2명, 영재들을 지도한 실제적인 경험이 있는 학원 강사 2명에게 문항의 적절성을 검토 받았다. 그 다음 학교 생활기록부의 수학 란에

"잘함"이라고 평가받은 초등학교 6학년 학생 2명에게 문항의 어감이나
이해하기 곤란한 내용들에 대해 의견을 제시받았다. 그러고 나서 정리
된 검사지를 가지고 1차 예비검사를 실시하였다.

(1) 1차 예비 검사

1997년 7월 하순에 1주일의 간격을 두고 1차 예비 검사를 실시하였
다. 선정된 대상자는 경기도의 한 신도시 지역을 포함하고 있는 K시
교육청에 소속된 6학년 과학 우수반 30명이었다. 이들에게 1, 2부 검사
를 모두 실시하기로 하였다. 그러나 1, 2부 검사의 일시가 방학을 전후
로 하여 시차를 둠에 따라 1부 검사에 참여하였던 30명 중 17명만 2부
에 참여하였으며 그중 2명은 지각하여 1, 2번 문항에 응시하지 못하였
으므로 15명의 결과만 분석하였다.

1, 2부 검사지의 각 문항들에 대한 시간의 부족 여부, 체감 난이도,
풀어본 경험이 있는 문항, 이해하기 곤란한 단어나 용어, 재미있는 정
도, 문제에 대한 질적인 수준, 자신의 능력이 제대로 반영되었는지 등에
대한 개별적인 의견을 수집하여 문항 수준에 대한 적절성과 대상 학년
에 대한 검사의 타당성을 조사하였다. 그 결과 각 문항에 대한 학생들
의 반응과 그 문항의 채택과 수정 여부는 〈표 Ⅲ-1〉, 〈표 Ⅲ-2〉와 같다.

1부의 문항 중 4번(케이크 자르기 문항)은 케이크를 입체로 이해할
수도 있어 학생들에게 문제제시의 혼란을 가져와 평면 모양인 색종이
자르기로 문항의 상황과 내용의 일부분을 바꾸기로 하였다. 1부의 5번
(점의 개수 문항)은 수 계열 문제로 학생들에게 너무 익숙한 상황이고
1부의 7번(일반화 문항)은 일반화 능력을 측정하기 위한 것이었으나,
대다수의 초등학생들이 문자에 익숙하지 않아 이해에 곤란함을 느꼈으
므로 2부에서 시간이 부족하다고 반응한 6번(도형의 대각선 문항)과 5

번(파스칼 삼각형 문항)의 소문항 중 1부의 성격으로 취급할 수 있는 것을 1부로 옮겨 이들을 각각 대치하기로 하였다.

〈표 Ⅲ-1〉1부 검사의 문항별 반응 분석(1차 예비검사, 초등학교)

문항 번호/이름	시간 최다	시간 최소	난이도 가장 쉬움	난이도 가장 어려움	풀어 본 경험이 있는 문제	이해가 곤란한 문제	가장 재미 있다	가장 재미 없다	문제의 질 좋다	문제의 질 나쁘다	평가	결과, 개선책
1 자전거	1	8	9		1		2	1	7	1		통과
2 물고기		3	2		1		2		1	5		통과
3 옷 색깔	1	1	4		2		7	2	1		양호함	통과
4 케이크 자르기	4	1		6	1	3	1	3	1	5	이해 곤란, 어려움	케이크(입체)보다는 색종이(평면)로 치환
5 점의 개수		7	13		8		8	1	4	2	너무 쉬움	같은 유형인 2부 6번으로 대치
6 나이	5	2		5	1	2	10	1	7	1	가장 재미있고 좋다	통과
7 일반화	3	1	2	3		5		7	4	9	이해 곤란, 문자사용 -일반화 수준 부적절	삭제, 2부 5번으로 대치
8 중선	3			4		2		3	1	2	어려움	일단 유지
9 중심거리	5	1		10	1	1	1	8	1	4	가장 어려움: 그러나 변별력이 있음	일단 유지
10 조건과잉	2			1		1		4	2	1	조건이 복잡-혼동	필요 없는 조건만 고르도록
계	24	24	30	29	15	14	31	30	28	24		

1차 예비 검사(50분): 1부 검사(K시 교육청 과학 우수아반 6학년 30명)

질문 번호	①	②	③	④	⑤
1(시간)	7(아주 부족)	9(조금 부족)	8(적당함)	4(조금 남음)	0(많이 남음)
2(난이도)	7(너무 어려움)	17(조금 어려움)	1(적당함)	0(대체로 쉬움)	0(너무 쉬움)
3(능력반영 여부)	3(전혀 그렇지 않다)	4(그렇지 않음)	6(보통임)	7(어느 정도 그렇다)	3(매우 그렇다)

〈표 Ⅲ-2〉 2부 검사의 문항별 반응 분석(1차 예비검사)

1차 예비 검사(50분 이내) : 2부 검사(K시 교육청 과학 우수아반 6학년 15명)

문항 번호/이름		시간					난이도							풀이 이해 여부		창의력 반영 여부					가장 재미		문제 의질		평가	결과, 개선책
		더 필요 요함 ①	부족함 ②	적당 ③	남음 ④	남음 ⑤	가장 어려움	가장 쉬움	어려움 ①	어려움 ②	적당 ③	쉬움 ④	쉬움 ⑤	풀이 이해 불가 군단	정답군	부정적 ①	부정적 ②	보통 ③	긍정적 ④	긍정적 ⑤	있다	없다	좋다	나쁘다		
1	수계산	2	7	6	2		2	1			3	8	4				2	6	4	1	2	2	1	1	시간 부족	일단통과 (5분)
2	9개의 점	4	3	5	4	2	2	2	1		10	3	1				1	6	4	2	8		6		가장 우호적이나 시간 부족	일단통과(6분) : 한 점에서 연결되거나 분리된 도형은 불가하다는 조건 삽입
3	바둑돌	2	3	8	3		2	1	1		8	4	1				1	8	3	1	2	2	2	3	1부유행의 빨림문제 삭제	10→8분 (2분 줄임)
4	집합 재정의	1	6	3	4		4			2	7	5					1	6	4	2	4	3	4	3	'집합'이라는 용어 대신 '묶음'으로	6→7분 (1분 늘림)
5	파스칼의 삼각형	1	3	3	6		1	3	2	4	7	2				2	1	5	4	1	1	3	1	3		1부에도 넣기로 함 (10분)
6	대각선	4	4	3	2	5	1	5	4	4	4	2					4	4	2	3	5		1	4	가장 어렵다는 반응	1부에도 넣기로 함 (10분)
	계	12	9	27	26	22	12	12	6	15	44	20	2	없음		2	10	35	21	10	15	15	15	14		47→46분

(2) 2차 예비 검사

1차 예비검사에 의해 수정된 1, 2부 검사지를 가지고 1997년 7월 말에 강남의 한 사설 학원인 '○○ 수학 영재교육 연구소' 초등학교 6학년 12명에게 1, 2부 검사를 같은 날 동시에 실시하였고 강북의 S중학교 2학년 2개반 학생들에게는 여름 방학식 전날 1부의 검사만 실시하였다. 각 문항들에 대해 이들이 나타낸 반응과 그 문항들의 채택 및 수정 여부는 〈표 Ⅲ-3〉과 같다.

〈표 Ⅲ-3〉 1부 검사의 문항별 반응 분석(2차 예비검사, 초등학교)

2차 예비 검사(50분): 1부 검사(○○ 수학 영재교육 연구소 6학년 12명)

문항 번호/이름	시간		난이도 가장		풀어본 경험이 있는 문제	이해가 곤란한 문제	가장 재미		문제의질		평가	결과 및 개선책
	최다	최소	쉬움	어려움			있다	없다	좋다	나쁘다		
1 자전거		1	1	1	1				1			통과
2 물고기	2		2				2	1	3			통과
3 옷 색깔	1	3	1		6	1	3			1	문맥의 상황이 익숙	통과
수정 색종이 자르기											보너스 문제로 돌려서 일단 보류	중학생들에게도 한번만 더 실시해보기로 함
5 바둑돌		5	5	1	4		1		1		색종이 문제 대신에 2부 3번을 실었으나 너무 쉬움	삭제
6 대각선	2	1		2			1	1	1	2	2부 6번→ 무난	통과
7 나이	4			4		1	2	1	3	1		통과
4 파스칼	1	4	5		2		1				2부 5번→ 무난	통과
9 중선	2			4		4	2	1	2	3	'중선'의 개념 이해 곤란과 난이도 높음	소문항 2개 (길이, 넓이)로 나누기로 함
8 중심 거리		2	1	5	1	1			2	1	아직도 어려움; 그러나 변별력이 있음	일단 유지
10 조건 과잉				1		2		5	1	2	조건이 과잉인 경우의 단서와 답란을 3개만 주었더니 3개까지만 찾음	풀리는 경우와 풀리지 않는 경우로 나누어 제시
계	12	16	15	18	14	9	10	12	12	12		

질문 번호	①	②	③	④	⑤
1(시간)	3(아주 부족)	4(조금 부족)	1(적당함)	2(조금 남음)	0(많이 남음)
2(난이도)	3(너무 어려움)	5(조금 어려움)	2(적당함)	0(대체로 쉬움)	0(너무 쉬움)
3(능력 반영 여부)	0(전혀 그렇지않다)	0(그렇지 않음)	3(보통임)	5(어느 정도 그렇다)	2(매우 그렇다)

　1차 예비 검사에서 이해가 곤란하다고 판단되었던 2개 문항을 수정함으로써 초등학생 수준에서는 시간이 부족하고 너무 어렵다는 반응이 다소 완화되었다. 1차 예비 검사에서도 어렵고 시간이 많이 걸린다는 반응이 있었으나 일단 보류해 두었던 1부의 8번(중선 문항)이 이번에는 상대적으로 가장 이해하기에 곤란한 문항으로 드러나 그림을 약간 수정하고 2개의 소문항으로 나누어 제시하기로 하였다. 1부의 10번(조건 과잉 문항)은 조건이 과잉이라는 단서와 3개의 답란을 주어 너무 제한된 생각만 할 우려가 있어 문제의 상황을 풀리는 경우와 풀리지 않는 경우로 나누어 쓸 수 있도록 약간 수정하기로 하였다.

〈표 Ⅲ-4〉 2부 검사의 문항별 반응 분석(2차 예비검사)

2차 예비 검사(50분 이내) : 2부 검사(○○ 수학 영재교육 연구소 6학년 12명)

문항 번호	문항 이름	시간 더 필요함①	부족함②	적당③	④	남음⑤	난이도 가장 어려움(쉬움)	어려움①	②	③	④	쉬움⑤	풀이 이해 보통함	이해가 곤란	창의력 부정적①②	보통③	긍정적④⑤	가장재미 있다	없다	문제의질 좋다	나쁘다	평가	결과, 개선안
1	수계산	2	7	4			1	1	6	2	1				2	2	2	2	1	4	1	시간 부족	5-6분 (1분 늘림) :
2	9개의 점	2	2	6	3		5		2	1	3	4	2			5	8	8		2	2	가장 우호적인 반응	6분으로 고정
3	바둑돌		3	6	2		1	1	1	5	2	1	1		1	6	1	1	2	2	1		8분으로 통과
4	집합 재정의	1	3	6	2		1	1	4	4	2		1		1	2	4	2			5		6→7분 (1분 늘림)
5	파스칼의 삼각형		3	7		1	1		5	3	1	1	1	2	1	1	1		1	1	1		10분으로 통과 1부에도 신기로함
6	대각선	6	4	1	5		3	2	6	3	1		1	3	1	3	4		10	4	3	가장 어렵다는 반응	10→12분 (2분 늘림) 1부에도 신기로함
계		11	19	34	7	1	12	4	24	15	11	6	6	5	6	17	20	13	13	13	13	6문제	49분

2부 검사의 문항은 새로운 유형의 참신함과 재미있다는 반응과 함께 난이도도 적당하고 시험의 결과가 자신의 창의력을 어느 정도 잘 나타내 준다고 응답하는 등, 시간의 안배를 새롭게 하는 선에서 일단 긍정적인 반응을 보이는 것으로 평가되었다.

중학교 2학년에게는 1부 검사만을 시행할 계획이므로 S여중의 2학년 2개반 82명에게 1부 검사만을 실시하되 수업 시간 내에 검사를 실시하여야 하는 등의 시간 확보에 애로가 있어 시간을 45분 이내로 제한하였다. 1부의 각 문항에 대한 중학교 2학년 보통 학급 학생들이 나타낸 반응과 그 문항의 채택 및 수정 여부는 〈표 Ⅲ-5〉와 같다.

대부분의 중학생들이 너무 어려워하고 시간도 부족하였다고 했음에도 시간이 남았다고 하는 학생들이 있었지만 이들은 10점 이하의 점수밖에 얻지 못하였다. 이것은 공부를 잘 못하는 중학생들이 어려운 문제 풀이에 흥미를 잃고 시험을 포기했기 때문에 남는 시간이 지루했다는 증거이다. 많은 중학생들이 자기들이 배우지 않는 내용의 검사를 하는 것 자체를 부정적으로 생각했으며 설문에 응하지도 않았다. 따라서 비교 집단인 중학교 학생들 중 성적이 뒤떨어지는 학생들을 모두 다 검사에 참여시키기보다는 수학 과목의 학업 성적이 일정 상위 수준 이내인(예를 들어, 비교 집단인 상위 7% 수준의 3배수 범위인 상위 20% 이내) 학생들 또는 특별활동의 수학반 학생들과 비록 그 성적에는 들지 못하지만 평소 수학에 흥미가 있거나 시험에 응시를 희망하는 학생들만 응시할 수 있도록 대상을 제한하기로 하였다. 또 학교별 시험의 종류와 수준이 다르므로 전국 수학 학업성취도 검사 점수를 참고하기로 하였다.

〈표 Ⅲ-5〉 1부 검사의 문항별 반응 분석(2차 예비검사, 중학교-강북)

2차 예비검사 1부 검사(45분) : 1부 검사(강북 S여중 2학년 2개반 82명)

문항 번호/이름	시간 최다	시간 최소	난이도 가장 쉬움	난이도 어려움	풀어본 경험이 있는 문제	이해가 곤란한 문제	가장 재미 있다	가장 재미 없다	문제 이질 좋다	문제 이질 나쁘다	평가	결과 및 개선책
1 자전거	1	7	5	2	3	5	1		4	2	함정있는 말이 잘 이해되지 않음	통과
2 물고기	9	9	11	2	1	2	3		4	3		통과
3 옷 색깔	6	16	22	1	11	3	31	19			비슷한 문제를 물상시간에 퀴즈로 내준 적이 있음	통과
4 색종이 자르기	5			6		1		6	2	5	입체를 평면으로 바꾸어 제시하였으나 여전히 어렵고 단 1명도 풀지 못함	시간이 남는 사람만 도전할 수 있도록 보너스로 남김
5 대각선	3	3	2		3		1	2		3	2부 5번 → 무난	통과
6 나이	10	1	1	9	2	8	4	4	2	9	4년 전 나이의 합이 57이 아니라 58이지 않느냐는 질문이 많음. 중학생들은 방정식으로만 풀려고 함	통과
7 파스칼	11	6	7	10	6	8	11	3	8	1	2부 6번 → 무난	대각선의 수라는 힌트를 삭제
8 중심 사이의 거리	3	1		6	5		6	6		1	어렵지만 변별력이 있음	통과
9 중선	3	2	1	4	1	2	1	4	3	4	이해 곤란 정도 해소	시각화능력을 측정하기 위해 그림을 제시하지 않기로 함
10 조건과잉	1	1	2	2	2	2	8	1	1	7	조건이 과잉인 경우와 단서와 답만을 3개만 주었더니 3개까지만 찾음	경우를 나누어 제시하기로 함
계	43	46	51	42	32	23	50	40	41	35	반응을 재조정하고 9문제 45분으로 응시	

질문 번호	①	②	③	④	⑤
1(시간)	35(아주 부족)	13(조금 부족)	18(적당함)	7(조금 남음)	6(많이 남음)
2(난이도)	54(너무 어려움)	19(조금 어려움)	3(적당함)	0(대체로 쉬움)	0(너무 쉬움)
3(능력 반영 여부)	27(전혀 그렇지 않다)	16(그렇지 않음)	24(보통임)	8(어느 정도 그렇다)	5(매우 그렇다)

중학생들의 경우 1부 1번(부정 방정식의 문항)을 잘 이해하지 못하였고, 6번(나이 문항)은 고정된 사고를 깨뜨리지 못하고 방정식으로만 문제를 풀려고 하였다. 오히려 우수한 초등학생들의 경우 비록 이 6번 문항에 많은 시간이 투자되었고 어려웠다고 했지만 일단 그 문제를 풀어낸 학생들은 대단히 긍정적으로 평가하는 모습을 보였다. 4번(색종이 자르기 문항)은 예비검사에서 1명도 바르게 푼 학생이 없어서 보너스 문제로 돌려 시간이 남는 사람만 도전해보도록 하였다. 7번(파스칼의 삼각형) 문항은 2부에 나오는 문항의 시간 절약과 사고의 자극을 위해 1부에도 실은 것인데, 여러 차례의 예비검사에서 '대각선의 수'라는 힌트 때문인지 수계열로만 풀려고 하여 1부에서는 '대각선의 수'라는 용어는 삭제하기로 하였고, 9번(중선)은 비록 문제가 조금 어렵지만 시각화 능력을 측정하는 문항의 측정 의도에 부합시키기 위하여 그림을 빼기로 하였다. 10번(조건 과잉 문항)은 예비검사에서 여러 번 수정되었는데, 조건이 과잉이라는 힌트는 측정하고자 하는 문제해결 능력을 제대로 반영하지 못한다고 판단하여 조건이 부족한 경우, 조건이 더 이상 필요 없는 경우, 조건이 과잉인 경우로 나누어 학생들이 직접 선택할 수 있도록 문제를 재구성하였다.

(3) 3차 예비검사

2회에 걸친 예비검사의 결과 2부 검사는 큰 문제점이 발견되지 않았으나 오히려 예상외로 1부 검사의 문항에 많은 수정이 가해졌다. 특히 2차 예비검사에서 강북의 중학교 2학년에게 실시한 성적이 너무 나빴고, 초등학교 6학년의 우수아들의 표본을 쉽게 구할 수 있는 곳이 강남의 학원가이므로 중학교 비교집단도 강남지역에 있는 3개 교육청 산하 5개 지역구의 10개 학교를 선정하기로 함에 따라 강남에 있는 중학교를 대상으로 1부만 예비검사를 1회 더 실시해볼 필요성이 제기되었다.

 2차 예비검사까지의 분석 결과에 따라 문항을 수정하고 난이도에 따라 재배열[19]함과 동시에 시간이 매우 부족하다고 판단되었으므로 학생들 스스로 문제에 따라 시간조절을 할 수 있도록 각 문항마다 배점을 기재하였다. 강남구의 E중학교 4개반 82명의 검사 반응과 점수는 〈표 Ⅲ-6〉과 같았다. 3차 예비 검사에서 실시한 강남의 학교가 2차 예비 검사에서 실시한 강북의 학교보다 통계적으로 유의미하게 매우 높은 차이를 보였다. 따라서 본 검사에서 비교집단으로 사용할 중학교 2학년 학생들의 표집을 실험집단인 초등학생들의 대부분이 거주하는 지역을 중심으로 한 강남에 있는 수학 학업 성적이 우수한 중학생들을 위주로 선발하는 것으로 확정하였다.

---

19) 2차 예비검사 문항에서 4번을 삭제하고 8, 9, 10번 문항의 위치를 바꿈

〈표 Ⅲ-6〉 1부 검사의 문항별 반응 분석(3차 예비검사, 중학교-강남)

3차 예비 검사(45분) : 1부 검사(강남 E중 2학년 4개반 146명)

문항 번호/이름	시간 최다	시간 최소	난이도 가장 쉬움	난이도 가장 어려움	풀어본 경험이 있는 문제	이해가 곤란한 문제	가장 재미 있다	가장 재미 없다	문제의질 좋다	문제의질 나쁘다	평가	배점	점수 평균	점수 표준편차	결과 및 개선책
1 자전거	2	9	10	5	5		8	6	2	4	두발자전거의 바퀴자국을 1개로 무는 학생들이 많음	4 / 4	1.81 / 1.57	1.47 / 1.50	"하나도 겹치지 않은 곳"에 맏줄을 처음 / 통과
2 물고기	1	9	10	4	1		3	6	5	6		12	2.01	4.50	통과
3 옷 색깔	14	6	13	8	2	4	34	2	15	2	가장 재미있고 우호적임 경숙의 말을 잘 이해하지 못한 경우는 형제들 간의 나이가 바뀌어 쓸 수 있음	10	3.39	3.00	색깔이나 나이만 다 맞을 때도 부분점수를 줌
4 대각선		10	10	1	4		3	7	1	4	중학교 상위권 학생에게 유리한 문제	10	3.15	4.66	통과
5 나이	19	4	7	11	3	5	15	5	17	2	4년 전 나이의 합이 57이 아니라 58이지 않느냐는 질문이 많음. 중학생들은 방정식으로 풀려고 함	12	5.48	6.00	통과
6 파스칼 삼각형	12	23	24	10	7	2	14	9	15	12	풀어본 경험이 있는 학생에게 유리함. 한번 풀어본 학생들은 색다른 맛이 적어 그다지 좋은 문제라고 스스로 평가하지 않음	4 / 4	1.61 / 1.69	1.50 / 1.98	통과

3차 예비 검사(45분) : 1부 검사(강남 E중 중2학년 4개반 146명)

문항 번호/이름		시간 최다	시간 최소	난이도 가장 쉬운	난이도 가장 어려움	풀어본 경험이 있는 문제	이해가 곤란한 문제	가장 재미 있다	가장 재미 없다	문제이질 좋다	문제이질 나쁘다	평가	배점	점수 평균	점수 표준편차	결과 및 개선책
7	종선	4		1	13		12		14	4	5	㉠ 이등변삼각형의 모양이 2가지이며 둘 중 하나로만 해결하려함 ㉡ 시각화능력을 측정하기 위해 그림을 제시하지 않아 오히려 변별력이 높아짐	9 / 5	0.32 / 0.17	1.36 / 0.90	통과
8	조건 파악	4	3	2	5			2	7	2	2	이해 관련 정도는 해소되어있으나 조건이 과잉되어있다는 사실을 알지 못하면서 그냥 문제만 품	12	0.50	1.23	통과
9	두 점 사이의 거리	4	3	1	9			9		3	7	재미없고 나쁘다는 이유로는 시간이 부족하고 어려워서 풀지 못하기 때문이라 함: 변별력은 양호	14	0.94	1.15	통과
무응답		89	85	71	83	124	113	70	84	85	105	전체 M: 21.81, SD: 15.7 교내 수학성적 석차배분율이 85% 이상 자 M: 35.1, SD: 19.2				

질문 번호	①	②	③	④	⑤	무응답	평균
1(시간)	61(아주 부족)	44(조금 부족)	9(적당)	3(조금 남음)	13(많이 남음)	19	1.95
2(난이도)	68(너무 어려움)	43(조금어려움)	6(적당)	1(대체로 쉬움)	5(너무 쉬움)	26	1.63
3(능력 반영 여부)	28(전혀 그렇지 않음)	28(그렇지 않음)	37(보통)	17(어느 정도 그렇다)	7(매우 그렇다)	32	2.54

1번(두발자전거와 세발자전거) 문항에서 두발자전거의 바퀴 자국을 앞뒤가 겹쳐진 1개로 간주하는 학생들이 많아 "하나도 겹치지 않은 곳"이라는 말에 밑줄을 긋기로 하였다. 3번(옷 색깔) 문항은 많은 학생들이 재미있어 하고 쉽게 접할 수 있는 유형이지만, 경숙의 말에서 9, 12, 14, 15살인 형제들의 나이 차이가 "나만 빼고는 끼리끼리 서로 다 다르다"는 뜻을 잘 파악하지 못해 문제에서 뜻하는 형제들 간의 관계를 찾는 일이 쉽지 않았다. 따라서 이 문항은 배점을 약간 높이는 대신 나이가 틀리고 색깔만 맞추는 경우에는 5점의 부분 점수를 주기로 하였다. 2부 검사의 시간을 절약하고 사고를 자극하기 위해 선택한 4번(대각선) 문항과 6번(파스칼의 삼각형) 문항은 문제를 대한 경험이 많은 중학교 상위권 학생들에게 유리한 것으로 판단되어 배점을 낮게 잡았다. 7번(중선) 문항은 시각화 능력을 측정하기 위하여 그림을 삭제함에 따라 소 문항 (1)번의 답이 2가지 경우가 생겨서 문제가 매우 어려워졌지만 오히려 변별력은 높아졌다. 8번(조건과잉) 문항은 조건이 부족한 경우, 남는 경우, 그냥 풀리는 경우로 답란을 만들어 주었음에도 불구하고 조건의 과부족에 대한 의심을 품지 않고 답만 기술하였다. 이는 교과서나 참고서의 문제들이 거의 다 조건의 과부족에 대한 고려가 없이 문제의 조건을 완전히 충족시키는 경우만을 제시하고 있기 때문에, 조건의 과부족을 따지기에 앞서 풀리기만 하면 그것이 답이라고 단정하는 고정된 문제풀이 습관 때문이라고 여겨진다. 9번(두 점 사이의 거리) 문항은 초등학생들에 비해 중학생들이 오히려 더 어려워하며 잘 풀지 못하였는데 이는 시간 부족도 한 가지 이유라고 생각되었다.

나. 검사의 실시 및 자료 분석 방법

(1) 검사 대상자 선정

본 검사에 참여한 초등학교 5-6학년 대상자는 실험 대상자들을 쉽게 구할 수 있는 강남지역의 영재교육 기관이나 수학 전문 학원의 경시반에서 1차로 선발하였다. 학원은 비록 강남에 밀집해 있었지만 강북이나 서울 근교의 경기도 각 지역 출신의 학생들도 있었다. 특히 올해 국내에서 실시한 전국 규모의 경시대회(대교 주최 수학올림피아드 및 국제 수학올림피아드 예선)에서 장려상 이상의 입상 경력이 있는 학생들에게도 동의를 구하여 응시케 하였다.

비교집단으로는 서울 강남 지역의 3개 교육청에 속한 5개구(관악, 동작, 서초, 강남, 송파)에서 일반 중학교 2학년 10개 학교(4629명)를 대상으로 학교별 학력 차이를 극복하기 위해 9월에 실시한 전국규모의 수학 학력 성취도 검사 성적을 가지고 지역 모집단의 평균과 표준편차를 산출한 후 이 기준에 의해 지역 상위 7%에 해당하는 선의 1부 검사 점수를 산출하였다. 1부 검사는 수학 과목의 전교 석차 백분율이 80% 이상인 자(상위 20% 이내)만을 택하여 초등학생들과 동일한 검사지로 실시하였다.

본 검사를 위하여 선정한 초등학교 5-6학년 우수아 집단과 그 비교집단으로서 응시한 중학생들의 학교별 인원 분포는 〈표 Ⅲ-7〉과 같다.[20]

---

20) 초등학생의 대상자 현황에서 ( ) 안에 있는 숫자는 전국규모의 수학 경시대회 입상경력이 있는 학생들의 숫자이다. 기타 란의 5학년 중에서 2(2)명은 대치동의 M원에 소속된 학생들로서 35점 이상인 자들이고 나머지는 수도권 지역의 학생들이다.

〈표 Ⅲ-7〉 검사 대상자 현황

구분		동작교육청(관악, 동작구)			강남교육청(서초, 강남구)				강동교육청(송파구만 실시)			계
동명		사당동	봉천동	신림동	방배동	신사동	논현동	대치동	신천동	오금동	가락동	
학교code		11	12	13	22	31	32	33	41	42	43	10개
중2학년 대상인원	사례 수	474	360	339	363	468	368	493	558	706	500	4629
전국규모 중2 수학 성취도 검사	사례 수	470	354	330	359	462	361	487	43	700	494	4060
	평균	56.82	40.10	56.27	67.82	65.84	57.29	66.40	62.51	52.79	48.75	49.53
	표준편차	29.54	23.83	30.54	24.33	29.45	28.19	27.31	28.33	30.07	31.70	27.33
비교집단/중2학년 성취도 검사	사례 수	30	20	38	41	17	35	29	25	25	36	296
	평균	27.13	24.14	33.68	27.34	33.94	35.29	48.55	35.28	37.64	39.17	34.24
	표준편차	16.31	11.48	15.62	15.16	20.01	13.43	17.56	19.03	18.09	15.78	17.25
1부 검사 중2 상위 7% 기준 선정	35점 이상자	9	4	20	13	10	21	22	12	12	19	142
			33			66				43		

1부 검사에 참여한 중2학년 296명의 수학 성취도 점수를 표본 집단 전체에서의 표준정규화 공식 $z = \dfrac{X-m}{\sigma}$ 에 의해 산출한 결과 z≥1.475(상위 7%)에 해당하는 점수는 92점을 넘어야 하고 그 인원은 142명이었다. 이들의 1부 성적 석차가 142등 이내에 해당하는 점수는 35점 이상이었다.

구분		수도권 내					기타	계
위치		봉천동	대치동	양재동	가락동	기타	5학년	
구분		H 원	M 원	C 원	S 원	원	S 원	
code		1	3	2	4	5	3 또는 5	
검사인원		15(2)	25(2)	7	28(3)	27(19)	6(5)	108(31)
실험집단/초6	IQ 121 이상; 수리 3% 이내인자	12(2)	24(2)	5	22(3)	26(19)	6(5)	95(31)
	IQ 121 이상이고 1부 수리 35점 이상 자	9(2)	13(2)	2	8(2)	23(19)	5(5)	60(30)

(2) 검사 일시와 장소

위의 학생들을 대상으로 1997년 9월 초부터 10월 초까지 약 1개월에 걸쳐 중학생은 학교별로, 초등학생은 소속 연구기관 또는 학원이나 별도의 장소인 대학 강의실에 모아 실시하였다.

(3) 검사 내용과 방법

1부 검사는 초등학생과 중학생 모두에게 실시하였다. 검사시간은 중학생들의 수업시간에 맞추기 위하여 45분(9문제)으로 정하였다. 2부 검사는 초등학생들에게만 실시하였는데, 문항(6문제, 총 49분)별로 정해진 시간 내에 가급적 서로 다른 유형의 기발하고 독특한 답을 많이 쓰도록 하였으며 검사 감독자가 시작과 종료시간을 알려주었다. 참고로 지능검사는 KEDI 집단용 지능검사로 실시하되 검사안내를 담은 녹음테이프에 따라 실시하였다.

(4) 문항의 배점과 검사 시간

3차에 걸친 예비 검사를 토대로 하여 확정한 문항의 배점과 검사 시간 등은 〈표 Ⅲ-8〉, 〈표 Ⅲ-9〉와 같다.

〈표 Ⅲ-8〉 1부 검사 문항의 배점 및 영역 분류

번호	문제의 이름	내용 영역	문제의 유형	사고 능력	문제의 출처 와 문제의 유형	비고	배점
1	두발과 세발자전거	수	간단한 부정방정식	정보의 조직화 능력	Krutetskii(p.121) 시리즈 Ⅵ, 학교 수학과 다른 유형의 문제 체계를 가지는 문제 B(산술) #2	변형. 응용	4 / 4
2	물고기 수	통계	비례 추론	비례 추론 능력	Krutetskii(p.150) 시리즈 Ⅹ, Ⅸ. 이해와 논리적 추론에 관련 문제 B(논리) #5	수치만 일부 변형	12
3	나이와 옷 색깔 맞추기	관계	연역적 추론	연역적 추론 능력	Krutetskii(p.150) 시리즈 Ⅹ, Ⅸ. 이해와 논리적 추론에 관련 문제 B(논리)에 해당하는 유형	개작	5 / 5
4	대각선의 개수	수 계열	귀납적 추론	귀납적 추론 능력	Krutetskii(p.151) 시리즈 Ⅹ, Ⅹ. A에 해당(수계열 문제): 2부의 6번을 심음 → 2부 6번 문항의 사고를 자극하고 2부의 부족한 시간을 고려함	2부의 6번	10
5	가족의 나이	관계	일상생활(논리-고정화 극복)	수학적 추상화 능력	Krutetskii(p.142) 시리즈 Ⅹ, Ⅵ. 자기 제한을 암시하는 문제 A(조합) #2	수치만 일부 변형	12
6	파스칼의 삼각형	수 계열	귀납적 추론	귀납적 추론 능력	Krutetskii(p.151) 시리즈 Ⅹ, Ⅹ. A에 해당(수계열 문제): 2부의 5번을 심음 → 2부 5번 문항의 사고를 자극하고 2부의 부족한 시간을 고려함	2부의 5번	4 / 4
7	삼각형의 중선	도형	기하(도형의 성질)	시각화/공간화 능력	Krutetskii(p.161) 시리즈 Ⅹ, Ⅹ, Ⅲ. 헤세에서 시각화 정도가 다양한 문제 G(기하) #1	수치와 상황을 일부변형	9
8	조건 과잉	관계	논리-조건(필요충분조건)	정보의 조직화 능력	Krutetskii(p.111) 시리즈 Ⅲ. 조건 과잉의 문제 B(기하) #2)	경우를 나누어 제시함	5
9	두 원의 중심 사이의 거리	도형	기하(도형의 성질)	직관적 통찰력	Krutetskii(p.309) 그림 67과 관련된 문제를 참고함	수치만 일부 변형	12
보너스	색종이 자르기	도형	기하(도형의 성질)	연역적 추론, 직관적 통찰	Gardiner(1993, p.106)의 케이크 자르기 문제를 변형	개작만 일부 변형	14

내용영역: 수 - 관계 - 도형
문항 수: 4 - 3 - 2
배점: 38 - 34 - 28

사고능력: 직관적 통찰 - 정보의 통찰 - 정보화 통찰 - 추상화 - 수학적 추론 - 시각화
문항 수: 1 - 2 - 1 - 4 - 1 - 14
배 점: 14 - 20 - 12 - 40 - 14

45분
9문항
100점 만점

114

〈표 Ⅲ-9〉 2부 검사 문항의 배점, 시간 및 영역 분류

번호	문제의 이름	관련 내용 영역	측정하고자 하는 능력	문제의 출처 또는 참고 문헌	비고	채점 기준	시간
1	계산 식	수와 식	계산전략	Stevens (1992, p.143) #6	원안 번역	유창, 융통, 독창	6분
2	9개의 점	도형 - 평면도형의 넓이	문제 해결(결과)	Haylock (1984, p.375)의 Nine-Dots 문제	원안 번역	유창, 융통, 독창	6분
3	바둑돌	수열	문제 해결(해법)	Fouche (1993, pp.107-111)의 Marbles Problem	원안 번역	유창, 융통, 독창	8분
4	집합 재정의	관계 - 수 집합	재정의 능력	Haylock (1984, p.371)의 Subsets 문제	개작 변형	유창, 융통, 독창	7분
5	파스칼의 삼각형	관계 - 논리	사실 - 규칙 발견 문제 만들기	Gardner (1993, pp.65-67)	개작 변형	유창, 융통, 독창	10분
6	도형의 대각선	도형 - 정다각형의 대각선과 면의 분할	사실 - 규칙 발견 문제 만들기	Balka(1974, p.196) ITEM Ⅱ	개작 변형	유창, 융통, 독창	12분

(5) 채 점

1부는 단답형이므로 연구자가 직접 채점하였다. 2부는 답의 개수와 유형 및 빈도수, 틀린 답을 모두 체크하여야 하므로 채점에 상당한 인력과 시간을 필요로 하였다. 주어진 문제에 대해 옳은 반응을 모두 골라 유형별로 묶고 각각의 반응에 대한 빈도수를 확인하여 반응의 유형 분류표를 작성한 다음 이에 따라 2부의 채점기준표를 마련하였다. 채점은 반응 분류자가 1차 채점을 한 뒤 연구자가 다시 재확인하였다. 각 문항에 대해 옳은 반응의 개수로 유창성 점수를, 유형의 가짓수로 융통성 점수를, 반응의 희소성과 유용성을 고려하여 차등적으로 각각 1, 2, 3점씩 독창성 점수를 부여하였으며, 만들기 문제는 상대적으로 반응이 적어 유형의 수에 따라 융통성 점수를 3점, 희소성과 유용성에 따라 독창성 점수를 5점으로 배점하였다. 2부 검사의 전체 점수는 문헌연구에서 살펴본 〈표 Ⅱ-6〉과 〈표 Ⅱ-7〉의 채점 방식을 기초로 하였으며 이

외에도 예상 가능한 몇 가지 다른 방법을 시도해본 결과 유창성, 융통성, 독창성 점수의 합으로 계산하기로 하였다.[21]

1부의 점수는 100점을 만점으로 하였으나 2부는 반응의 수와 예상치 못했던 독창적인 반응의 출현에 따라 최고 점수를 정하는 것이 무의미하므로 점수의 상한선은 두지 않았다. 2부의 자세한 채점 기준표와 답안 분류표는 [부록 2]와 [부록 3]에 실었다.

(6) 검사 결과의 자료 분석 방법

채점에 의한 점수와 설문지의 내용을 코드화하여 SPSS 통계처리 패키지를 사용하고 다음과 같은 집단으로 나누어 집단 간 t-검증과 요인별 ANOVA 분석을 하였다.

집단 구분은 IQ 121 이상(상위 10% 이내)이고 수리부문이 상위 3% 이내인 집단(grp9-95명) 중에서 1부 검사 성적이 35점 이상인 학생들(gg1-60명)을 두 가지 기준에 의해 각각 두 집단으로 분류하였다. 첫번째 분류는 전국 규모의 각종 경시대회에서 입상한 경력이 있는 자(G1m유-30명)와 없는 자(G1m무-30명)로 나눈 분류이고, 두 번째 분

---

21) 정교성 요인은 초등학교 6학년 수준에서는 적절한 채점 기준을 제시하고 있는 문헌이 없었고, 또 사고의 세련되고 일반화된 정도를 객관적으로 채점하기가 곤란하여 틀린 반응의 개수를 감점하는 방법을 택해보았으나 이런 방법에 의한 채점 결과 이 항목을 제거하였을 때의 문항내적일치도가 상당히 향상되었고 또 다른 요인들이나 IQ, 경시대회 입상경력, 1부 성적과의 상관관계도 매우 낮았다. 따라서 틀린 반응의 수를 감점하는 방식으로 행한 정교성 점수의 부여 방법은 타당하지 못하다는 것을 확인하였다. 또한 만들기 문항의 배점은 이 문항의 답안의 수가 적다는 점을 고려하여, 다른 문항들과 똑같은 기준으로 배점하지 않고 융통성과 독창성의 점수에 더 높은 가산점을 주어 다시 채점한 결과 문항 내적 일치도도 증가하고 2부 검사 전체 성적에 미치는 결정력이 상당히 향상되었을 뿐만 아니라 다른 검사들과의 상관관계도 조금씩 높아졌다.

류는 1부 성적이 35점 이상 57점 이하의 저득점자군(G1M-30명)과 58점 이상 100점 이하의 고득점자군(G1H-30명)으로 나눈 분류이다.

다음으로는 2부 성적을 기준으로 하여 2부 검사의 성적이 56점 이상[22]인 학생들(60명)을 역시 동일한 기준에 의해 각각 두 집단으로 분류하였다. 첫 번째 분류는 전국 규모의 각종 경시대회에서 입상한 경력이 있는 자(G2m유-29명)와 없는 자(G2m0-31명)로 나눈 분류이고, 두 번째 분류는 2부 성적이 56점 이상 72점 이하의 저득점자군(G2M-30명)과 73점 이상의 고득점자군(G2H-30명)으로 나눈 분류이다.

〈표 Ⅲ-10〉 검사대상자 집단별 분류 기준표

집단 구분	grp9(95명) 중			전국 규모의 경시대회 입상경력	
	기준점수 미달자	저득점자군	고득점자군	없음	있음
1부 성적을 기준으로 gg1(60명)	34점 이하 : G1L(35명)	35점-57점 : G1M(30명)	58점-100점 : G1H(30명)	G1m무 (30명)	G1m유 (30명)
2부 성적을 기준으로 gg2(60명)	55점 이하 : G2L(35명)	56점-72점 : G2M(30명)	73점-129점 : G2H(30명)	G2m무 (31명)	G2m유 (29명)

3. 수학적 행동특성 검사지 (교사용, 부모용, 학생용)의 개발

가. 검사지의 개발

수학적 행동특성 검사지는 수학 창의적 문제해결력 검사지와 같은 지필검사만으로는 측정하기 어려운 수학 영재성을 일상적인 행동 관찰

---

22) 1부 성적이 35점 이상인 학생이 60명인데, 2부 성적으로 60등에 해당하는 점수는 56점이다.

의 방법으로 측정하기 위해 개발되었다. 기존에 개발되어 있던 행동특성 검사지로서는, 초등학교 1학년에서 중학교 3학년까지를 대상으로 학문 영역, 지능 영역, 창의성 영역, 지도성 영역, 예능 영역, 체능 영역과 같이 6개 영역의 행동특성을 4문항씩 24문항을 측정하는 Johnson의 영재 선별도구(GTSF), 현장 교사들이 쉽게 판별할 수 있도록 관찰되는 행동의 빈도수에 따라 4단계 척도로 구분하여 25개 문항으로 만들어진 Cicione의 영재 선별 척도(GTSS), 영재의 행동특성에 관한 기존의 여러 연구물들을 기초로 해서 학습 특성, 동기 특성, 창의적 특성, 지도력 특성, 특정 교과에 대한 태도 특성 등으로 나누어 다방면의 영재를 판별하는 도구로서 현재 전 세계적으로 가장 보편화된 Renzulli와 Hartman의 '영재의 행동특성 평정 척도' 등이 개발되어 있다. 그러나 이런 도구들은 수학 영재성만을 측정하는 도구가 아니라 포괄적으로 일반적인 영재성을 측정하기 위한 것이므로 이것들을 바탕으로 하여 수학 분야의 영재성을 위한 행동특성 평정 척도를 자체적으로 만들어야만 하였다. 이러한 목적에 부합시키기 위해 수학적 재능에 관한 학생 자신의 평가, 교사의 평가, 부모의 평가에 대한 일치성의 정도와 수학 창의적 문제해결력 점수(1, 2부)와의 상관관계를 조사하는 등 수학 영재성 평가에 관한 여러 가지 정보를 얻고자 하였다.

　수학적 행동특성 검사지는 교사용, 학생용, 학부모용의 3종을 개발하였다. 세 검사 도구의 측정 영역과 문항은 가능한 한 동일하게 구성하려고 하였다. 행동특성 검사지를 개발한 과정과 확정된 결과는 다음과 같다.

(1) 1차 예비검사

　1차의 예비검사로 실시된 수학적 행동특성 검사 도구의 하위 영역은 수학에 대한 자아 개념, 일반정신 능력, 창의적 문제해결 능력, 의사소통 능력, 기타의 5개 영역으로 나누어졌다. 그리고 또 다시 영역별로 측정하고자 하는 하위 내용들을 상세화하였다. 영역별 및 하위 내용 및 측정 문항 수는 〈표 Ⅲ-11〉과 같으며, 각 문항은 '잘 모르겠거나 관찰한 사실이 전혀 없다(0)', '전혀, 결코 그렇지 않다(1)', '그렇지 않은 편이다(2)', '그저 그렇거나 보통이다(3)', '대체로 그런 편이다(4)', '항상, 매우 그렇다(5).'의 6단계 척도로 구성하였다.

〈표 Ⅲ-11〉 수학적 행동특성 검사 도구의 하위 영역 및 문항 수(1차 예비검사)

구 분		문항번호	교사용	부모용	학생용	계
수학에 대한 자아 개념	적성	1	1	1	1	3
	흥미와 호기심	2	1	2	2	5
	성취감	3	1	1	2	4
	자신감	4	1	1	3	5
	과제 집착력	5	2	3	2	7
일반정신 능력	수학적 기억력	6	1	1	1	3
	집중력	7	1	1	1	3
	사고 과정의 단축	8	2	1	2	5
창의적 문제해결력	직관적 통찰력	9	2	2	2	6
	정교성	10	2	2	2	6
	다양성	11	3	2	3	8
	독창성	12	1	1	1	3
	창조성	13	3	3	3	9
의사소통 능력		15	2	2	2	6
기타	자질	16	1	1	1	3
	개인적인 도움	17	1	1	1	3
종합 서술		별도	(1)	(1)	(1)	(3)
계			25(1)	25(1)	29(1)	79(3)

수학 영재성만을 별도로 측정하는 검사지는 소개된 것이 없으므로 일반적인 영재성을 측정하는 기존의 행동특성 검사지를 검토한 후, 하위 영역을 선정한 다음 이를 검사지 개발의 경험이 있는 박사학위 소지 연구원에게 검토를 받아 수정, 보완하였다.

개발된 검사 도구의 타당성을 검증하기 위해서 현장 예비검사를 실시하였는데, 여기서는 학생, 교사, 학부모의 행동특성 검사지 점수와 IQ, 학교의 수학 성적과의 상관관계 및 학생, 교사, 부모의 3종류 간의 일치도를 점검하고 나서 수학적 행동특성 검사지에서 새로이 첨삭 또는 수정되어야 할 문항들을 살펴보았다.

　실험 대상자 중 초등학생은 부산과 순천에서 중학생은 서울과 안양에서, 고등학생은 서울과 공주에서 1개 학교씩을 선정하여 수학 학업 성적이 상위 10% 이내에 들고 특별히 수학적 능력이 우수하다고 교사가 추천한 학생을 학년별로 5-10명씩 선정해 줄 것을 부탁하였다. 이렇게 선정된 학생과 학부모, 담임 또는 담당 수학 교사가 같은 학생에 대하여 서로 다른 입장에서 검사를 실시하도록 하였다. 결과물은 우편을 통하여 회수하였다.

〈표 Ⅲ-12〉 수학적 행동특성 검사 대상자 현황(1차 예비검사)

구분	학교	학년 - 인원	성별	합계
초등학교	부산 C	3학년-5명, 4학년-6명 5학년-5명, 6학년-4명	남: 18 여: 15	33
	순천 J	3학년-5명, 4학년-4명 5학년-3명		
중학교	서울 C	1학년-9명, 2학년-11명	남: 16 여: 14	30
	안양 D	1학년-5명, 2학년-5명		
고등학교	서울 과학	1학년-5명, 2학년-11명	남: 28 여: 3	31
	공주 K	1학년-5명, 2학년-10명		
합　계			남: 62, 여: 32	94

120

〈표 Ⅲ-13〉 교사용, 부모용, 학생용 행동특성 검사의 신뢰도 계수와
검사 간의 상관관계(1차 예비검사)

크론바하의 알파 계수(α)		교사용 .94	부모용 .93	학생용 .91
구분	전체	초등학교	중학교	고등학교
사례 수	83	29	25	29
부모용 학생용	교사용 부모용 .10 .33* .59**	교사용 부모용 .02 .24 .52*	교사용 부모용 -.13 .30 .48*	교사용 부모용 .21 .33 .70**

*- p〈0.05, **-p〈0.01

검사는 1996년 11-12월 중에 실시되었으며, 회수된 수는 초등학교 33명, 중학교 30명, 31명, 총 94명이었다. 이들을 대상으로 한 검사지의 신뢰도를 구하기 위해 살펴본 크론바하 알파 계수와 교사용, 부모용, 학생용간의 상관관계는 〈표 Ⅲ-13〉과 같다. 검사지의 신뢰도는 매우 양호한 편이었으며, 행동특성검사 점수 결과 간의 상관관계를 보면 외관상 교사보다 부모가 더 학생과의 상관이 높다는 것을 알 수 있었다.

(2) 2차 예비검사

그러나 보다 정교한 검사지가 되도록 하기 위해 2차 예비검사에서는 초등학교 6학년에 초점을 맞추어 검사지를 개선하고 적용하기로 하였다. 이는 논문의 본 검사에서 실시할 6학년의 수학 창의적 문제해결력 검사(1, 2부) 성적과의 상관관계를 알아보기 위해서이다.

문헌연구를 통하여 수학 영재의 지적, 정의적 행동특성들을 보다 명료화하고 1차 예비검사의 항목과 문항을 수정하였다. 2차의 예비검사에서 실시할 질문지의 하위 영역은 크게 정의적인 태도와 성향, 인지적인

사고 기능의 두 부분으로 나누고 정의적인 영역은 수학에 대한 태도와 창의적인 수학 문제해결 과정에서의 성향으로, 인지적인 영역은 일반적인 수학적 정신 능력과 창의적인 수학 문제해결 능력으로 나눈 뒤 이들을 다시 12개의 하위 영역과 34개의 문항으로 분류하였다. 여기에 덧붙여서 "타고난 소질과 적성" 항목을 하나 더 추가하였으며 "부모나 교사들의 지속적인 도움의 의지와 학생 자신이 수학적 관심을 계속 발전시키고자 하는 의지가 있는지의 여부"는 참고로만 알아보기로 하였다. 1차 예비검사에서 실시한 6단계 척도 중에 '잘 모르겠거나 관찰한 사실이 없다'는 곳에 답한 경우는 점수 처리가 곤란하여 2차에서는 이 체크항목을 제외하였다. 또 1차에서 교사, 부모, 학생용 검사지 간에 상이한 질문이 있었던 것은 공통된 질문으로 바꾸어 묻고자 하는 항목을 통일시켰다.

그리고 1차에서 검토해 주었던 수학교육 전공자 2인은 물론 교육평가 전문가 1인 및 영재교육 전공자 1인에게도 이 질문지에 대한 안면 타당성 평가를 추가 의뢰하였다. 특히, 1차에서는 6단계 척도였으나 사례 수가 많지 못한 관계로 보다 자세한 분석이 되도록 하기 위해서는 10단계 척도를 택하도록 권유받았다. 재수정하여 분류한 문항의 영역별 하위 내용 및 측정 문항 수는 〈표 Ⅲ-14〉와 같다.

여기서 2차 예비실험의 대상자를 구하는 일이 난제로 등장하였다. 우수아 집단을 별도로 선정하는 것도 곤란할 뿐만 아니라 별도의 수학 문제해결력 검사를 실시하여 이들과의 상관을 알아보는 일도 불가능하였다. 따라서 본 검사인 수학 문제해결력 검사(1, 2부)를 실시하는 학생들을 대상으로 직접 2차 예비검사를 실시하고 여기서 개선해야 할 문제점이 있는 부분을 삭제, 보완하여 제한된 자료만을 가지고 본 검사의 자료로 삼아 분석하기로 하였다. 따라서 결과 분석은 다음 절의 본 검사 실시란에서 함께 다루어질 것이다.

〈표 Ⅲ-14〉 수학적 행동특성 검사 도구의 하위 영역 및 문항 수(2차 예비검사)

구 분				문항번호	비고
정의적인 태도와 성향	수학에 대한 태도	수학적 적성	자기 적성 진단	1	
			소질(잘한다기보다는 특별함)	25	
			타고난 소질과 적성	35	
			수학적 가치에 대한 인식	별도	학생용
		수학적 흥미와 호기심, 애착	흥미, 애착	2	
			호기심(대답보다는 질문)	3	
			탐구심(남이 가르쳐 주는 것보다는 직접 하는 탐구)	26	
			발견한 수학적 사실을 수학이나 다른 교과 및 일상의 경험에 적용/응용해보려는 마음	27	
		도전적인 자신감	수학에 대한 자신감	4	
			수학적 의사소통에 대한 자신감	5	
			도전감(점수보다는 어렵고 복잡한 것에 대한 도전)	28	
			자기가 확신하는 것에 대한 신념과 고집	24	
	창의적인 수학 문제해결 과정에서의 성향	열린 마음과 민감성	개방성	18	
			민감성	19	
		과제 집착성	수학적 과제에 대한 끈질긴 집착성	20	
			애매모호함에 대한 참을성	21	
		보다 우아한 해법을 찾으려는 경향성	보다 나은 다른 풀이 방법에 대한 모색	22	
			일반적인 해를 찾으려는 경향	23	
인지적인 사고 기능	일반적인 수학 정신 능력	기억력과 집중력	수학적 기억력	6	
			수학적 과제에 대한 집중력	7	
		계산력	수리 계산의 속도	8	
			수리 계산의 정확도	9	
		의사소통 능력	언어적 표현력	10	
			수학적 언어(용어, 기호, 수식 등의 문장) 사용능력	11	
	창의적인 수학 문제해결력	사고 과정을 단축시키는 능력	전체와 핵심 관계를 파악함	12	
			수학적 직관과 통찰력	13	
			수학적 사고과정의 단축	29	
			갖가지 문제 풀이 전략과 그것의 적절한 사용	30	
		창의력	사고 과정의 유연성(사고의 전환능력)	14	
			풀이 방법의 독창력	15	
			추측과 상상력	31	
			창조력(푸는 데 그치지 않고 직접 만들어 냄)	32	
		적용, 비판, 일반화하는 등의 반성 능력	타 교과 및 일상생활에 대한 응용/작용력	16	
			오류에 대한 비판 능력	17	
			일반적인 풀이를 찾고 일반화시키는 능력	33	
			메타인지적 반성 능력	34	
기타			지속적인 도움의 의지와 계속 수학을 공부하고 싶은 마음	36	
계				36문항	

나. 검사의 실시 및 자료분석 방법

(1) 검사 대상과 검사 방법

2차 예비검사의 문제점을 기술하면서 밝혔듯이, 2차 예비 검사의 검사 대상자를 구하지 못해 2차 예비검사를 실시하기로 계획했던 검사지를 가지고 창의적 문제해결력 검사(1, 2부)에 응시한 학생들을 대상으로 직접 실시하였다. 이들 중 집단으로 응시한 각 기관에 소속한 학생들의 경우 그 기관에서 그들을 지도하는 수학 전담 선생님들에게 응답해 달라고 부탁하였고, 그 이외는 3종의 행동특성 검사지를 나누어주고 집에 가져가서 자신을 오랫동안 지도하면서 정확히 파악하고 있는 수학 선생님과 부모님, 그리고 학생 자신이 체크한 다음 1-2주일 이내에 우편으로 보내어 달라고 요청하였다. 4주간이 넘도록 보내오지 않은 학생들에 대해서는 확인 전화를 하여 일부 회수를 하였지만 그 이외는 분석 대상에서 제외시켰다.

검사 대상자를 기존 검사 정보인 경시대회 입상경력, IQ, 1, 2부 검사 성적에 의한 집단으로 구분하였다. 1, 2부 검사 성적은 기준점으로 판단된 35점, 56점을 전후로 저득점자군과 고득점자군으로 집단을 분류하고 지능은 IQ 121 이상 135 이하인 저지능군과 IQ 136 이상 152 이하인 고지능군으로 나누어 집단 간 차이 검증을 실시함으로써 영재를 위한 행동특성 검사지로서 타당한지도 알아볼 필요가 있었다.

검사지를 회수한 IQ 121 이상, 수리부문 3% 이내인 자(95명-grp9 집단)로서 분석 대상으로 삼은 학생들의 현황은 다음과 같다.

〈표 Ⅲ-15〉 행동특성 검사 응시자 인원 현황

행동 특성 검사	구분 (grp9)	전국규모의 경시대회 입상경력		IQ 기준		1부 성적 기준			2부 성적 기준		
		없음	있음	121- 135	136- 152	0- 34점	35- 57점	58- 93점	20- 55점	56- 72점	73- 129점
	code	Gm무	Gm유	IQM	IQH	G1L	G1M	G1H	G2L	G2M	G2H
대상인원	95	63	32	47	48	35	30	30	35	30	30
교사용	71	43	28	34	37	23	21	27	27	18	26
부모용	85	57	28	38	37	23	24	25	27	21	24
학생용	86	59	27	39	37	24	23	23	28	20	22

(2) 검사 결과의 분석 및 타당성 검증 방법

수학적 행동특성 검사지의 타당성을 보장받기 위하여 신뢰도 검증과 요인분석을 실시하기로 하였으나 정밀한 요인분석에의 한계점이 있어 전문가에 의한 내용 타당성 및 안면 타당도 검증으로 대신하였다.

Kaiser-Meyer-Oklin(KMO) 측도는 변수 쌍들 간의 상관관계가 다른 변수에 의해 잘 설명되는 정도를 나타내는 것이므로 이 측도의 값이 작으면 요인분석을 위한 변수 선정이 적절하지 못함을 나타낸다. 또 Bartlett 의 구상검증치(sphericity)는 상관관계 행렬이 귀무가설을 검증하기 위한 것이므로 기각되지 않으면 요인분석 모델을 사용할 수 없다(정충영, 최이 규, 1997, pp.169-170). 그런데 IQ 121 이상의 학생들을 대상으로 한 교사 용, 부모용, 학생용의 KMO 값이 각각 .945, .871, .857로써 상당히 좋은 편 이며 1부 성적이 35점 이상인 자를 대상으로 하였을 때에도 .874, .688, .730으로써 양호하였다. 특히 유의수준이 모두 .000으로서 귀무가설이 기 각되었다. 따라서 본 검사의 요인분석법 사용이 적합하며 공통요인이 존 재한다고 결론을 내릴 수 있다. 실제로 교사용, 부모용, 학생용 검사지의

36개 문항에 대하여 주성분 분석을 실시한 결과 IQ 121 이상인 집단 (grp9)에서는 각각 4, 7, 7개의 요인이 있고, 이들 중 1부 성적이 35점 이상인 집단(gg1)에서는 각각 5, 8, 8개의 요인이 있다는 것이 확인되었다.

공유치(communality)는 추출된 요인에 의해 설명되는 비율을 말하는데, 공유치가 낮은 변수는 요인분석에서 제외해야 한다. 일반적으로 공유치가 .40 이하이면 낮다고 판정한다(정충영, 최이규, 1997, p.173). 행동특성 검사지의 교사, 부모, 학생용별 문항에 대한 공유치(communality)를 구하였을 때 .40 이하로 낮은 문항은 부모용의 29, 36번과 학생용의 29번 문항뿐이었는데, 이들은 삭제되어야 하는 것으로 판단되었다. 따라서 요인의 탐색 과정에서 29번과 36번이 각 검사지에서 제거되어야 할 문항임을 확인하였다. 실제로 grp9와 gg1집단의 검사 결과를 주성분 분석을 통해 직교 회전(varimax)시킨 결과 부모용과 학생용에서 29번은 한 개의 문항으로 하나의 요인을 구성하고 있었다. 이 두 문항을 제거하고 나서 다시 주성분 분석을 하여 각각 1개씩의 요인이 줄어든 수만큼의 요인을 찾았는데, grp9 집단에서는 교사, 부모, 학생용별로 각각 3, 6, 6개의 요인을 gg1에서는 각각 4, 7, 7개의 요인을 찾아냈다.

한편, 요인의 수는 가능한 한 최소화해야 하며 이 요인들의 설명력을 높이는 것이 또한 중요하므로 내용 타당성이 있는 항목들끼리 묶거나 분리해야 한다. 그러나 3종의 검사지는 같은 내용을 서로 다른 입장(교사, 부모, 학생)에서 답하는 문항들이므로 요인 결집력이 서로 다를 수 있으며 검사 대상을 달리할 때에도 이들 요인 항목들이 조금씩 달라졌다. 결국 3종의 검사지를 다 만족시키는 완벽한 요인분석을 실시하기에는 곤란함이 있었다.

따라서 요인분석에 의한 요인이 아니라 내용 타당도에 따른 전문가의 안면 타당도에 기인한 요인별로 정리하고 이들 요인의 상관관계, 각 요인 내 문항 내적 일치도(크론바하 알파계수) 등을 분석하여 문항의 양호도에 부적인 영향을 미치는 문항을 수정하거나 삭제하기로 하면서

126

3종 검사지를 함께 만족시키는 요인을 찾아내기로 하였다.

신뢰도는 크론바하 알파계수를 구하되, 탐색계수(분석하기 전의 원래 검사지에서의 알파계수)와 확인계수(각 문항을 제거했을 때의 알파계수)를 비교하였다. 그리고 요인별의 신뢰도 계수도 알아보았다.

각 문항의 적절성을 확인하기 위해서는 각 문항의 공유치와 그 문항을 제거하였을 때 신뢰도 계수가 올라가는 지를 살펴보았다. 또 각 검사지(교사용, 부모용, 학생용)를 가지고 집단별(grp9, gg1)로 각각 신뢰도(문항 내적 일치도, 크론바하 알파계수)를 조사하였는데, 각 검사지의 전체적인 신뢰도는 매우 양호한 편이었다. 그 후 각 문항을 다시 내용에 따라 유형별로 분류하고 또한 앞에서 실시한 수학 창의적 문제해결력 검사(1, 2부)의 성적에 따라 집단별 신뢰도도 알아보았다.

각 문항을 제거하였을 때의 크론바하 알파계수를 구한 결과 수치가 올라가는 것은 그 문항이 묻고자 하는 성격이 다른 문항들과 다르다는 뜻이므로 이런 문항 역시 제거 또는 수정의 대상이 된다. 교사, 부모, 학생용의 2개 부문 이상에서 공통적으로 제거 또는 수정의 대상이 되는 문항은 29번 문항이었다. 이 문항을 점검해본 결과 "사고 과정의 단축"이라는 의도와는 달리 "중간과정을 생략"하는 질문으로 오해의 소지가 있을 수 있는 것으로 밝혀져 삭제하기로 하였다. 그 이외에 교사용에서는 3, 7, 17번 문항이, 부모용에서는 36번 문항이, 학생용에서는 8, 9번 문항이 각각 그 문항을 제거하였을 때 신뢰도가 조금씩 높아지는 것으로 나타났지만 이 중 36번을 제외하고는 다른 검사지에서의 공유치와 신뢰도 계수가 양호한 편이어서 삭제하지 않아도 되었다.

이상과 같이 각 문항의 공유치가 낮고 또 동시에 그 문항을 제거하였을 때의 신뢰도 계수를 높이는 결과를 가져온 29번과 36번만 삭제하기로 하였다. 그런데 36번은 "수학 공부를 계속 하고 싶다" 또는 "수학 공부를 계속할 수 있도록 돕고 싶다"와 같은 개인 의견을 알아보기 위해 삽입한 문항이므로 전체적인 행동특성 검사 결과 분석에서는 삭제하지만 내용상 별도의 자료로 참고하기로 하였다.

〈표 Ⅲ-16〉 행동특성 검사지의 문항별 공유치와 각 문항을 제거하였을 때의 문항 내적 일치도(크론바하 알파계수)

문항번호	교사용						부모용						학생용					
	grp9(N=71)			gg1(N=48)			grp9(N=75)			gg1(N=50)			grp9(N=75)			gg1(N=49)		
	공유치	.9865	증가	공유치	.9838	증가	공유치	.9680	증가	공유치	.9678	증가	공유치	.9624	증가	공유치	.9605	증가
1	.778	.9862		.787	.9836		.623	.9671		.711	.9676		.727	.9615		.623	.9594	
2	.783	.9860		.852	.9832		.818	.9665		.884	.9663		.762	.9609		.690	.9588	
3	.436	.9868	↑	.474	.9844	↑	.659	.9669		.780	.9665		.632	.9619		.652	.9604	
4	.799	.9861		.822	.9830		.778	.9669		.661	.9667		.716	.9610		.803	.9588	
5	.836	.9861		.833	.9831		.747	.9664		.706	.9663		.666	.9610		.676	.9594	
6	.790	.9861		.779	.9834		.575	.9673		.569	.9672		.626	.9613		.760	.9599	
7	.697	.9865		.817	.9840	↑	.506	.9678		.768	.9678		.591	.9617		.544	.9604	
8	.694	.9862		.812	.9836		.809	.9680		.668	.9678		.544	.9629	↑	.590	.9611	↑
9	.661	.9863		.821	.9835		.671	.9679		.868	.9676		.557	.9625	↑	.608	.9608	↑
10	.787	.9861		.895	.9833		.597	.9670		.842	.9666		.735	.9616		.657	.9601	
11	.664	.9864		.745	.9833		.751	.9671		.786	.9664		.676	.9609		.758	.9593	
12	.800	.9860		.798	.9832		.709	.9666		.803	.9664		.735	.9610		.745	.9595	
13	.786	.9860		.739	.9832		.714	.9672		.707	.9669		.672	.9612		.760	.9592	
14	.816	.9860		.868	.9831		.702	.9671		.696	.9671		.635	.9617		.763	.9599	
15	.805	.9860		.845	.9832		.715	.9667		.746	.9667		.670	.9608		.813	.9587	
16	.792	.9860		.764	.9831		.792	.9670		.936	.9669		.609	.9610		.812	.9588	
17	.595	.9865		.599	.9840	↑	.541	.9672		.762	.9668		.717	.9610		.737	.9586	
18	.805	.9860		.689	.9834		.557	.9673		.636	.9668		.781	.9610		.918	.9590	
19	.809	.9860		.762	.9832		.722	.9665		.767	.9662		.620	.9608		.691	.9591	
20	.725	.9863		.728	.9836		.780	.9671		.807	.9670		.642	.9607		.735	.9589	
21	.785	.9860		.714	.9833		.764	.9669		.879	.9665		.630	.9608		.700	.9586	
22	.850	.9859		.829	.9831		.740	.9670		.807	.9667		.802	.9605		.798	.9584	
23	.778	.9860		.777	.9831		.666	.9667		.709	.9665		.759	.9615		.808	.9603	
24	.758	.9862		.720	.9835		.510	.9674		.530	.9674		.483	.9614		.553	.9598	
25	.740	.9861		.823	.9833		.743	.9666		.795	.9664		.712	.9614		.757	.9597	
26	.757	.9860		.785	.9832		.676	.9668		.856	.9666		.532	.9620		.512	.9599	
27	.782	.9860		.733	.9832		.833	.9665		.829	.9661		.525	.9612		.664	.9592	
28	.811	.9860		.772	.9831		.653	.9671		.629	.9669		.695	.9609		.711	.9589	
29	.429	.9871	↑	.444	.9841	↑	.239	.9688	↑	.491	.9690	↑	.179	.9641	↑	.395	.9615	↑
30	.811	.9860		.853	.9831		.709	.9670		.714	.9671		.725	.9609		.812	.9586	
31	.726	.9861		.771	.9833		.722	.9670		.742	.9668		.577	.9608		.789	.9589	
32	.842	.9860		.816	.9831		.718	.9671		.726	.9667		.637	.9614		.665	.9591	
33	.841	.9859		.798	.9831		.838	.9669		.878	.9663		.731	.9616		.887	.9593	
34	.777	.9860		.803	.9831		.674	.9671		.699	.9668		.600	.9613		.669	.9597	
35	.897	.9860		.869	.9833		.777	.9671		.679	.9673		.777	.9611		.845	.9589	
36	.670	.9864		.667	.9835		.162	.9690	↑	.363	.9684	↑	.736	.9618		.756	.9599	
설명	◆ 첫 번째 칸의 수치는 각 문항의 공유치를 나타낸다. ◆ 두 번째 칸에 있는 수치는 각 문항을 제거하였을 때의 크론바하 알파계수이다. ◆ 세 번째 칸의 ↑는 전체 신뢰도 보다 그 문항을 제거하였을 때의 신뢰도가 증가하고 있는 것을 나타낸다.																	

본 검사는 수학 영재들을 대상으로 한 행동특성 검사지이므로 IQ 121 이상의 집단인 grp9집단의 반응을 참고로 하면서도 1부 성적이 35점 이상인 학생들의 집단인 gg1에 초점을 맞추어 요인을 정리해야 할 필요가 있었다. 29번과 36번을 제외한 34문항을 가지고 내용 타당성이 있는 요인별로 다시 정리하여 교사용, 부모용, 학생용의 각 검사지를 7개의 요인을 가지는 동일한 틀로 맞추었다. 정의적인 요인으로 적성, 태도, 성향의 3개와 인지적인 요인으로 일반정신능력, 수리계산능력, 창의력, 반성능력 4개의 요인으로 분류하였다.

타당도는 문항의 내적 구인인 행동특성과 외적 구인인 IQ, 경시대회 입상경력, 1, 2부 검사 성적과의 상관관계를 구하기로 하였다.

4. 설문지의 개발과 설문조사

문헌연구에서 밝힌 수학 영재의 지적, 정의적 행동특성과 영재 판별 도구 및 방법에 대해 대표적인 예시문항을 주고 그 항목에 동의하는지의 여부와 우선순위를 묻는 설문지를 개발하였다.

이 설문지는 대한수학교육학회 회원 중에서 수학교육학 전공의 대학교수들과 수학교육과 박사과정 수료 이상의 연구생들, 수학교육 학부 출신의 수학교수들, 그리고 영재교육 학회의 임원들과 영재교육에 관심을 가지고 현장에서 영재들을 대면한 경험이 있는 현장교사나 강사들을 대상으로 우편을 통하여 조사를 실시하였다. 조사기간은 1997년 7월 말부터 10월 초까지였으며 이 기간에 회수된 검사지(87명)에 대해서만 자료를 분석하였다.

이들에게 질문한 내용은 다음과 같았다. 우선 본 실험이나 조사연구가 초등학교 5학년에서 중학교 2학년까지의 연령에 초점을 두었음을

명시한 다음, 직접 수학 영재성과 수학 영재에 대한 정의를 내려보게
하였고, 상식적인 수준에서의 전통적인 판별기준을 제시한 다음 그에
대한 자신의 동의 여부와 학부모들의 동의 여부 및 그 정도를 물었다.
또한 수학 영재의 인지적, 정의적 특성을 예시한 다음 이들의 동의 여
부와 우선순위를 적도록 하고 이러한 특성을 판별할 수 있는 도구를
제시하여 그들의 우선순위를 정하도록 하였다. 그리고 영재교육 프로그
램에서 실시할 교육방법과 수준, 교수방법, 집단편성 방법, 교사의 자질
등에 대한 예시를 제공한 다음 동의하는 항목에 체크하거나 자세히 첨
가하여 적도록 하였다. 더 나아가 영재교육 프로그램을 운영하고자 할
때, 이 설문지의 초점이 되는 초등학교 5학년에서 중학교 2학년까지의
연령을 다른 연령과 비교하여 특별히 유의할 점이나 반드시 구분되어
야 할 점, 초등학교와 중학교의 내용에 대한 구분과 연계, 지적인 부분
만이 아닌 정서적, 심리적, 기타 여러 가지 면에서 돕거나 강조해야 할
이유와 방안에 대하여 자유롭게 적을 수 있도록 하였다. 마지막으로 우
리나라의 영재교육을 활성화하기 위해 시급히 해야 할 일이라고 생각
되는 내용을 항목으로 만들어 제시하고 이들이 생각하는 우선순위를
적도록 하였다.

　설문의 내용은 당초에 판별이나 선발 이외에도 교육 프로그램의 내
용, 수준, 방법, 집단편성 등도 포함하고 있지만 본 연구의 방향을 영재
성의 정의와 영재 판별로 제한시킴에 따라 이 내용은 분석에서 제외시
켰다. 설문지의 각 항목에 대한 답변 방법과 자료의 코드화 방법은 다
음 표와 같다.

〈표 Ⅲ-17〉 설문 조사지의 내용 및 자료 코드화 방법

구분	항목	답변 방법	코드화 방법	
			코드	항목 또는 방법
Ⅰ.일반사항	인적사항	예시 문항의 해당 번호에 체크		번호를 그대로 코드화함
Ⅱ. 정의와 판별	1. 정의	직접 씀	0 1 2 3 4	무응답 문제해결력 독특함, 창의력 포함 흥미, 태도, 과제집착성 등의 성향을 고려 타고난 능력
	2. 판별기준	예, 아니오 및 수치로 표시	0 1	아니오 예
	3. 인지적 특성 4. 정의적 특성	동의 여부에 대해 O, X 표시	0 1	X O * 무응답은 빈칸
	5. 종합적인 우선순위 6. 판별의 도구와 방법	예시항목을 주고 반대하는 것에는 X표시를 하고, 상위 5개의 우선순위 적음	t	반대하는 X표시 항목은 0점 상위 5순위에 들지 않는 무순위는 2점 t=10-해당순위, 예를 들어, 3순위는 7점
Ⅲ. 교육의 내용, 수준, 방법, 집단 편성에 대하여, Ⅳ. 지도 교사에 대해, Ⅴ. 기타				* 자료를 분석하지 않음
Ⅵ. 종합	시급히 해야 할 것들	예시항목을 주고 반대하는 것에는 X표시를 하고, 상위 5개의 우선순위 적음	t	반대하는 X표시 항목은 0점 상위 5순위에 들지 않는 무순위는 2점 t=10-해당순위, 예를 들어, 3순위는 7점

Ⅳ. 자료 분석 및 연구의 결과

1. 수학 창의적 문제해결력 검사의 결과 분석

가. 1, 2부 검사 결과의 개요

본 검사에 응시한 학생들을 집단별로 분류하였을 때 그 집단에 대한 1, 2부의 문항별 득점 현황과 전체적인 정보는 〈표 Ⅳ-1〉, 〈표 Ⅳ-2〉와 같다. 특히, 2부의 요소별 검사 점수와 지능, 경시대회 입상경력, 1, 2부 검사들과의 상관관계는 〈표 Ⅳ-3〉에서 밝히고 있다.

1부 검사의 전체 성적은 7번과 9번 문항에 의한 결정력이 가장 높았고 3, 8, 1번 문항순으로 가장 낮았다.

〈표 IV-1〉 1부 검사의 문항별 및 집단별 득점표

1부 검사		중학교 2학년 (강남 3개 교육청 산하 5개 지역구의 10개 학교내 수학 석차백분율이 80% 이상인 집단)						초등학생(5-6학년)의 지능지수가 연령 집단의 상위 10% 이내(121 이상)이고 IQ의 수리 부분이 3% 이내인 자(grp9)														전체 점수와 각 문항별 점수의 상관관계
중학교: 수학 학업 성취도 점수 중등학교 초등학교: IQ		전체 (N=342)			1부 점수가 상위 7% 이내 (35점 이상)인 자(N=142)			1부 점수가 35점 이상인 자															
								제(N=60)			G1m하 (N=30)		G1m무 (N=30)		G1H (N=30)		G1L (N=30)		전체 (N=95)			
평균		89.81			91.32			IQ 137.43			139.33		135.53		138.83		136.03		135.79			
표준편차		13.91			15.27			7.11			7.10		6.71		7.76		6.21		7.03			
번호	배점	학업 성취도 정답비율	평균득점	표준편차	정답비율	평균득점	표준편차	정답비율	평균득점	표준편차	평균득점	표준편차	평균득점	표준편차	평균득점	표준편차	평균득점	표준편차	정답비율	평균득점	표준편차	
1	4 / 4	67.0 / 58.8	2.68 / 2.35	1.88 / 1.97	82.3 / 71.6	3.29 / 2.87	1.53 / 1.81	78.3 / 71.2	3.13 / 2.87	1.66 / 1.82	3.07 / 2.80	1.72 / 1.86	3.20 / 2.93	1.63 / 1.80	3.33 / 3.07	1.80 / 1.72	2.93 / 2.67	1.80 / 1.92	71.1 / 59.8	2.85 / 2.39	1.82 / 1.97	.377**
2	12	33.9	4.07	5.69	61.7	7.40	5.85	66.7	8.00	5.71	7.20	5.98	8.80	5.40	8.00	5.75	8.00	8.75	47.4	5.69	6.02	.479**
3	(5) / 10	36.3 / 23.4	4.15	3.91	34.0 / 32.6	4.97	4.08	30.0 / 33.3	4.83	4.22	5.67	4.10	4.00	4.24	6.00	4.03	3.67	4.14	24.7 / 30.9	4.33	4.31	.335**
4	10	45.6	4.56	4.99	71.6	7.16	4.52	83.3	8.33	3.76	9.00	3.05	7.67	4.30	8.67	3.46	8.00	4.07	61.9	6.19	4.88	.544**
5	12	39.8	4.77	5.88	68.1	8.17	5.61	68.3	8.20	5.63	9.20	5.16	7.20	5.98	11.2	3.04	5.20	6.05	48.5	5.81	6.03	.682**
6	4 / 4	76.0 / 57.9	3.04 / 2.32	1.71 / 1.98	88.7 / 73.0	3.55 / 2.92	1.27 / 1.78	91.7 / 73.3	3.67 / 2.93	1.12 / 1.78	4.00 / 3.20	0.00 / 1.62	3.33 / 2.67	1.52 / 1.92	4.00 / 3.47	0.00 / 1.38	3.33 / 2.40	1.52 / 1.99	80.4 / 63.9	3.22 / 2.56	1.60 / 1.93	.452**
7-1	(6) / 9	21.6 / 2.6	1.54	2.75	39.7 / 5.0	2.83	3.22	50.0 / 5.0	3.45	3.21	5.00	2.65	1.90	3.00	5.50	1.94	1.40	2.92	34.0 / 3.1	2.32	3.08	.676**
7-2	5	19.0	0.95	1.97	38.3	1.92	2.44	40.0	2.00	2.47	3.00	2.49	1.00	2.03	3.33	2.40	0.67	1.73	24.7	1.24	2.17	
8	(3) / 6 / 8 / 10 / 12	38.6 / 17.5 / 3.8 / 0.9 / 0.3	2.64	2.57	43.3 / 22.7 / 7.1 / 1.4 / 0.7	3.45	2.68	38.3 / 21.7 / 8.3 / 5.0 / 1.7	3.82	3.10	3.80	3.17	3.83	3.08	4.13	3.46	3.50	2.70	35.1 / 16.5 / 6.2 / 3.1 / 2.1	3.09	3.11	.371**
9	14	14.3	2.01	4.91	27.0	3.77	6.23	63.3	8.87	6.80	11.67	5.31	6.07	7.06	13.07	3.55	4.67	6.71	41.2	5.77	6.93	.751**
계	100	M 35.07		SD 17.77	M 52.30		SD 11.62	M 60.10		SD 15.82	M 69.60	SD 14.60	M 52.60	SD 13.44	M 73.77	SD 9.55	M 46.43	SD 5.63	M 45.85		SD 23.39	p<0.01

〈표 Ⅳ-2〉 2부 검사의 문항별 및 유형별 득점표

2부검사 유형	번호	2부 점수가 56점 이상인 자 (N=60) 유창성 평균	표준편차	응통성 평균	표준편차	독창성 평균	표준편차	합계 평균	표준편차	전체(N=95) 유창성 평균	표준편차	응통성 평균	표준편차	독창성 평균	표준편차	합계 평균	표준편차	점수 범위
계산전략	1	10.87	3.87	2.07	0.80	3.05	3.07	15.98	6.77	9.67	3.84	1.87	0.78	2.34	2.76	13.88	6.51	2-35
문제해결	2	9.70	4.00	1.45	0.50	0.92	1.51	20.73	6.93	8.25	3.92	1.31	0.46	0.64	1.29	17.46	7.24	7-38
재정의	3	3.97	1.69	2.62	1.11	2.08	2.48	16.48	5.88	3.46	1.72	2.36	1.10	1.44	2.18	13.84	6.37	2-30
	4	9.77	3.02	2.77	1.45	2.95	2.72			8.42	3.42	3.25	1.48	2.17	0.17			
사실/규칙 발견	5	4.38	1.51	2.22	0.97	1.48	1.52	15.00	5.55	3.92	1.67	2.13	0.98	1.20	1.33	13.13	5.64	3-37
	6	3.18	1.73	1.95	0.91	1.67	1.72			2.81	1.80	1.78	0.99	1.28	1.67			
문제 만들기	5	1.55	1.13	3.00	2.28	1.48	1.52	11.27	3.68	1.28	1.10	2.56	2.19	1.20	1.33	9.00	6.80	0-35
	6	1.73	1.13	3.65	2.22	0.25	1.10			1.37	1.22	2.84	2.33	0.16	0.88			
전체		45.12	9.80	20.85	5.17	13.50	8.64	79.47	19.48	39.20	11.53	18.10	5.84	10.02	8.44	67.32	22.75	
점수의 범위		32-69		8-35		3-49		56-129		13-69		6-35		0-49		20-129		

<표 Ⅳ-3> 지능과 1, 2부 및 2부의 요소별 검사 점수의 상관관계

상관관계(grp9, N=95)

	지능(수리)	IQ	임상경력	1부 합계	2부 합계	계산전략	문제해결	재정의	규칙발견	만들기	유창성	융통성	독창성
지능(수리)	1.000												
IQ	.396**	1.000											
임상경력	.199	.307**	1.000										
1부 합계	.411**	.426**	.600**	1.000									
2부 합계	.338**	.374**	.627**	.624**	1.000								
계산전략	.231*	.302**	.505**	.461**	.691**	1.000							
문제해결	.339**	.316**	.578**	.625**	.755**	.399**	1.000						
재정의	.294**	.331**	.478**	.518**	.761**	.504**	.476**	1.000					
규칙발견	.274**	.243*	.340**	.318**	.702**	.326**	.476**	.410**	1.000				
만들기	.044	.118	.272*	.237	.582**	.187	.239*	.277*	.309**	1.000			
유창성	.381**	.399**	.590**	.606**	.920**	.667**	.736**	.753**	.625**	.431**	1.000		
융통성	.174	.203*	.422**	.446**	.861**	.414**	.593**	.565**	.623**	.805**	.723**	1.000	
독창성	.271**	.323**	.595**	.548**	.849**	.670**	.622**	.636**	.612**	.429**	.619**	.647**	1.000

*-$p<0.05$ **-$p<0.01$

    2부 검사의 전체 성적은 문항의 성격에 따라서 재정의, 문제해결 능력
과 가장 상관이 높았으며 만들기 능력에 의한 결정력이 가장 낮았다. 창의
성의 요인별로는 유창성, 융통성, 독창성 점수순이었다. 그러나 IQ, 경시대
회 입상경력, 1부 검사의 성적은 2부 문항의 성격에 따른 상관관계에는 2
부 검사 전체 성적과 마찬가지이었으나 창의성의 요인 면에서는 융통성보
다는 독창성 점수와의 상관관계가 더 높았다. 특히 경시대회 입상경력은
2부의 독창성 점수와 가장 높은 상관을 보여주었다.
    계산 전략은 독창성, 만들기는 융통성과 가장 상관이 높았으며 나머
지 문항 요소들은 모두 유창성 점수와 높은 상관을 보였다.

〈표 Ⅳ-4〉 IQ, 1, 2부 성적 분포표

구 분	지능(IQ)	1부 합계	2부 합계
사례 수	95	95	95
평균	135.79	45.85	67.26
표준편차	7.03	23.39	22.72
왜도	0.108	.076	.783
첨도	-0.409	-.819	.269
최소값	122	0.0	20.0
최대값	152	95.0	129.0

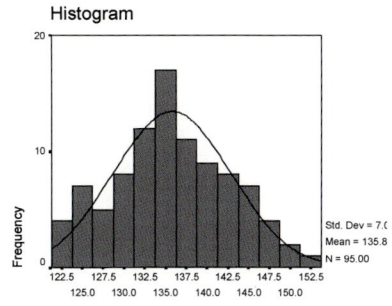

지능지수

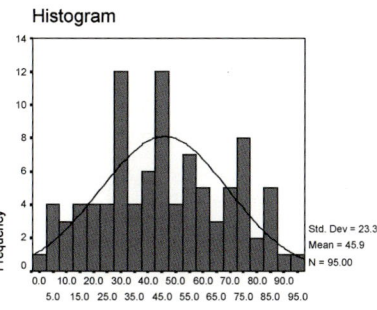

1부 합계

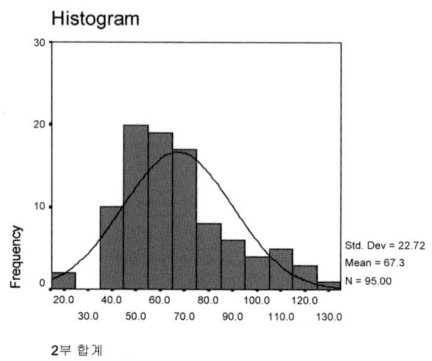

[그림 IV-1] IQ, 1, 2부 성적 분포도

왜도(skewness)와 첨도(kurtosis)는 검사 성적에 대한 분포곡선의 모양을 알려주는 수치이다. 지능, 1, 2부 검사 모두 왜도가 양수이므로 정규분포 곡선[23]이 오른쪽으로 꼬리가 늘어져 있으며, 특히 2부 성적의 분포가 가장 왼쪽으로 치우쳐 있다. 또 지능과 1부 성적은 첨도가 각각 -.409와 -.819로서 정규분포보다 낮고 2부 성적은 .269로서 약간 높았다.

나. 1, 2부 검사 도구의 타당성 검증

(1) 타당도

타당도는 측정하려는 내용을 적절히 재고 있는지를 나타내는 척도이다. 타당도를 알아보는 한 가지 방법은 이미 공인된 타당한 검사 도구가 있으면 그 검사와의 상관정도로 알아보는 것인데, Torrance의 일반창의성 검사는 지능지수와의 상관이 대개 .20-.40 정도이며 수학 학업

---

23) 도수 분포도에 나타나는 실선은 정규분포 곡선이다.

성취도와의 상관은 그보다 더 낮기 때문에(Evans, 1964) 이 방법은 큰 의미가 없다. 따라서 그보다는 오히려 다른 검사결과나 전문가에 의한 안면 타당도로 대신하는 것이 적절하다고 생각된다. 이 검사 도구는 개발의 성격에서도 밝혔듯이 가능한 한 타당도를 보장받기 위해 1부는 Krutetskii의 영재 판별 검사 문항에서, 2부는 수학적 창의성에 관한 각종 연구 문헌에서 검증하였던 문항 가운데서 선발정고 종합하여 3차례에 걸친 예비검사를 실시하였다. 이 문항에 대하여 교육과정 연구기관에 있는 수학교육 전공자 2인과 영재교육 전문가 1인의 검토를 받았다.

〈표 Ⅳ-3〉에서 보듯이 1, 2부 검사 성적은 전국규모의 수학 경시대회 입상경력과 r=.600-.627(p<.01) 수준에서 통계적으로 의미 있는 높은 상관을 나타내고 있으므로 특히 수학 문제해결 능력이 뛰어난 학생들에게도 적합한 검사 도구가 될 수 있다는 것이 확인되었다. 또 2부 검사에서는 문항의 성격(계산전략, 문제해결, 재정의, 규칙발견, 문제 만들기)이나 수학적 창의성의 구성요인(유창성, 융통성, 독창성)에 따라 경시대회 입상경력과 1부 성적의 상관관계를 각각 알아보았는데 각각 r=.272-.595, .237-.625(p<.01)으로 통계적으로 유의미한 상관관계를 보이고 있다. 특히 경시대회의 입상경력이나 1부 검사의 성적은 2부 검사에서 문제해결 항목과는 상관이 높은 반면 새로운 규칙을 발견하고 문제를 만들어 내는 능력과는 상대적으로 상관이 낮았다.

1, 2부 성적과 지능지수와의 상관관계는 r=.401-.426(p<.01) 수준에서 통계적으로 의미 있는 상관을 보이고 있으므로 1, 2부 검사는 지능과 무관하지는 않지만 그와는 다른 능력을 재고 있다고 볼 수 있다. 특히, IQ 121 이상(수리 3% 이내)인 모든 학생들을 저지능군(IQ 121-135)과 고지능군(IQ 136-152)으로 나누어 1, 2부 검사 전체와 2부의 각 요소에 대해 평균 차의 검증을 실시하였는바 문제 만들기를 제외하고는 모두 통계적으로 유의미한 차이가 있는 것으로 나타났다.

〈표 Ⅳ-5〉 고지능군과 저지능군 간의 IQ, 1, 2부 성적 t-검증

구분		IQ		1부 성적		2부 성적	
비교집단	N	M	SD	M	SD	M	SD
GIQM	48	130.23	4.04	37.73	21.54	59.58	20.46
GIQH	47	141.47	4.38	54.15	22.46	75.21	22.45
t값		13.00^{***}		3.64^{***}		3.55^{***}	
계산전략		문제해결		재정의		규칙발견		문제 만들기		유창성		융통성		독창성	
M	SD	M	SD	M	SD	M	SD
12.42	6.86	15.75	6.36	12.19	6.09	11.39	4.64
15.38	6.67	19.21	7.73	15.53	6.25	14.89	6.06
2.27^{*}		2.39^{*}		2.64^{**}		3.16^{**}	

계산전략 | 문제해결 | 재정의 | 규칙발견 | 문제 만들기 | 유창성 | 융통성 | 독창성

문제 만들기		유창성		융통성		독창성	
M	SD	M	SD	M	SD	M	SD
7.83	6.62	35.04	10.62	16.79	5.65	7.75	6.77
10.19	6.84	43.45	10.94	19.43	5.79	12.34	9.38
1.71		3.80^{**}		2.52^{*}		2.74^{**}	

설명: GIQM-IQ121 이상 135 이하 자, GIQH -IQ136이상 152 이하 자,
$*-p\langle0.05$, $**-p\langle0.01$, $***-p\langle0.001$

(2) 신뢰도

신뢰도는 발생 가능한 오차를 얼마나 최소화하여 조사하였는지를 알아보는 척도이다. 각 검사 도구의 신뢰도는 문항 내적 일치도(크론바하 알파계수)를 통해 알아보았다. 신뢰도는 문항수가 많을수록 높아질 수 있는데, 1부의 9문항은 부분점수로 나누어 채점하여도 12문항밖에 되지 않는다. 2부는 외형적으로는 6문항이지만 5번과 6번은 사실/규칙 발견하기와 문제 만들기의 두 부분으로 각각 나누었으므로 실제적으로는 8문항이고 이 8개의 각 문항을 또다시 유창성, 융통성, 독창성의 3부분으로 나누었으므로 24개의 소 문항으로 구성되어 있다.

〈표 Ⅳ-6〉 1부 검사의 집단별 문항 내적 일치도

1부검사		중학교 2학년(강남 3개 교육청 산하 5개 지역구의 12개 학교 교내 수학 석차 백분율이 80% 이상인 집단)		초등학교 5-6학년(grp9)	
		전체 (N=342)	1부 점수가 상위7% 이내(35점 이상)인자(N=142)	1부 점수가 35점 이상인 자(N=60)	전체(N=95)
크론바하 알파계수	12문항	.5260	-.3277	.3114	.6906
	9문항	.4866	-.4662	.2528	.6787

〈표 Ⅳ-7〉 2부 검사의 유형별 문항 내적 일치도

2부 검사	2부 점수가 56점 이상인 자 (N=60)				grp9(N=95)			
	유창성	융통성	독창성	전체	유창성	융통성	독창성	전체
크론바하 알파계수	.5402	.4357	.5572	.7557	.6828	.5945	.6454	.8402

1부 검사의 신뢰도(크론바하 알파계수)는 비교적 낮았는데 각 문항들이 서로 다른 성격의 내용을 재고 있어 문항의 내적인 일치도가 떨어지는 결과이다.[24] 이는 문항의 수가 적고 배점의 차이가 큰데서 오는 원인도 있다. 그러나 2부 검사의 신뢰도는 1부보다는 양호한 편이었다. 고득점자군만을 별도로 고려할 때는 특히 1부 검사의 신뢰도가 훨씬 낮아지는데, 이는 각 문항의 배점에 부분 점수가 거의 없어서 고득점자군일수록 학생들의 각 문항 간 득점 편차가 심하기 때문으로 해석된다. 그러나 개인 득점의 편차가 심한 초등학교 5-6학년의 영재들에만 초점을 맞춘 검사지라는 점을 감안하면 1, 2부 검사지의 신뢰도가 전체적으로는 .68-.84로 그다지 나쁜 편이라고 볼 수는 없다.

(3) 난이도

시험이 끝난 후 시험지 뒷면의 설문을 통해 1부는 전체 문항에 대해 그리고 2부는 전체와 각 문항에 대해 주어진 시간과 어려운 정도 및 자신의 능력의 반영 여부를 5점 척도로 질문하였는데 중학교 학생들이 오히려 더 어려워하고 시험에 대해 부정적이었다. 1부의 시간은 중학생들에게는 1.95-2.03으로 많이 부족한 편이었으나 초등학생들에게는 오히려 2.44-2.78로 상대적으로 덜 부족하다고 느끼는 편이었다. 체감 난이

---

24) 1부 검사에서 각 문항을 제거하였을 때 신뢰도가 올라가는 것은 2번과 3번이다.

도는 중학생들에게는 1.54-1.65로 매우 어렵게 여겨졌으나 초등학생들에게는 2.04-2.29로서 중학생들보다는 덜하지만 상당히 어려운 편이었다. 그러나 이 성적이 자신의 수학적인 능력을 제대로 반영해 준다고 보는가라는 질문에 대해서는 중학생들은 3.09-3.12, 초등학생들은 3.33-3.47로 부정적이라기보다는 오히려 긍정적인 반응을 보였다.

초등학생들에게만 실시한 2부의 시간은 문항별로 2.23-2.76 정도로 약간 부족하였고 어려운 정도는 2.52-3.42로 1부보다는 쉽게 느꼈으며, 자신의 창의력을 나타내 준다고 생각하는가에 대해서는 3.46-3.89로 약간 긍정적인 반응을 보이는 등 1부의 검사보다는 상당히 호의적이었다. 또 "이 2부 시험이 학교에서 치는 시험이나 1부보다 재미있거나 좋다고 생각하는가?"라는 질문에 대해서는 집단별로 71.1%-73.3%가 "그렇다"라고 대답하였다.

문항별로는 1부에서 고정관념을 깨뜨려야 하는 5번(가족의 나이) 문항이 가장 재미있고 좋다고 반응한 반면, 6번(파스칼의 삼각형) 문항은 고득점자군에서 친숙한 학생이 많아 쉽기는 하지만 오히려 재미없고 좋지 않은 문제로 평가되었다. 7번(삼각형의 중선) 문항과 9번(두 원의 중심거리) 문제는 어려워서 가장 재미없다고 대답한 학생들이 많았는데, 7번 문항은 특히 문제를 이해하기에 곤란을 느낀 학생들이 많아 가장 좋지 않은 문항으로 평가한 반면 9번 문항이 상대적으로 더 좋은 문항으로 평가되었다. 따라서 배점이 높고 체감 난이도 차이가 가장 큰 7, 9번 문항이 특히 변별력이 있는 문항으로 나타났다.

2부에서는 규칙과 성질을 발견하고 문제를 만들어 내는 5번(파스칼 삼각형)과 6번(대각선의 수) 문항이 어렵게 여겨졌다. 그러나 이들은 비교적 좋은 문제로 평가되기도 했고 이 문항들의 점수가 자신들의 창의력을 잘 나타내 줄 것이라고 평가하였다. 2번(9개의 점) 문항이 적절한 난이도에 재미있고 좋은 문항으로 평가되었다. 반면 학생들은 3번

(바둑돌 배열) 문항에 가장 부정적인 평가를 내렸다.

이상과 같은 체감 난이도가 실제 점수에서도 큰 차이 없이 매우 유사한 결과를 보이고 있다. 그리고 1, 2부 각각의 고득점자군에 속하는 학생일수록 각 검사에 대해 스스로 긍정적으로 평가하였다.

(4) 변별도

1, 2부 검사지가 학생들의 능력을 제대로 잘 변별해내는가를 알아보기 위해 1부 검사에서의 35점 이상 자 60명을 대상으로 1, 2부에 의한 저득점자군과 고득점자군, 그리고 경시대회 입상경력 유무자별, 성별로 집단을 나누어 지능, 1, 2부 성적, 그리고 2부의 요소별[25] 성적에 대해 평균 차의 검증을 실시하였다.

IQ는 경시대회 입상 경력 유무자 집단 간에서 $p < 0.05$ 수준으로 약간의 차이를 나타내고 있을 뿐 그 이외에는 어디에서도 통계적으로 유의미한 차이를 나타내 주지는 못하였다.

1부 성적이 35점 이상인 학생들 중 저득점자군과 고득점자군 간에는 2부 검사에서 유창성, 융통성, 독창성의 요인과 문제해결과 계산전략 항목에서는 뚜렷한 차이를 보이는 반면 재정의 항목에서는 차이가 없고 규칙 발견과 문제 만들기 항목에서는 차이가 뚜렷하지 않았다. 그러나 경시대회 입상경력의 유무자 간에는 2부 검사의 모든 요인과 항목에서 뚜렷한 차이를 보여주고 있다.

---

25) 내용 면에서는 계산전략, 문제해결(결과, 해법), 재정의, 규칙/사실발견하기, 문제 만들기로 요인 면에서 유창성, 융통성, 독창성으로 나누었다.

〈표 IV-8〉 1부 검사의 저득점자군과 고득점자군 간의 IQ, 1, 2부 성적 t-검증

구분		IQ		1부 성적		2부 성적	
비교집단	N	M	SD	M	SD	M	SD
G1M	30	136.03	6.21	46.43	5.63	64.40	19.45
G1H	30	138.83	7.76	73.77	9.55	86.37	20.72
t값		1.54		13.50***		4.23***	

계산전략		문제해결		재정의		규칙발견		문제 만들기		유창성		융통성		독창성	
M	SD	M	SD	M	SD	M	SD	M	SD	M	SD	M	SD	M	SD
12.70	5.90	16.87	6.64	14.80	5.39	12.67	5.89	7.37	6.17	38.57	9.54	16.70	4.87	9.13	8.77
17.97	6.75	23.17	6.56	17.33	5.90	15.93	5.52	11.97	7.61	47.73	10.75	22.23	6.07	16.40	8.17
3.22**		3.70***		1.74		2.22*		2.57*		3.49***		3.90***		3.32**	

설명	G1M-1부 성적이 35점 이상 57점 이하 자 G1H-1부 성적이 58점 이상 자 *-p<0.05, **-p<0.01, ***-p<0.001

〈표 IV-9〉 경시대회 입상 경력 유무자 집단 간의 IQ, 1, 2부 성적 t-검증

구분		IQ		1부 성적		2부 성적	
비교집단	N	M	SD	M	SD	M	SD
G1m무	30	135.5	6.71	52.60	13.44	61.60	12.88
G1m유	30	139.3	7.10	69.90	14.60	89.17	22.32
t값		2.13*		4.14***		5.86***	

계산전략		문제해결		재정의		규칙발견		문제 만들기		유창성		융통성		독창성	
M	SD	M	SD	M	SD	M	SD	M	SD	M	SD	M	SD	M	SD
11.80	4.72	16.10	5.62	13.47	3.51	12.47	3.92	7.77	5.82	36.50	6.77	17.03	4.59	8.07	4.76
18.87	6.84	23.93	6.65	18.67	6.39	16.13	6.95	11.57	8.10	49.80	10.61	21.90	6.56	17.47	10.12
4.66***		4.93***		3.91***		2.52*		2.09*		5.79***		3.33**		4.60***	

설명	1부 성적이 35점 이상인 자 중 G1m무-경시대회 입상 무경력자 G1m유-경시대회 입상 유경력자 *-p<0.05, **-p<0.01, ***-p<0.001

〈표 Ⅳ-10〉 2부 검사의 저득점자군과 고득점자군 간의 IQ, 1, 2부 성적 t-검증

구분		IQ		1부 성적		2부 성적	
비교집단	N	M	SD	M	SD	M	SD
G2M	30	136.83	7.45	50.37	20.91	64.40	4.46
G2H	30	139.10	5.69	62.83	17.20	94.53	16.81
t값		1.32		2.52*		9.49***	
계산전략	문제해결	재정의	규칙발견	문제 만들기	유창성	융통성	독창성
M	SD	M	SD	M	SD	M	SD	M	SD	M	SD	M	SD	M	SD

계산전략		문제해결		재정의		규칙발견		문제 만들기		유창성		융통성		독창성	
M	SD	M	SD	M	SD	M	SD	M	SD	M	SD	M	SD	M	SD
12.90	5.64	17.20	5.51	13.63	4.31	11.77	3.98	8.90	6.05	37.93	3.84	17.33	3.30	9.13	4.13
19.07	6.46	24.27	6.45	19.33	5.90	18.23	5.01	13.63	6.69	52.30	8.58	24.37	4.24	17.87	9.76
3.94***		4.56***		4.27***		5.54***		2.82**		8.37***		7.17***		4.51***	

설명: G2M-2부 성적이 56점 이상 72점 이하 자
G2H-2부 성적이 73점 이상 자

*-$p<0.05$, **-$p<0.01$, ***-$p<0.001$

〈표 Ⅳ-11〉 남녀 성차 간의 IQ, 1, 2부 성적 t-검증

구분		IQ		1부 성적		2부 성적	
비교집단	N	M	SD	M	SD	M	SD
남	68	136.22	7.17	50.65	22.04	69.76	23.15
여	27	134.70	6.67	33.78	22.67	61.15	20.87
t값		.95		3.34***		1.68	

계산전략		문제해결		재정의		규칙발견		문제 만들기		유창성		융통성		독창성	
M	SD	M	SD	M	SD	M	SD	M	SD	M	SD	M	SD	M	SD
14.37	6.97	18.44	7.22	14.62	6.64	13.32	5.10	9.0	7.09	40.42	11.62	18.22	5.65	11.13	9.10
12.67	5.11	15.00	6.83	11.89	5.24	12.63	5.82	8.96	6.12	36.15	10.89	17.78	6.41	7.22	5.71
1.15		2.13*		1.91*		.54		.03		1.64		.33		2.07*	

설명: IQ 10%(121) 이상, 수리부문 3% 이내인 자 전체

*-$p<0.05$, **-$p<0.01$, ***-$p<0.001$

전반적으로 1부 검사 성적은 모든 집단에서 유의미한 차이를 보였고 2부 검사 성적도 성별[26] 집단을 제외하고는 모든 검사에서 유의미한

26) 이 검사에서 성차를 알아보는 것은 주된 일이 아니다. 다만, 참고로 1부

차이를 보였다. 이는 곧 1, 2부 검사가 수학 우수아에 대해 변별력이 있음을 나타낸다.

다. 1, 2부 검사 결과의 종합

검사 후에 실시한 설문을 통해 학생들의 의견을 종합해보면, 검사의 시간이 약간 부족하고 어려운 편이었지만 검사 결과가 자신의 수학적 능력과 창의력을 제대로 반영해 줄 것이라고 생각하느냐는 질문에는 긍정적으로 대답하였다.

1, 2부의 검사는 지능지수나 전국규모의 경시대회 입상경력과 $r = .401 - .647$ 수준에서 통계적으로 의미 있는 적당한 상관을 보이고 있으며, 이들과는 다른 능력을 재고 있으면서도 특히 수학 문제해결 능력이 뛰어난 학생들을 변별해내는 도구로서도 적합한 검사 도구가 될 수 있다는 것이 확인되었다.

특별히 2부 검사에서 문항의 내용 성격(계산전략, 문제해결, 재정의, 규칙발견, 문제 만들기)을 수학적 창의성의 구성 요인(유창성, 융통성, 독창성)으로 나누어 IQ, 경시대회 입상경력, 1부 검사 등과의 상관계수를 알아보았는데, 문제 만들기 항목이 다른 검사들과 상관관계가 낮을 뿐 전반적으로는 통계적으로 유의미한 적당한 상관관계를 보이고 있었다. 경시대회 입상경력과 1, 2부의 저득점자군과 고득점자군으로 나누어 평균 차의 검증(t검증)을 실시한 결과 1부의 성적이 높은 학생은 상대적으로 낮은 학생에 비해 문제를 해결하는 능력은 뛰어나지만, 재정의하거나 새로운 규칙을 발견해내고 문제를 만드는 등에서의 능력은 상대적으로 그만큼 뛰어나다고 볼 수 없었다. 이는 경험이 없거나 훈련되

성적에서는 남녀 간 성차가 있는 것으로 나타났으나 지능과 2부 성적에서는 남녀 간 성차이가 없는 것으로 나타났다.

지 않은 항목인, 새로운 사실을 발견하거나 문제를 만드는 능력 면에서
는 1부 성적에 의해 별로 큰 차이를 보이지 않고 있다는 단서가 될 수
있다. 경시대회의 입상경력이 있는 학생들도 그렇지 않은 학생들에 비
해 새로운 규칙을 발견해내고 문제를 만드는 등의 능력은 다른 항목들
에 비해 상대적으로 그만큼 두드러진 차이를 보이지 않고 있었다.

따라서 다답형을 위주로 하는 2부(창의적 문제해결력) 검사는 전통
적인 문제해결력이나 경시대회와는 다른 능력을 측정하는 도구임을 확
인할 수 있겠다.

2. 수학적 행동특성 검사의 결과 분석

가. 검사 결과의 개요

행동특성 검사지의 29번과 36번을 제외한 34개 문항에 대해서 내용
타당성이 있는 요인별로 다시 정리하여 교사용, 부모용, 학생용의 각 검
사지를 7개의 요인을 가지는 동일한 틀로 맞추었다. 정의적인 요인으로
적성, 태도, 성향의 3개 요인으로 인지적인 요인으로 일반정신능력, 수
리계산능력, 창의력, 반성능력 등 4개의 요인으로 묶었다.

이 행동특성 검사지는 수학 영재를 대상으로 한 검사지이므로 검사
에 응시한 IQ 121 이상인 대상 학생 전체의 자료를 참고하면서 1부 검
사의 성적이 35점 이상인 자를 중심으로 분석하였다. 1, 2부 검사 응시
자 중에서 행동특성 검사지를 보내오지 않은 학생은 행동특성 관련 자
료 분석에서 제외시켰다. 검사지의 문항별 평균득점과 분포는 〈표 Ⅳ
-12〉와 [그림 Ⅳ-2]와 같다.

나. 검사의 타당성 검증

(1) 신뢰도-문항 내적 일치도

각 요인에 대한 신뢰도는 〈표 Ⅳ-13〉과 같다. 1부 성적이 35점 이상인 집단(gg1)의 교사용, 부모용, 학생용 검사지에 대하여 각각의 신뢰도(문항내적일치도, 크론바하 알파계수)는 모두 .96 이상으로 매우 양호한 편이며 요인별 신뢰도 역시 .70 이상으로서 양호한 편인데, 태도, 성향, 창의력과 같은 주요 요인의 신뢰도 계수가 안정적으로 높았다. 전체적으로는 교사용이 가장 양호하고 학생용이 가장 불량하다. IQ 121 이상인 집단(grp9) 전체에서의 신뢰도 계수는 더 높아진다.

(2) 타당도 - 입상경력, IQ, 1, 2부 검사와의 상관관계

행동특성 검사에서 교사, 부모, 학생용의 상관관계를 보면 교사용과 학생용의 상관이 거의 나타나지 않아 부모가 더 학생의 능력에 대해 잘 알고 있음을 보여준다고 볼 수도 있겠지만 오히려 그와는 전혀 다른 해석이 가능하다는 것을 고려해야 한다. 즉, 행동특성 검사와 기타의 다른 검사들(IQ, 입상경력, 1, 2부 검사) 간의 상관관계(〈표 Ⅳ-14〉)를 보면, 교사는 여러 학생들을 비교적 객관적으로 평가한다고 가정할 때 부모는 교사에 비해 보다 주관적으로 그 학생의 능력을 평가하여 상대적 우위를 고려하지 않으며, 상대적으로 특별히 뛰어난 학생들도 자신의 능력이 그다지 특이하다고 여기지 않고 있다는 해석이 가능하다. 실제로 교사용의 행동특성 검사 결과는 요인별로도 경시대회 입상경력, 1, 2부 검사 성적과 모두 통계적으로 유의미한 가장 높은 상관관계를 나타내고 있다. 경시대회 입상경력, 1, 2부 성적과 상관이 높은 요인으로는 교사용에서는 적성, 부모용에서는 태도, 학생용에서는 창의력 요인으로 나타났다.

〈표 Ⅳ-12〉 교사용, 부모용, 학생용 행동특성 검사의 문항별 득점표

문항 번호	교사용(N=47)		부모용(N=48)		학생용(N=46)	
	M	SD	M	SD	M	SD
1	7.00	1.44	7.29	1.10	6.63	1.42
2	7.21	1.64	6.43	2.10	6.49	1.59
3	5.48	2.13	5.71	2.01	5.57	1.74
4	6.73	1.90	7.20	1.24	6.45	1.84
5	6.60	2.26	7.00	1.44	6.62	1.92
6	7.29	1.49	7.37	1.15	6.45	1.79
7	6.38	1.75	6.80	1.83	5.38	1.82
8	7.40	1.47	7.24	1.45	6.49	1.77
9	7.00	1.38	7.00	1.31	6.43	1.80
10	6.42	2.00	6.82	1.64	6.43	1.77
11	6.25	1.95	6.12	1.64	6.02	2.04
12	6.63	1.75	7.24	1.25	6.23	1.42
13	6.21	1.75	7.31	1.67	7.70	1.28
14	6.23	2.01	6.39	1.71	5.74	1.98
15	6.33	1.97	6.67	1.45	6.02	1.80
16	6.08	1.61	6.59	1.55	6.38	1.60
17	6.17	1.86	6.86	1.61	6.51	1.90
18	6.79	1.46	7.69	1.23	7.38	1.36
19	6.31	1.61	6.18	1.51	6.09	1.73
20	7.02	1.49	6.59	1.81	6.77	2.10
21	6.42	1.81	6.45	1.65	6.77	1.90
22	6.15	1.90	6.41	1.62	5.83	2.15
23	5.96	1.99	6.20	1.59	5.87	1.51
24	6.15	2.09	7.16	1.53	7.26	1.87
25	6.73	1.75	6.67	1.43	6.30	1.67
26	6.65	1.68	6.84	1.36	6.94	1.85
27	5.92	1.64	6.53	1.54	6.30	2.00
28	6.56	1.99	7.04	1.72	7.28	1.85
30	6.73	1.75	6.86	1.38	5.91	1.47
31	6.50	1.73	6.45	1.47	5.94	2.07
32	5.71	2.03	5.61	1.78	4.94	2.25
33	6.00	2.06	5.69	1.71	5.60	1.94
34	6.19	1.92	6.10	1.72	6.45	1.91
35	7.35	1.39	7.02	1.15	5.81	2.00
전체	234.79	51.92	243.48	37.44	226.29	39.93
왜도	-.554		-.064		-.317	
첨도	-.254		-.514		.087	
점수분포	106-315		165-321		123- 308	

148

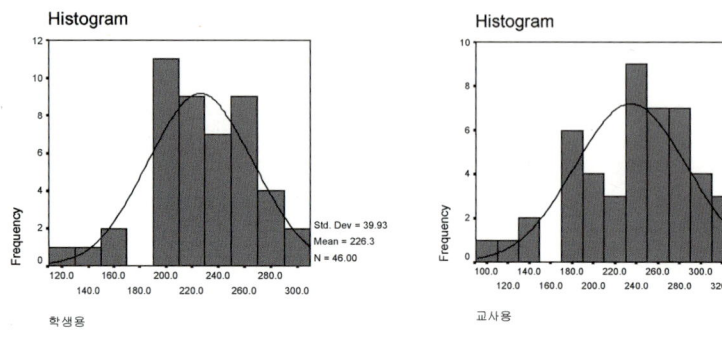

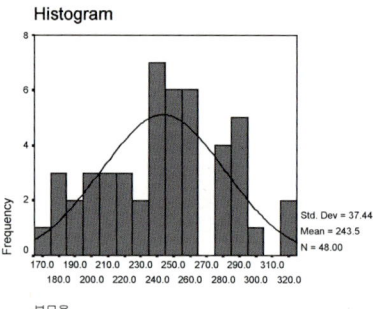

[그림 Ⅳ-2] 교사용, 부모용, 학생용 행동특성 검사의 점수 분포도

〈표 Ⅳ-13〉 행동특성 검사지의 요인과 요인별 문항 내적 일치도

구 분			문항 번호	문항내적일치도(크론바하 알파계수)					
				grp9			gg1		
				교사용	부모용	학생용	교사용	부모용	학생용
정 의 적 인 태 도 와 성 향	적 성	수학적 적성	자기 적성 진단	1	.9231	.8535	.8806	.9075	.7765	.8502
			소질(잘한다기보다는 특별함)	25						
			타고난 소질과 적성	35						
	태 도	수학적 흥미와 호기심, 애착	흥미, 애착	2	.9426	.9180	.8559	.9304	.9082	.8332
			호기심(대답보다는 질문)	3						
			탐구심(남이 가르쳐 주는 것보다는 직접 하는 탐구)	26						
			발견한 수학적 사실을 수학이나 다른 교과 및일상의 경험에 적용/응용해보려는 마음	27						
		도전적인 자신감	수학에 대한 자신감	4						
			수학적 의사소통에 대한 자신감	5						
			도전감(점수보다는 어렵고 복잡한 것에 대한 도전)	28						
			자기가 확신하는 것에 대한 신념과 고집	24						

구 분			문항번호	문항내적일치도(크론바하 알파계수)					
				grp9			gg1		
				교사용	부모용	학생용	교사용	부모용	학생용
정의적인 태도 와 성향	성향	열린 마음 과 민감성 / 개방성	18	.9442	.8698	.8732	.9199	.8784	.8537
		민감성	19						
		과제 집착성 / 수학적 과제에 대한 끈질긴 집착성	20						
		애매모호함에 대한 참을성	21						
		보다 우아한 해법을 찾으려는 경향성 / 보다 나은 다른 풀이 방법에 대한 모색	22						
		일반적인 해를 찾으려는 경향	23						
인지적인 사고 기능	일반정신능력	기억력과 집중력 / 수학적 기억력	6	.8652	.7799	.7798	.8481	.7826	.7077
		수학적 과제에 대한 집중력	7						
		의사소통 능력 / 언어적 표현력	10						
		수학적 언어(용어, 기호, 수식 등의 문장) 사용능력	11						
		계산력 / 수리 계산의 속도	8	.8901	.7557	.7606	.8447	.7617	.7536
		수리 계산의 정확도	9						
	창의력	전체적인 관계를 파악하는 통찰력 / 전체와 핵심, 관계를 파악함	12	.9584	.8857	.8723	.9556	.8794	.8604
		수학적 직관과 통찰력	13						
		갖가지 문제 풀이 전략들과 그것의 적절한 사용	30						
		창의력 / 사고 과정의 유연성 (사고의 전환능력)	14						
		풀이 방법의 독창력	15						
		추측과 상상력	31						
		창조력(푸는 데서 그치지 않고 직접 만들어 냄)	32						
	반성능력	적용, 비판, 일반화하는 등의 반성 능력 / 타 교과 및 일상생활에 대한 응용/적용력	16	.9001	.7766	.7119	.8723	.7918	.7209
		오류에 대한 비판 능력	17						
		일반적인 풀이를 찾고 일반화시키는 능력	33						
		메타인지적 반성 능력	34						
설명 grp9: IQ 121 이상, 수리3% 이내인 자 gg1: grp9 중에서 1부 성적이 35점 이상인 자			전체	.9869	.9699	.9642	.9838	.9696	.9608

〈설명〉 IQ 121 이상, 1부 검사에서 35점 이상인 자(gg1)들 중에서 행동특성 검사에 응시한 교사, 부모, 하생들의 상관관계이며, IQ 121 이상의 95명(grp9)에 대한 상관관계는 [부록 8]에 별도로 제시하였음

구분	수리	IQ	경시대회 임상경력	[합계] 1부	[합계] 2부	[전체] 교사용	부모용	하생용	[교사용] 적성	태도	성향	일반정신	수리계산	창의력	반성
전체															
지능수리 IQ	1.000														
IQ	.069	1.000													
임상경력	.176	.269*	1.000												
1부	.210	.322*	.478**	1.000											
2부	.142	.285*	.609**	.467**	1.000x										
교사용	.129	.278	.465**	.420**	.419**	1.000									
부모용	.014	.263	.373**	.388**	.440**	.450**	1.000								
하생용	.137	.152	.323	.316	.347**	.187	.387**	1.000							
교사용															
적성	.162	.348*	.650**	.372**	.496***	.880**	.419**	.266	1.000						
태도	.122	.316*	.479**	.341*	.438***	.966**	.431**	.215	.874**	1.000					
성향	.117	.259	.404**	.400**	.430**	.973**	.490**	.177	.815**	.934**	1.000				
일반정신능	.025	.206	.287	.399**	.270	.925**	.385*	.160	.728**	.870**	.913**	1.000			
수리계산능	.082	.216	.258	.437**	.269	.839**	.363*	.183	.653**	.724**	.796**	.784**	1.000		
창의력	.157	.265	.489**	.412**	.372***	.944**	.445**	.108	.804**	.922**	.923**	.841**	.744**	1.000	
반성능력	.160	.200	.440**	.378**	.441***	.959**	.394**	.124	.839**	.928**	.931**	.866**	.778**	.874**	1.00
부모용															
적성	.198	.094	.298*	.426**	.342*	.204	.800**	.406**	.251	.205	.215	.098	.155	.271	.134
태도	-.040	.263	.449**	.393**	.478***	.401**	.927**	.432**	.439**	.384**	.424**	.297	.310*	.390**	.371*
성향	.041	.251	.376**	.328*	.345*	.441**	.933**	.430**	.408**	.435**	.464**	.368**	.384**	.428**	.391**
일반정신능	-.115	.290*	.183	.180	.303*	.399**	.870**	.369*	.307*	.386*	.437**	.383**	.383*	.350*	.354*
수리계산능	.074	.173	.228	.347*	.277	.412**	.686**	.168	.379*	.358*	.446**	.451**	.335**	.359**	.357*
창의력	.033	.196	.417**	.364*	.461***	.400**	.907**	.312*	.340*	.406**	.455**	.331**	.269	.450**	.341*
반성능력	-.075	.300*	.304*	.319*	.449***	.424**	.925**	.249	.379*	.402**	.477**	.358	.325*	.422**	.391**
하생용															
적성	.023	.160	.354*	.271	.243	.260	.210	.795**	.374**	.255	.221	.173	.251	.242	.190
태도	.109	.062	.327*	.352*	.398***	.228	.361*	.879**	.309**	.260	.190	.194	.193	.129	.222
성향	.248	.109	.353*	.349*	.343*	.204	.435**	.875**	.292	.238	.164	.163	.199	.136	.155
일반정신능	-.048	.202	.186	.213	.311*	.077	.426**	.813**	.064	.113	.127	.106	.108	.026	-.027
수리계산능	.231	-.007	.070	.048	-.023	.026	.186	.590**	.058	.018	.060	.087	.048	-.038	-.045
창의력	.175	.089	.381**	.340*	.473**	.183	.358*	.901**	.270	.218	.167	.105	.151	.124	.165
반성능력	.054	.211	.241	.309*	.325*	.165	.277	.892**	.217	.198	.135	.145	.154	.079	.158

〈표 Ⅳ-14〉 행동특성 검사의 요인과 다른 검사 간의 상관관계

위 표의 오른쪽 아래에 붙임

	부모용							학생용						
	적성	태도	성향	일반정신능력	수리계산능력	창의력	반성능력	적성	태도	성향	일반정신	수리계산	창의력	반성
부모용 적성	1.000													
부모용 태도	.753**	1.000												
부모용 성향	.706**	.890**	1.000											
부모용 일반정신능력	.601**	.740**	.789**	1.000										
부모용 수리계산능력	.409**	.504**	.557**	.625**	1.000									
부모용 창의력	.737**	.850**	.849**	.725**	.475**	1.000								
부모용 반성능력	.694**	.866**	.849**	.769**	.541**	.862**	1.000							
학생용 적성	.329*	.295*	.266	.180	-.018	.137	.119	1.000						
학생용 태도성향	.364*	.468**	.395**	.304*	.111	.283	.261	.658**	1.000					
학생용 일반정신능력	.491**	.476**	.459**	.389**	.077	.398**	.361*	.703*	.844**	1.000				
학생용 수리계산능력	.360*	.410**	.441**	.423**	.264	.381**	.296*	.522**	.593**	.569**	1.000			
학생용 창의력	.110	.048	.201	.236	.482**	.044	-.010	.334*	.307*	.282	.548**	1.000		
학생용 반성능력	.386**	.484**	.424**	.243	.039	.352*	.250	.649**	.811**	.707**	.699**	.405**	1.000	
학생용	.266*	.390**	.323*	.286	-.027	.238	.203	.676***	.867***	.806***	.652**	.303*	.830**	1.000

(3) 변별도-IQ, 1, 2부의 저득점자와 고득점자 집단 간의 평균차이 검증

〈표 Ⅲ-15〉의 집단 분류에 의해 IQ가 121 이상인 전체 학생들을 대상으로 IQ의 차이(IQ 121-135, IQ 136-152)에 따라 행동특성 검사결과를 분석한 결과 교사용과 학생용 행동특성 검사지만 유의미한 차이를 나타내었고 요인별로는 부모용의 모든 요인과 학생용의 적성과 계산능력 요인을 제외한 요인들에서 통계적으로 유의미한 차이를 보이고 있다. IQ가 높은 학생에 대해 교사들은 적성 면에서 두드러진 차이를 보이는 것으로 본 반면 학생 자신들은 일반정신능력 면에서 두드러진 차이를 보인다고 체크하였다.

〈표 Ⅳ-15〉 IQ의 분류에 의한 행동특성 검사지의 ANOVA 분석

종속 변수	지능 기준	독립변수(1부 성적)			1-WAY ANOVA(일원 분산분석)					t 검증
		사례 수	평균	표준편차	자유도	SS	MS	F값	F유의도	t값
교사용	IQM	37	188.1351	58.9553	1	23166.1943	23166.1943	8.2835	.0053	
	IQH	34	224.2941	45.3415	69	192969.3831	2796.6577			2.88**
	합계	71	205.4507	55.5666	70	216135.5775				
부모용	IQM	35	211.2571	38.9897	1	3627.9029	3627.9029	2.4599	.1213	
	IQH	37	225.4595	37.8415	70	103237.8749	1474.8268			1.57
	합계	72	218.5556	38.7963	71	106865.7778				
학생용	IQM	35	189.8571	38.5839	1	14746.5143	14746.5143	9.9692	.0024	
	IQH	35	218.8857	38.3366	68	100585.8286	1479.2034			3.16**
	합계	70	204.3714	40.8838	69	115332.3429				

검증		적성		태도		성향		일반정신		수리계산		창의력		반성능력	
교사용	t값	3.48***		3.11**		2.39*		2.29*		2.85**		2.74**		2.35*	
F값 유의수준		12.0872	.0009	9.6896	.0027	5.6970	.0197	5.2540	.0250	8.0984	.0058	7.4848	.0079	5.5444	.0214
부모용	t값	.93		1.13		1.63		1.72		1.17		1.57		1.46	
F값 유의수준		.8707	.3540	1.2773	.2623	2.6521	.1079	2.9687	.0893	1.3742	.2451	2.4688	.1206	2.1335	.1486
학생용	t값	1.72		2.64*		2.65**		3.58***		1.70		2.18*		3.36**	
F값 유의수준		2.9730	.0892	6.9479	.0104	7.0404	.0099	12.7839	.0006	2.8761	.0944	4.7571	.0326	11.2641	.0013

　　1부 성적의 차이에는 모든 검사지가 집단에 따라 유의미한 차이를 나타
내고 있으며, 요인별로도 부모용과 학생용의 수리계산 능력을 제외하고는
상－하 집단 간에 유의미한 차이를 보이고 있다. 특히, 중－하 집단 간보
다는 모두가 상－중 집단 간에 차이를 보이고 있으므로 35점 이상의 우수
아들을 변별하는 검사지로서 적합하다는 결론을 내릴 수 있다.

〈표 Ⅳ-16〉 1부 성적의 분류에 의한 행동특성 검사지의 ANOVA 분석

종속변수	1부성적기준	독립변수(1부 성적)			1-WAY ANOVA(일원 분산분석)					Sheffe검증
		사례 수	평균	표준편차	자유도	SS	MS	F값	F유의도	하 중 상
교사용	G1L	23	174.0000	55.5763	2	59161.2177	29580.6088	12.8141	.0000	
	G1M	21	194.3810	44.1775						
	G1H	27	240.8519	43.8483	68	156974.3598	2308.4465			* *
	합계	71	205.4507	55.5666	70	216135.5775				
부모용	G1L	23	199.3913	34.7533	2	23788.0595	11894.0298	9.8786	.0002	
	G1M	24	212.0000	35.7613						
	G1H	25	242.4800	33.5983	69	83077.7183	1204.0249			* *
	합계	72	218.5556	38.7963	71	106865.7778				
학생용	G1L	24	184.7083	39.9461	2	26976.3410	13488.1705	10.2280	.0001	
	G1M	23	197.9130	36.3530						
	G1H	23	231.3478	32.0378	67	88356.0018	1318.7463			* *
	합계	70	204.3714	40.8838	69	115332.3429				

Sheffe검증		적성	태도	성향	일반정신	수리계산	창의력	반성능력
	1부	하 중 상	하 중 상	하 중 상	하 중 상	하 중 상	하 중 상	하 중 상
교사용	하 중 상	* *	* *	* *	* *	* *	* *	* *
F값 유의수준		12.6323 .0000	10.4933 .0001	11.8039 .0000	11.0754 .0001	9.3700 .0003	13.0730 .0000	9.7926 .0002
부모용	하 중 상	* *	* *	* *			* *	*
F값 유의수준		10.1144 .0001	11.9946 .0000	8.3954 .0005	4.0022 .0227	1.5407 .2215	8.7193 .0004	4.5120 .0144
학생용	하 중 상	*	* *	* *	*		* *	* *
F값 유의수준		6.2320 .0033	16.9428 .0000	5.8646 .0045	4.7030 .0122	.7695 .4672	7.8893 .0008	6.9082 .0019

2부 성적에 의한 집단 간의 차이는 1부 성적에 의한 집단 간 차이보다 중-하 집단 간 변별력은 높으나 상-중 집단 간 변별력은 상대적으로 떨어지고 있다. 요인별로는 태도와 창의력 면에서 가장 변별력이 높고 수리계산능력 면에서의 변별력이 가장 낮다. 학생용의 창의력 요인에서 유일하게 상-중 집단 간의 차이가 나타나고 있다.

〈표 Ⅳ-17〉 2부 성적의 분류에 의한 행동특성 검사지의 ANOVA 분석

종속변수	2부성적기준	독립변수(2부 성적)			1-WAY ANOVA(일원 분산분석)					Sheffe검증		
		사례 수	평균	표준편차	자유도	SS	MS	F값	F유의도	하	중	상
교사용	G2L	27	169.8519	53.5111	2	65471.2256	32735.6128	14.7747	.0000			
	G2M	18	208.9444	50.6098							*	
	G2H	26	240.0000	36.1508	68	150664.3519	2215.6522				*	
	합계	71	205.4507	55.5666	70	216135.5775						
부모용	G2L	27	195.9630	35.2753	2	25353.2374	12676.6187	10.7307	.0001			
	G2M	21	222.9524	32.0912							*	
	G2H	24	240.1250	35.2399	69	81512.5403	1181.3412				*	
	합계	72	218.5556	38.7963	71	106865.7778						
학생용	G2L	28	183.0357	40.5969	2	26288.6240	13144.3120	9.8903	.0002			
	G2M	20	207.1000	32.4182								
	G2H	22	229.0455	34.2101	67	89043.7188	1329.0107				*	
	합계	70	204.3714	40.8838	69	115332.3429						

Sheffe검증		적성			태도			성향			일반정신			수리계산			창의력			반성능력		
2부		하 중 상			하 중 상			하 중 상			하 중 상			하 중 상			하 중 상			하 중 상		
교사용	하	*			*						*			*			*					
	중	*			*			*			*			*			*			*		
	상																					
F값 유의수준		13.6509 .0000			15.5846 .0000			14.1590 .0000			9.7622 .0002			9.3781 .0003			13.1433 .0000			12.0152 .0000		
부모용	하	*			*												*					
	중	*			*			*			*						*			*		
	상																					
F값 유의수준		6.6865 .0022			12.0338 .0000			6.8096 .0020			4.3581 .0165			2.1912 .1195			12.3326 .0000			7.2092 .0014		
학생용	하				*																	
	중	*			*			*			*						*	*			*		
	상																					
F값 유의수준		4.9336 .0100			14.5295 .0000			6.3780 .0029			6.8308 .0020			.3089 .7353			8.3036 .0006			6.3679 .0029		

좀더 구체적으로 살펴보기 위해 1, 2부 성적이 각각 최소 기준인 35점과 45점을 넘어서 수학 영재성이 있다고 판단된 학생들을 저득점군과 고득점자군으로 나누고 또 경시대회 입상경력의 유무에 따라 이들을 각각 두 집단으로 나누어 이들 간에 t검증을 통해 좀더 자세히 분석/비교해보아도 일반정신능력과 수리계산능력보다는 태도와 창의력 요인에서 가장 두드러진 차이를 보이고 있다.

〈표 Ⅳ-18〉 행동특성 검사지의 각 요인에 대한 집단 간의 평균차이 검증

요인별 t값	G1m(무, 유)			G1(M, H)			G2(M, H)		
	교사용	부모용	학생용	교사용	부모용	학생용	교사용	부모용	학생용
적성	5.64***	1.89	2.51*	3.22**	3.10**	2.41*	2.13*	0.61	0.81
태도	3.58***	3.03**	2.32*	3.10**	3.53**	3.92***	2.79**	1.88	2.14*
성향	2.84**	2.12*	2.53*	3.56***	3.03**	3.09**	2.67*	1.35	1.07
일반정신능력	1.90	0.89	1.27	3.45***	1.56	1.52	1.53	0.90	2.24*
계산능력	1.71	1.58	0.47	3.76***	1.51	0.19	0.41	0.74	0.20
창의력	3.68***	2.73**	2.76*	3.54***	2.76**	3.25**	1.94	1.75	2.96**
반성능력	3.28**	1.78	1.66	3.34**	2.36**	3.09**	2.64*	2.07**	1.54
전체	3.48***	2.47*	2.48*	3.63***	3.08**	3.31**	2.38*	1.70	2.13*

전체적으로 2부 성적보다는 경시대회 입상경력 유무와 1부 성적의 차이에 의한 행동특성 검사의 변별력이 더 높았다. 이러한 현상은 이 행동특성 검사지가 2부 검사에서 높은 성적을 나타내는 학생들을 잘 변별하는 때문이라기보다는, 교사나 부모들이 경시대회에서 입상한 경력이 있거나 1부 검사의 성적이 높은 학생들에게 상대적으로 높은 평가 점수를 부여하기 때문이라는 해석이 가능하다.

특히 계산능력은 고득점자군과 저득점자군 간에 교사만이 IQ와 1부 검사 성적에 차이가 있는 것으로 지적하였을 뿐 그 외에는 통계적으로 유의미한 차이를 나타낸 부분이 없었다. 따라서 영재 판별에서 계산 능력은 중요한 특성이 아님을 확인하였다. 다만 행동특성 검사에서 계산

의 속도와 정확성을 묻는 계산능력 요인은 2부 검사의 계산전략과는 별 상관관계가 없는 것으로 나타났다.([부록 8] 참조)

좀더 세부적으로 각 문항에 대한 집단 간 차이는 〈표 Ⅳ-19〉와 같다. 마지막으로, 행동특성 검사의 전체 성적 분석에서 제외하였던 36번 항목인 "학생이 계속 공부하고자 하는 의지"가 다른 요인들과 어떤 상관이 있는지를 알아본 결과, 학생이 계속 공부하려는 의지는 적성이나 수리계산 능력보다는 태도와 창의력과 보다 밀접한 관계가 있음을 알 수 있었다. 또 IQ, 경시대회 입상경력보다는 1, 2부검사의 성적과 보다 밀접한 상관관계가 있었고, 2부 검사의 계산전략이나 문제해결 항목보다는 규칙을 발견하고, 융통성 있는 사고로 새로운 문제를 만들어 내는 능력과 좀더 상관관계가 높았다. 그러나 전반적으로 그다지 높은 상관을 보여주지는 않았다.

〈표 Ⅳ-19〉 행동특성 검사지의 각 문항에 대한 집단 간의 평균 차이 검증

구 분			문항 번호	집단 간 차이 t-검증								
				G1m(무,유)			G1(M,H)			G2(M,H)		
				교사	부모	학생	교사	부모	학생	교사	부모	학생
정의적인 태도와 성향	적성	수학적 적성										
		자기 적성 진단	1	***	***	**	*	*	**			
		소질(잘한다기보다는 특별함)	25	***		*	**	***		*		
		타고난 소질과 적성	35	***	*		**					
	태도	수학적 흥미와 호기심, 애착										
		흥미, 애착	2	***	***		**	**				
		호기심(대답보다는 질문)	3	*	**			*		**		
		탐구심(남이 가르쳐 주는 것보다는 직접 하는 탐구)	26	***	**	**	**	**	**			*
		발견한 수학적 사실을 수학이나 다른 교과 및 일상의 경험에 적용/응용해보려는 마음	27	***	*		***		*			
		도전적인 자신감										
		수학에 대한 자신감	4	***	***	*	*	**		*		
		수학적 의사소통에 대한 자신감	5	**	*		*					
		도전감(점수보다는 어렵고 복잡한 것에 대한 도전)	28	***	***		***	***		**	**	
		자기가 확신하는 것에 대한 신념과 고집	24	***	*		*	*		**	*	

구 분				문항번호	집단 간 차이 t-검증								
					G1m(무,유)			G1(M,H)			G2(M,H)		
					교사	부모	학생	교사	부모	학생	교사	부모	학생
정의적인 태도와 성향	성향	열린 마음과 민감성	개방성	18	***	*		***			*		
			민감성	19	**	**		***	*	**			
		과제 집착성	수학적 과제에 대한 끈질긴 집착성	20	**			**	*		**		
			애매모호함에 대한 참을성	21	**	*			*	**			
		보다 우아한 해법을 찾으려는 경향성	보다 나은 다른 풀이 방법에 대한 모색	22	***	**	*	***			**		
			일반적인 해를 찾으려는 경향	23	***			***			*		
인지적인 사고 기능	일반정신능력	기억력과 집중력	수학적 기억력	6	***			***					
			수학적 과제에 대한 집중력	7	*			*					
		의사소통능력	언어적 표현력	10	**			**					*
			수학적 언어(용어, 기호, 수식 등의 문장) 사용능력	11				*					*
		계산력	수리 계산의 속도	8	*			**					
			수리 계산의 정확도	9	*			***					
	창의력	전체적인 관계를 파악하는 통찰력	전체와 핵심, 관계를 파악함	12	***	**		**					
			수학적 직관과 통찰력	13	***	*		*			*		
			갖가지 문제 풀이 전략들과 그것의 적절한 사용	30	***	***		***	*		***	***	***
		창의력	사고 과정의 유연성(사고의 전환능력)	14	***	**		**	**		**		**
			풀이 방법의 독창력	15	***	**		**	*	**	*	*	
			추측과 상상력	31	***			***	*		*	*	***
			창조력(푸는 데서 그치지 않고 직접 만들어 냄)	32	**			*					*
	반성능력	적용, 비판, 일반화하는 등의 반성 능력	타 교과 및 일상생활에 대한 응용/적용력	16	***	*		**				*	**
			오류에 대한 비판 능력	17	*	**		*	***				
			일반적인 풀이를 찾고 일반화시키는 능력	33	***			*			*		
			메타인지적 반성 능력	34	***			**			*	***	

전체(29번과 36번을 제외한 34문항)

설명
G1m(무, 유): 1부 성적이 35점 이상인 자 중 경시대회 입상경력 유무자 간
G1(M, H): 1부 성적이 35점 이상인 자 중 저득점자와 고득점 간
G2(M, H): 2부 성적이 56점 이상인 자 중 저득점자와 고득점 간
t-검증: * p<0.05, ** p<0.01,
         *** p<0.001

<표 Ⅳ-20> 학생용 36번과 다른 요인 및 각종 검사와의 상관관계

상관관계	[학생용] 전체	적성	태도	성향	일반정신능력	수리계산능력	창의력	반성능력
학생36번	.516**	349**	.436**	.317**	.488**	.311**	.415**	.397**

상관관계	수리	IQ	입상	1부	2부	계산 전략	문제 해결	재정의 발견	규칙 만들기		유창성	융통성	독창성
교사36번	.355**	.419**	.496**	.581**	.611**	.411**	.541**	.504**	.408**	.361**	.648**	.542**	.420**
부모36번	.174	.095	.103	.054	.110	.093	-.021	.162	.142	.047	.125	.149	.026
학생36번	.232*	.142	.223*	.315**	.350**	.165	.223*	.322**	.331**	.256*	.356**	.369**	.221**
설명											$*-p < 0.05$, $**-p < 0.01$		

다. 검사 결과의 종합

행동특성 검사지의 문항 내적 일치도는 매우 양호하며 다른 검사들과의 상관관계와 변별도를 통한 타당성 검증을 해본 결과 수학 문제해결 능력이 뛰어난 영재에게도 적합한 검사지가 될 수 있음이 판별되었다. 다만 행동특성 검사의 전체적인 원점수의 합계보다는 각 요인별 점수를 참고하는 것이 더 바람직할 수도 있다고 생각된다.

지능이 높은 학생들은 일반정신능력 면에서 가장 두드러진 차이를 나타내지만 1, 2부 성적이 높은 학생들은 태도와 창의력 면에서 통계적으로 유의미한 차이를 보이고 있다. 전체적으로 2부 성적보다는 경시대회 입상경력 유무와 1부 성적의 차이에 의한 행동특성 검사의 변별력이 더 높았는데, 이러한 현상은 행동특성 검사지가 2부 검사에서 높은 성적을 나타내는 학생들을 잘 변별해 준다기보다는 교사나 부모들이 경시대회에서 입상한 경력이 있거나 1부 검사의 성적이 높은 학생들에게 상대적으로 높은 평가 점수를 부여하고 있기 때문으로 볼 수 있다.

"학생이 계속 공부하고자 하는 의지"(36번 문항)와 다른 요인들과의 상관관계에 있어서는 적성이나 수리계산 능력보다는 태도와 창의력과 더 관계가 높음을 알 수 있었다. 또한 IQ, 경시대회 입상경력보다는 1, 2부검사의 성적과 더 높은 상관이 있고, 2부 검사의 계산전략보다는 새로운 사실이나 규칙을 발견하고, 융통성 있는 사고로 규칙을 만들어 내는 능력과 좀더 높은 상관관계를 나타내었다. 특히 경시대회 입상경력도 있고 1부 검사에서도 점수가 높은 학생이 수학에 대한 흥미를 잃어 버리고 앞으로 수학을 계속 공부하고 싶어하는 욕구를 상실해 버린 경우도 있었던 점은, 향후 수학 영재교육 프로그램 개발에 있어서 수학 영재성을 지닌 학생들에게 문제해결 위주보다는 학습 동기를 부여하고 창의력을 계발시키는 방향으로 추진하여야 할 필요성을 시사하는 것일 수도 있다.

3. 설문조사의 결과 분석

가. 조사 결과의 개요

설문대상자를 영재교육에 대한 전문지식을 가지고 있는 자들(집단 Ⅰ), 비록 전문적인 지식은 없지만 현장에서 영재들을 대면한 실제적인 경험이 많은 자들(집단 Ⅱ), 그리고 관심은 있지만 전문적인 지식이나 경험도 없는 자들(집단 Ⅲ)의 3개 집단으로 나누어 분석하였다. 조사 대상자들의 일반적인 사항은 다음과 같다.

〈표 Ⅳ-21〉 설문조사 대상자 현황

구분	항목	계	집단 Ⅰ	집단 Ⅱ	집단 Ⅲ
전문성 여부	① 수학교육 전공자	29(31.5%)	4	5	20
	② 수학 전공자	25(27.2%)	1	6	18
	③ 수학교사(초, 중, 고)	21(22.8%)	2	10	9
	④ 영재를 둔 학부모	1(1.1%)	1	0	0
	⑤ 영재교육 연구자	14(15.2%)	13	1	0
	⑥ 기타(학원강사, 행정가)	2(2.2%)	0	2	0
연령	① 60대이상	8(8.7%)	2	2	4
	② 50대	12(13.0%)	5	3	4
	③ 40대	31(33.7%)	7	8	16
	④ 30대	35(38.0%)	6	11	18
	⑤ 20대 이하	6(6.5%)	1	0	5
생활 거주지	① 서울	61(66.3%)	17	14	30
	② 부산 및 광역시	12(13.0%)	1	4	7
	③ 시단위	18(19.6%)	3	6	9
	④ 읍, 면, 동 단위	1(1.1%)	0	0	1
관심 대상 연령	① 취학 전 아동	4(4.3%)	2	0	2
	② 초등학교 저학년(1-4)	8(8.7%)	0	2	6
	③ 초등학교 고학년(5-6)	24(26.1%)	6	10	8
	④ 중학교	21(22.8%)	2	5	14
	⑤ 고등학교	12(13.0%)	0	6	6
	⑥ 기타(모든 학년)	23(25.0%)	11	1	11
계		92	21	24	47

나. 항목별 결과 분석

(1) 수학 영재성의 정의

'수학 영재성'을 어떻게 정의할 것인지를 간단히 쓰라고 했을 때, 영재교육에 대한 전문 지식이 있는 자들(집단 Ⅰ)의 대부분인 3분의 2가 지적인 문제해결력과 창의력, 과제집착 성향 등의 3가지를 모두 다 고려하고 있거나(33.3%) 문제해결력과 창의력을 지적하였으며(33.3%), 전문지식은 없으나 영재 지도와 직접 대한 실질적인 경험이 많은 자들(집단 Ⅱ)은 지적인 면만을 지적한 자들(9명-37.5%)과 정의적인 면까지를 모두 지적한 사람들(7명-29.2%)이 반반으로 비슷하였다. 그러나 영재교육에 관심이 있지만 실제 경험이 없는 수학교육학자들 중에서는 정의적인 측면까지를 고려한 사람이 7명(14.9%)에 불과했으며, 특히 나름대로의 정의를 내리지 못하거나(7명) 선천적으로 타고난 아이라고만 답하는 경우(4명)도 있었다.

우리나라에서 통념적으로 생각할 수 있는 수학적 능력(영재성)의 기준[27]을 제시하고 거기에 자신이 동의하는지의 여부와 정도(수치), 그리고 학부모들은 동의할지의 여부와 그 정도(수치)를 예상하여 표시하게 하였다. 그 결과 설문 응답자 87명 중 78.3%가 동의하였으며 학부모들도 동의할 것이라고 답한 경우가 91.3%나 되었다. 그 동의 정도를 수치로 나타내 보게 하였더니 9점 만점에 설문 응답자들은 6.322였고, 학부모들의 동의 정도에 대한 추측 값은 7.337이었다. 응답자들의 대부분이 자신보다는 학부모들의 동의수준이 보다 높을 것이라고 추측하였다. 그러나 실제로 자녀의 행동특성 검사에 참가한 80명의 학부모들을 대상으로 한 결과에서는 82.5% 동의에 수치는 6.575로 나타나 설문조사의 응답자들보다는 약간 높았으나 그들의 추측치보다는 매우 낮았다.

응답자들을 유형별로 분석해보았을 때 제시된 기준에 반대하는 전문가들은 그 이유를 묻는 란에 첫째, 너무 높은 기준의 설정에 반대한다는 것과 둘째, 과제집착 성향의 요인도 고려해야 한다고 밝히고 있다. 그러나 비전문가들의 의견란은 오히려 정반대의 이유를 제시하고 있다. IQ의 범위를 더 높여서 상위 5% 이내로 제안하고 문제해결력 검사에서도 비교 학년을 2개 학년보다 더 높이거나 수준을 상위 10%보다는 더 상향 조정해야 한다는 것이었다. 이것은 영재교육을 바라보는 전문가들과 비전문가들의 시각에 있어서 수학 영재성 기준 설정에 상당한 차이가 있음을 단적으로 보여주는 증거이다. 전반적으로는 전문적인 지

---

27) 초등학교 6학년으로서 IQ가 또래집단의 상위 10% 이내이고 수리 부분은 상위 3% 이내이며, 비정형적인 문제해결력 검사에서 같은 지역 중학교 2학년에서의 상위 10% 이내에 드는 문제해결력이 있는 학생－자세한 내용은 부록의 설문지를 참조할 것.

식이 있는 사람일수록 본 설문에서 제시한 기준에 동의하는 정도도 높고 학부모들의 동의 정도를 비교적 정확히 추측해내었다.

〈표 Ⅳ-22〉 수학 영재성의 정의에 대한 설문조사 결과

구분			항목		계	집단 Ⅰ	집단 Ⅱ	집단 Ⅲ
정의			① 문제해결력이 뛰어남		27(29.3%)	4(19.0%)	9(37.5%)	14(29.8%)
			② 창의력, 독특함		24(26.1%)	7(33.3%)	2(8.3%)	15(31.9%)
			③ 정의적인 과제집착 성향		21(22.8%)	7(33.3%)	7(29.2%)	7(14.9%)
			④ 타고난 소질과 적성		4(4.3%)	0	0	4(8.5%)
			⑤ 무응답		16(17.4%)	3(14.4%)	6(25.0%)	7(14.9%)
제시한 기준에 대해	설문 응답자 (92명)	자신	동의 여부	동의한다.	72(78.3%)	16(76.2%)	20(83.3%)	36(76.6%)
				반대한다.	19(20.7%)	4(19.0%)	4(16.7%)	11(23.4%)
				무응답	1(1.1%)	1(4.8%)	0	0
			동의 정도(수치)		6.322	6.650	6.348	6.170
		부모들 (추측)	동의 여부	동의할 것이다.	84(91.3%)	17(81.0%)	23(95.8%)	44(93.6%)
				반대할 것이다.	6(6.5%)	2(9.5%)	1(4.2%)	3(6.4%)
				무응답	2(2.3%)	2(9.5%)	0	0
			동의 정도(수치)		7.337	7.053	7.391	7.426
	학부모 (실제) 80명		동의 여부	동의한다.	66(82.50%)			
				반대한다.	13(16.25%)			
				무응답	1(1.25%)			
			동의 정도(수치)		6.575			

(2) 수학 영재의 행동특성 요인들에 대한 동의와 우선순위

수학 영재의 행동특성에 대해 문헌 연구로부터 얻은 결과를 인지적, 정의적인 면으로 나누어 정리하고 그러한 항목들이 초등학교 5학년에서 중학교 2학년(5-8학년) 사이에서 필요한 능력인지에 대해 동의하는지를 알고자 하여 동의 여부를 표시하게 하였다. 또한 이들 중 대표적인 것을 모아 그들의 우선순위를 정하도록 하였다.

무응답자를 제외한 동의비율은 인지적인 면에서는 직관적 통찰 능력(98%), 시각화 및 공간지각 능력(94%), 수학적 추상화 능력(94%), 사고전환의 유연함과 융통성(92%), 수학적 추론 능력(90%)순으로 나타

난 반면 계산 능력(41%)에는 가장 많은 반대의사를 표시했다. 특별히 사고의 세련됨과 정교성(49%)은 5-8학년 수준에서는 그다지 많이 요구되는 능력이 아니라고 답했는데, 이 점에 대해서는 영재교육의 전문지식이나 경험이 없는 사람들의 반대비율이 높았다. 특별히 창의적인 측면에서는 사고전환의 유연함과 융통성(92%)이 가장 높고, 수학적 아이디어의 유창성(88%)이 아이디어의 기발함과 독창성(84%)보다 약간 높은 것으로 나타났는데, 전문지식이나 경험이 있는 사람들에게서는 반대로 기발함이나 독창성이 융통성보다 높게 나타났다.

〈표 Ⅳ-23〉 수학 영재의 주요 행동특성 요인에 대한 설문조사 결과

구분	항목	계				집단 Ⅰ			집단 Ⅱ			집단 Ⅲ		
		동의 정도 (수치)	찬성	반대	무응답	찬성	반대	무응답	찬성	반대	무응답	찬성	반대	무응답
인지적 특성	직관적 통찰 능력	.977	86	2	4	19	1	1	24	0	0	43	1	3
	수학적 추상화 능력	.938	76	5	11	17	1	3	20	3	1	39	1	7
	시각화 및 공간지각 능력	.938	75	5	12	16	2	3	22	0	2	37	3	7
	사고전환의 유연함과 융통성	.917	77	7	8	19	2	0	19	3	2	39	2	6
	수학적 추론 능력	.892	74	9	9	20	0	1	19	2	3	35	7	5
	수학적 사고의 유창성	.877	71	10	11	16	4	1	20	2	2	35	4	8
	아이디어의 기발함과 독창성	.841	74	14	4	17	3	1	21	3	0	36	8	3
	수학적 정보의 조직화 능력	.817	67	15	10	13	5	3	14	7	3	40	3	4
	수학적 일반화 능력	.802	65	16	11	14	5	2	17	3	4	34	8	5
	수학적 과제에 대한 집중력	.786	66	18	8	16	3	2	21	3	0	29	12	6
	수학적인 의사소통 능력	.713	57	23	12	15	4	2	15	6	3	27	13	7
	응용 및 적용 능력	.691	56	25	11	11	9	1	10	9	5	35	7	5
	자기반성의 메타인지 능력	.613	46	29	17	14	5	2	7	11	6	25	13	9
	수학적 정보에 대한 기억력	.560	47	37	8	12	7	2	11	12	1	24	18	5
	사고의 세련됨과 정교성	.488	39	41	12	13	7	1	11	10	3	15	24	8
	계산 능력	.405	32	47	13	7	12	2	9	13	2	16	22	9
정의적 특성	응용하고 탐구하려는 마음	.917	77	7	8	17	4	0	20	1	3	40	2	5
	수학적인 도전감과 자신감	.890	73	9	10	14	4	3	21	1	2	38	4	5
	수학에 대한 애착과 흥미 호기심	.863	69	11	12	17	2	2	19	23	3	33	7	7
	끈기와 과제 집착성	.818	63	14	15	16	2	3	18	3	3	29	9	9
	수학적 민감성	.779	60	17	15	13	5	3	15	6	3	32	6	9
	열린 마음(개방성)	.776	59	17	16	14	4	3	16	3	5	29	10	8
	애매모호함에 대한 참을성	.667	52	26	14	14	3	4	17	4	3	21	19	7
	보다 우아한 해법을 찾으려는 경향성	.636	49	28	15	16	5	0	9	9	6	24	14	9
	신념과 고집	.608	48	31	13	15	6	0	12	8	4	21	17	9
	수학적 가치에 대한 인식	.360	27	48	17	7	10	4	6	13	5	14	25	8

정의적인 측면에서는 응용하고 탐구하려는 마음(92%), 수학적인 도전
감과 자신감(89%), 수학에 대한 애착과 흥미 및 호기심(86%)의 순으로
나타났고, 수학적 가치에 대한 인식(36%)에서 가장 저조하였다. 한편, 전
문지식이나 교육 경험이 있는 사람들만을 대상으로 할 때는 끈기와 과제
집착성(87%), 애매모호함에 대한 참을성(82%), 신념과 고집(66%)이 전
체집단에서의 비율보다 상당히 상향되는 결과를 보여주었다.

종합적인 우선순위서는 수학적인 창의력(유연함, 융통성, 독창성, 만
들기 등)이 단연 1위이었고 그 다음으로는 직관적 통찰력과 전체적인
사고과정을 단축시키는 능력과 같은 인지적인 특성, 탐구-응용하려는
마음과 흥미와 호기심 및 애착과 같은 정의적인 측면이 그 뒤를 이었
다. 특히 '타고난 수학적 소질과 적성'에 대해서는 전문지식을 가지고
있거나(5위) 영재교육의 경험이 있는 사람들(8위)이 일반적인 수학자
나 수학교육자들(4위)보다 오히려 더 낮은 순위를 제시하였다.

〈표 Ⅳ-24〉 수학 영재의 행동특성 요인의 중요 우선순위 대한 설문조사 결과

구분	항목	계		집단 Ⅰ		집단 Ⅱ		집단 Ⅲ	
		점수	순위	점수	순위	점수	순위	점수	순위
종합적인 우선순위	수학적인 창의력(유연함, 융통성, 독창성, 만들기 등)	7.435	1	7.524	1	7.083	1	7.574	1
	직관적 통찰력과 전체적인 사고과정을 단축시키는 능력	6.391	2	5.667	2	6.708	2	6.553	2
	탐구, 응용하려는 마음과 흥미와 호기심, 애착	5.783	3	5.571	3	6.333	3	5.596	3
	응용, 적용, 일반화하는 등의 전반적인 반성능력	4.478	4	5.286	4	4.542	4	4.085	5
	타고난 수학적 소질과 적성	4.065	5	3.714	5	3.375	8	4.574	4
	수학에 대한 도전적이고 적극적인 자신감	3.674	6	3.524	7	3.917	5	3.617	6
	과제 집착성과 애매모호함에 대한 참을성	3.315	7	3.571	6	3.667	6	3.021	9
	수학적 정보에 대한 기억력과 집중력	3.228	8	3.048	9	3.458	7	3.191	7
	수학적인 의사소통 능력	2.967	9	3.143	8	2.458	11	3.149	8
	수학적 상황에 대한 민감함과 열린 마음	2.598	10	3.048	9	2.375	8	2.511	12
	빠르고 정확한 수리계산 능력	2.533	11	2.476	11	2.583	10	2.532	10
	보다 우아한 풀이와 해법에 대한 모색	2.424	12	2.286	12	2.333	12	2.532	10

(3) 수학 영재성을 판별할 수 있는 도구와 방법

수학 영재성을 판별할 수 있는 도구와 방법에 대해서는 수학적 창의
력 검사(1위)나 경시대회의 입상경력(4위)을 지능검사(8위)나 표준화
된 학력검사(6위)보다는 우선시하였으며 수학, 수학교육, 영재교육 분야
등에서의 전문가 추천을 2순위로 그 다음으로는 영재를 위한 지적, 정
의적 행동특성 체크리스트를 선호하였다.

〈표 Ⅳ-25〉 수학 영재성의 판별도구와 방법에 관한 설문조사 결과

구분	항목	계		집단 Ⅰ		집단 Ⅱ		집단 Ⅲ	
		점수	순위	점수	순위	점수	순위	점수	순위
수학 영재성의 판별 도구와 방법	수학적 창의력 검사에서 또래집단의 상위 일정비율 이내	6.462	1	6.250	1	6.125	1	6.723	1
	수학, 수학교육, 영재교육 전문가의 추천	5.780	2	5.900	2	5.958	2	5.638	3
	영재를 위한 지적, 정의적 행동 특성 체크리스트	5.462	3	4.750	4	5.500	3	5.745	2
	각종 수학 경시대회 입상경력과 그 성적	4.714	4	5.650	3	5.167	4	4.085	5
	지능검사(수리부문)의 상위 일정비율 이내	4.582	5	3.650	6	4.083	5	5.234	4
	개인 창작 노트나 개인 프로필	3.582	6	4.650	5	3.500	7	3.170	7
	표준화된 수학 학력 모의고사 상위 일정비율 이내	3.473	7	3.450	7	3.793	6	3.319	6
	지능검사의 상위 10% 이내	2.780	8	2.200	8	3.000	8	2.915	8
	교사나 학부모의 추천	2.385	9	1.175	10	1.958	9	2.872	9
	학생 생활기록부의 수학 성적과 그 내용	1.495	10	2.000	9	1.458	10	1.298	10

(4) 기타 - 영재교육을 활성화 방안

〈표 Ⅳ-26〉 영재교육을 활성화시키기 위해 시급히 해야 할 것들에
대한 설문조사 결과

구분	항목	계		집단 Ⅰ		집단 Ⅱ		집단 Ⅲ	
		점수	순위	점수	순위	점수	순위	점수	순위
영재 교육을 활성화 시키기 위해 시급히 해야 할 것들	실제로 운영할 수 있는 프로그램의 개발	6.375	1	6.550	1	6.826	1	6.067	1
	영재교육에 대한 전문 지식을 갖춘 전담교사 양성	5.398	2	5.800	2	5.130	3	5.356	3
	신뢰할 만한 영재 판별 검사 도구의 개발	5.307	3	4.800	4	5.739	2	5.311	4
	영재교육 프로그램 개발을 위한 전문적인 기초연구	5.227	4	4.550	5	5.087	4	5.600	2
	시설과 예산 확보를 위한 제도적 보장	4.943	5	5.700	3	5.000	5	4.578	6
	영재성과 영재교육에 대한 올바른 학문적 개념 정립	4.614	6	4.500	6	4.522	6	4.711	5
	영재와 영재교육에 대한 국민들의 사회적 의식의 전환	4.284	7	4.300	7	3.739	7	4.556	7
	각 분야별 특별 교재와 같은 참고할 만한 학습 자료	3.682	8	4.250	8	3.391	9	3.578	8
	현장에서 소규모로 적용할 수 있는 구체적인 학습지도 시안 개발	3.125	9	2.700	9	3.565	8	3.089	9

영재교육을 활성화시키기 위해 시급히 해야 할 일들에 대한 질문에
대해서는 대부분 응답자들이 공통적으로 "실제로 운영할 수 있는 프로
그램의 개발"을 1순위로 꼽았으나 그 다음으로는 집단의 특성상 의견
이 각각 달랐다. 2순위로는 전문가들은 영재교육에 대한 전문 지식을
갖춘 전담교사 양성을, 교육경험이 있는 사람들은 신뢰할 만한 영재 판
별 검사 도구의 개발을, 아직 영재교육에 대해 관심정도만 가지고 있는
수학자와 수학교육자들은 영재교육 프로그램 개발을 위한 전문적인 기

초연구부터 시작해야 한다는 의견을 제시하였다.

이상을 종합해볼 때, 실제로 운영할 수 있는 영재교육 프로그램 개발과 이를 위한 기초 연구가 미흡한 실정이며 특별히 프로그램의 운영을 맡을 전담교사의 양성과 이를 위한 제도적 여건의 마련이 절실히 요청되고 있는 상황이다.

다. 설문조사 결과의 종합

설문조사의 자료를 분석하기 위해 영재교육에 대한 전문지식을 가지고 있는 자들(집단 Ⅰ), 비록 전문적인 지식은 없지만 현장에서 영재들을 대면한 실제적인 경험이 많은 자들(집단 Ⅱ), 그리고 관심은 있지만 전문적인 지식이나 경험도 없는 자들(집단 Ⅲ)의 3개 집단으로 나누었다.

수학 영재성의 정의에 대한 수학교육자들의 견해는 아직도 정의적인 성향과 창의력을 고려하기보다는 지적인 부분의 뛰어난 문제해결 능력을 강조하는 전통적 성향을 보여주었다. 인지적인 면에서는 직관적 통찰 능력, 시각화 및 공간지각 능력, 수학적 추상화 능력, 사고전환의 유연함과 융통성, 수학적 추론 능력 등에 많은 가치를 부여하였으며, 계산 능력에 가장 많은 반대의사를 표시하였다. 특별히 5-8학년에서는 아직 사고의 깊이와 세련성을 대표하는 정교성은 그리 중요하지 않다고 대답하였다. 특별히 창의적인 측면에서는 사고전환의 유연함과 융통성, 수학적 아이디어의 유창성, 아이디어의 기발함과 독창성순으로 중요성이 지적되었다. 전문지식이나 경험이 있는 사람들에게서는 기발함이나 독창성이 융통성보다 약간 더 높게 나타났다.

정의적인 측면에서는 응용하고 탐구하려는 마음, 수학적인 도전감과 자신감, 수학에 대한 애착과 흥미 및 호기심이 높이 평가된 반면, 수학적 가치에 대한 인식이 가장 저조하였다. 한편, 전문가와 현장 교육자들은 끈기와 과제집착성, 애매모호함에 대한 참을성, 신념과 고집을 보다 중요시하였다.

4. 수학 영재교육 대상자 선발에 주는 시사점과
   선발 절차 모델

가. 수학 영재교육의 대상자 선발에 주는 시사점

여기서는 이상에서 살펴본 1, 2부 검사와 설문조사로부터 얻은 결과들을 가지고 실제로 수학 영재교육 프로그램을 위한 대상자를 선발하는 자료로 삼고자 할 때 그것이 주는 시사점에 대해 논의해보고자 한다.

올바른 수학 영재교육을 위해서는 수학 영재성과 수학 영재에 대한 분명한 정의가 필요하며 그 정의를 바탕으로 하여 그들의 영재성을 적절히 진단/측정하고 판별해내는 일이 무엇보다도 중요한 선결 조건이 된다. 영재의 판별은 영재들의 잠재력 계발이 목적인 영재교육 프로그램 참가자를 선정하기 위한 작업이다. 따라서 영재의 판별은 정의 및 프로그램의 목적과도 일관성이 있어야 한다. 영재성의 측정은 정의에서 밝힌 영재성의 각 요인을 제대로 측정할 수 있어야 하며, 적합한 도구를 사용해야 한다.

선발을 위한 구체적인 예를 들어, 지능 검사와 1, 2부 검사에서 95명 중 상위 30명을 선발한다고 가정하여 각 검사의 석차 순으로 고득점자군(30명), 저득점자군(30명), 탈락자군(35명)으로 분류하여 보았다.

〈표 Ⅳ-27〉 지능, 1, 2부 검사 성적 기준에 비추어 고득점자가 탈락된 수와 저득점자가 선발된 수 비교

구분	내용	입상경력	지능	1부	2부	계산전략	문제해결	재정의	규칙발견	만들기	유창성	융통성	독창성
경시대회입상 무 경력자 또는 탈락자군이 선발된 수	지능 검사 기준	17	-	6	6	9	9	9	9	11	12	12	8
	1부 검사 성적 기준	8	5	-	0	4	2	6	4	2	4	4	2
	2부 검사 성적 기준	10	3	3	-	3	1	3	1	3	0	0	2
경시대회 입상 유 경력자 또는 고득점자가 탈락된 수	지능 검사 기준	8	-	7	6	7	6	9	6	10	6	6	6
	1부 검사 성적 기준	1	7	-	3	7	4	6	6	7	5	5	2
	2부 검사 성적 기준	2	6	0	-	3	0	1	3	5	1	1	0

〈표 Ⅳ-27〉과 [부록 9]에서 보는 바와 같이 지능이나 1부의 점수를 기준으로 선별하였을 때는 고지능군이나 1, 2부 검사의 요인별 점수에서 30등 이내의 고득점 학생들이 탈락하거나 오히려 60등 이하의 탈락자 군에 속하는 학생들이 선발되는 경우가 많이 나타났으나 2부 성적을 기준으로 선별하였을 때는 이러한 현상이 전혀 없던지 매우 줄어드는 것을 발견했다. 또 1부 검사의 성격과 비슷한 경시대회 입상 경력자가 선발되거나 탈락되는 경우는 2부 검사의 성적을 기준으로 하였을 때도 1부 검사의 경우에 비해 크게 다르지 않았다.

이는 지능이나 문제해결력이 뛰어난 아이들이 여타 특성까지도 뛰어나다고 말할 수는 없을지라도 반대로 창의적인 특성을 지닌 아이들은 오히려 문제해결력까지도 뛰어날 것이라는 점을 시사해 준다.

따라서 수학 영재교육 프로그램의 운영 방향은 지적인 문제해결력 위주에서 벗어나 창의성을 길러주고 덧붙여 흥미와 태도, 성향을 계발시키는 창의적인 환경을 만들어 주는 데에 초점을 맞추어야 할 것이다. 프로그램의 참가 대상자 판별에 있어서도 고난이도의 지적 문제해결을 위주로 하기보다는 창의적인 문제해결력(특히, 융통성과 독창성)을 고려하는 판

별이 되어야 할 것이다. 다만, 창의적인 문제해결력 검사(2부)를 실시함에 있어 채점에 드는 많은 시간과 비용을 감안하여 1부 검사를 통하여 일정한 비율과 정도에 해당하는 학생들만을 대상으로 실시하는 것도 고려할 만하다.

행동특성 검사의 결과는 객관성이 보장되지 않는 한 일정한 점수로 환산하여 반영하기가 매우 곤란하다. 그러므로 수학 영재교육 프로그램 대상자 선발 과정에서 최종적으로 선정 위원회가 구성되면 그 위원회에서 학생들의 프로그램 참가의 목적과 자신의 가치관을 적은 사유서와 함께 면접용으로 활용할 수도 있고 프로그램을 운영하면서 지도 교사가 학생을 개별적으로 지도하는 자료로 활용되는 것도 가능하다.

특히 모든 요인에 대한 점수 합계보다는 프로그램을 운영하고자 하는 방향과 일치하는 특정한 요인에 대한 점수만을 고려하는 것이 보다 더 바람직할 것이다.

영재교육 전문가나 일반 수학교육 학자들을 대상으로 한 설문조사의 결과는 실제로 운영할 수 있는 수학 영재교육 프로그램의 개발이 가장 시급한 것으로 나타났다. 그런데도 프로그램 개발을 위한 기초연구가 미흡한 실정이며 특별히 프로그램의 운영을 맡을 전담교사의 양성과 이를 위한 제도적 여건의 마련이 절실히 요청되고 있는 상황이다. 수학 영재교육 프로그램 대상자의 선발을 위한 수학 영재성 판별 도구와 방법에 대해서는 수학적 창의력 검사(1위)나 경시대회의 입상경력(4위)을 지능검사(8위)나 표준화된 학력검사(6위)보다는 우선시하고 있으며 전문가의 추천과 영재를 위한 지적, 정의적 행동특성 체크리스트가 2, 3 순위였다. 영재성의 판별을 위한 창의력과 행동특성 검사 도구의 개발이 매우 필요하다고 생각된다.

나. 선발 절차 모델의 예시

　수학 영재성의 측정과 수학 영재교육 프로그램 대상자 선발 기준과 절차에 관한 이상의 논의점을 참고하여 영재프로그램을 운영하고자하는 기관의 성격별로 개선 안을 제시하면 다음과 같다.

　하나는 일반 학교에서 조기 진급 또는 조기 졸업자를 위한 속진반을 운영하고자 하는 경우와 수학 영재교육 프로그램을 개설하고자 하는 특수 목적 학교의 경우이다. 조기 진급 또는 조기 졸업을 위한 속진 대상자는 수학뿐만 아니라 다른 교과에서도 속진의 자격 기준을 갖추어야 한다. 뿐만 아니라 수학 영재성의 여러 요인들 중 어느 특정한 부분이라기보다는 가급적 모든 요인을 골고루 다 갖추어야 한다. 특히 상급 학년에 적응할 수 있는 학업 성취도가 더욱 높아야 한다. 속진자를 위해서는 상급 학년 수준의 검사에 응시한 결과를 참조할 필요도 있다. 그러므로 그 대상자는 소수가 될 수밖에 없다. 특수 목적 학교의 경우도 마찬가지로 수학만을 위한 특수 목적 학교가 아닌 한 신입생 선발을 위한 입학시험을 위해서는 다른 교과의 성적을 함께 고려하지 않을 수 없다. 수학 분야에만 두드러진 능력을 나타내는 학생들은 이와 같은 교육 프로그램에 참여할 수가 없다. 뿐만 아니라 이러한 속진 또는 입학시험의 경우는 특히 예민한 반응을 보이는 피교육자들이 많기 때문에 극히 공정하지 않으면 안 된다.

　다른 하나는 수학 영재교육에 관심이 있는 지역 단위의 교육청 또는 기타 각종 교육 기관에서 수학 영재반이나 영재교육 프로그램을 운영하고자 하는 경우이다. 이러한 기관에서 수학 영재교육 프로그램의 참가 대상자를 선발하고자 할 때 고려하는 학생들의 학업 성적이나 지능 지수 등의 결과는 서로 상대적임을 염두에 두어야 한다. 또 교사나 학교장의 추천 기준도 각각 다르다. 따라서 교육 프로그램 참여 지원자 전체를 대상으로 한 표준화된 검사 도구에 주로 의존할 수밖에 없다.

그러나 이런 경우 어떤 검사 도구를 사용할 것인지를 결정하는 것이 쉽지 않고 설령 선정하거나 자체 개발한 검사 도구를 사용하더라도, 총점제에 의한 일회적 판단이 되기 쉽다. 그러므로 이런 경우는 기존의 여러 가지 검사 결과들 중 몇 가지 이상에서 특이한 결과를 보이는 학생들을 우선으로 선발하여 다양한 유형의 능력을 소유한 학생들이 함께 참여하는 포괄적인 집단 구성을 고려해볼 수 있을 것이다.

두 번째 경우를 예로 하여 수학 영재교육 프로그램을 위한 대상자 판별 기준과 도구, 절차를 그림으로 나타내 보면 [그림 Ⅳ-3], [그림 Ⅳ-4]와 같다. 여기서는 정원이 30명인 수학 영재교육 프로그램의 경우를 예로 들어 설명하기로 한다. 교육 프로그램의 정원을 기준으로 정한 것은 영재교육에 대한 인식의 전환이 일어나고 행, 재정적인 지원이 늘어남에 따라 교육 프로그램에 참가를 지원하는 학생들의 수가 달라질 수 있기 때문이다. 만약 표본 집단이나 지원자의 일정 비율을 기준으로 하면 그 수가 매번 달라질 것이다. 여기서의 비율이나 배수는 각 교육기관의 형편에 따라 적절히 조절할 수 있다. 예를 들어, (1)의 비율을 정원의 20%로 하든지 (2)의 배수를 정원의 5배로 늘릴 수도 있다.

특히 주목하고자 하는 것은 수학 영재성의 정의에 기초한 다양하고 타당한 판별도구를 사용하되 여러 가지의 판별도구들이 판별의 절차상 어느 곳에서 사용되고 또한 그 결과들이 어떻게 활용될 수 있을지에 대한 것이다.

$\boxed{\text{1차 선별}}$

(0) **기존의 각종 검사 결과의 종합(정원의 10배수 내외)**: IQ, 개인 지능검사의 수리 성적, 직전 학년 1년간(또는 전 학년)의 수학 학업 성적 평균, 학업 성취도 검사(또는 기타 참고할 만한 검사 정보)에서 해당 학년이나 연령의 1.34 σ(표준편차) 이상(10% 이내)인 자를 대상 자격으로 하여 이상의 검사 중 우수한 몇 가지만을 고려한다. 단, 저학년의 경우에는 (개인) 지능검사에, 고학년인 경우는 학업 성취도 검사에 더 많은 비중을 둘 수 있다.

* 이 검사들이 절대 점수보다는 표준편차 범위 내로 하는 이유는 각 검사의 종류가 서로 다를 수 있기 때문이다.

(1) 이런 학생들을 대상으로 **수학 문제해결력 검사**(1부, 또는 각 기관에서 별도로 제작한 기타의 수학적 사고능력 검사)를 실시하여 프로그램 정원의 3배수 정도인 90명을 선정한다.

(2) **수학 교사 또는 수학 전문가의 판단에 의한 추천(정원의 10%)**: 각종 검사 도구에서는 좋은 결과를 보여주지는 못하지만 학습 활동에서의 특이한 행동이나 수학적 능력을 보여주는 자를 대상으로 한다. 이들의 개인 portfolio나 연구 노트, 발표문, 공인된 경시 대회 등과 같은 학교 내・외에서의 여러 행동/산출물 등을 바탕으로 하여 수학 교사나 전문가가 추천한 자를 프로그램 정원의 10% 정도인 3명 내외로 선발한다. 이들은 위의 (1)에 구애받지 않고 먼저 선발하여 3차 판별의 대상자로 정한다.

2차 변별

(3) 1차 대상자인 90명(또는 93명)을 대상으로 **수학 창의적 문제해결력 검사**(2부, 또는 각 기관에서 별도로 제작한 기타의 수학적 창의력 검사)를 실시하여 프로그램 정원의 1.5배수인 45명을 선정한다.

만약, 두 가지 이상의 성격을 갖는 검사를 실시한다면 이들 검사 점수의 합산 점수보다는 각각의 검사에서의 두드러진 성적을 보이는 자를 우선적으로 선발한다. 또, 1차 선별의 (2)에 해당하는 자는 2차 변별 과정의 검사를 거치지 않고 직접 3차 판별 대상자로 지정되기는 하지만 가급적 (3)의 검사도 실시하여 그 자료를 3차 판별 과정이나 제공하고자 하는 프로그램의 참고 자료로 삼을 수 있다.

3차 판별

2차 변별을 통과한 학생 45명과 1차에서 직접 올라온 학생 3명 및 1, 2차 선별/변별 과정에서 탈락한 자라도 (1)-(3) 중 2가지 이상의 영역에서 2차로 변별된 자의 상위 10% 범위 이내에 들어가는 자가 있는 경우는 이 인원 3명 내외를 합하여 최소 45명, 최대 51명을 대상으로

(4) 지도교사, 부모, 학생용의 **수학적 행동특성 검사지**를 나누어주어 체크해

오게 하며, 학생들의 교육 프로그램 참가 사유서를 받는다.

(5) 수학 영재교육 전문가나 해당 프로그램 담당자를 포함한 선정 위원회를 구성하여 (4)의 행동특성 검사 결과와 프로그램 참가 사유서에 나타난 분명한 목적의식과 태도, 가치관을 참고하면서 프로그램 수행을 위한 신체적, 정신적, 사회적 성숙 정도의 종합 서류 심사 및 면접

(6) 기타(각 교육프로그램에서 요구하는 특별사항)의 과정을 거쳐 결격 사유가 있는 학생을 제외한 학생들을 대상으로 하여 (1)-(6) 중 전체적으로 우수하되 **특이한 성적이 있는 학생들을 고려하여 선정한다.** 이때 프로그램이 허락하는 정원 이내인 30명을 최종 프로그램 교육 대상자로 한다.

> ## 정 치
>
> - 교육 프로그램의 목적과 운영에 적합한 범위 내(30명 이내)에서 최종 선발, 정치한다.
> - 위의 각 단계의 판별 절차나 도구로는 잘 판별되지 않는 별도의 특수한 수학 영재를 발견했을 경우는 해당 프로그램에 가입시키기보다는 별도의 전문가에 의한 특별 지도를 받게 한다.

[그림 Ⅳ-3] 수학 영재교육 대상자 선발 절차(1)

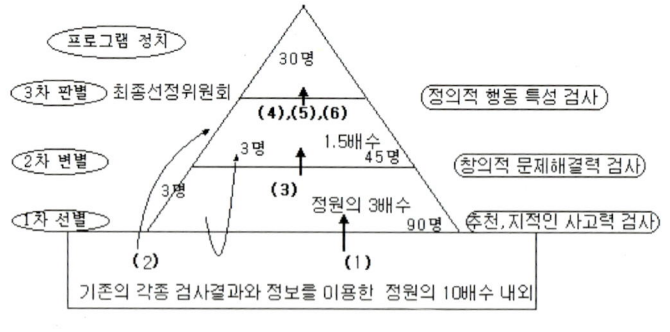

[그림 Ⅳ-4] 수학 영재교육 대상자 선발 절차(2)

28) 위의 예시 모델을 적용하여 선발한 경우를 [부록 10]에 실었다.

V. 결론 및 시사점과 제언

1. 결론

본 연구에서는 수학 영재성을 정의하고 판별하는 활동은 영재에 대한 규정이나 최종적인 판별 자체보다는 수학 영재성을 갖고 있는 영재들의 잠재적인 능력 함양을 위한 중학교 수준의 영재교육 프로그램의 개발을 전제로 하면서 프로그램 참가 대상자를 선별하는 활동에 초점을 맞추었다. 이를 위해 3가지의 연구 문제를 설정하고 그에 대한 답을 얻기 위해 실험 및 조사연구를 실시하였다. 그리고 이러한 연구문제들의 결론으로부터 영재교육 프로그램의 대상자 선발 원칙과 기준, 도구, 절차 등을 구체적으로 제언하는 것이 연구의 주된 목적이었다.

먼저 문헌 연구를 통해 영재와 영재성, 영재성과 재능에 대한 개념을 정리하고 특히 수학 영재성에 대한 몇 가지 유형의 연구들을 비교, 고찰함으로써 수학 영재성의 구성 요인과 행동특성을 정리하였다. 나아가 수학 영재교육 프로그램 대상자의 범위와 그 대상자를 선별하기 위한 원칙과 선별 기준, 도구, 절차 등에 관한 세계 각국의 사례를 고찰하고 우리나라 초등학교 6학년에 적합한 실제적인 판별 소도구(수학 창의적 문제해결력 검사지(1, 2부)와 수학적 행동특성 검사지)를 개발하여 적용, 분석해보았다.

'수학 영재성'이란 선천적으로 타고난 소질과 적성 및 후천적으로 학습한 수학에 대한 기초 지식을 배경으로 하여 수학적인 문제를 해결하고자 하는 지적, 정의적인 행동특성이 수학적 사고 기능과 긍정적으로 조화롭게 작용하여[29] 특별한 수학적 과제를 창의적으로 수행해낼 수 있는 잠재적 가능성을 말하며, 이러한 수학 영재성이 이미 탁월한 성취로 나타난 능력을 '수학적 재능'이라 한다. '수학 영재'는 이러한 수학 영재성을 가지고 수학 분야에서 이미 탁월한 성취를 보이고 있거나 보일 가능성이 있는 자를 말한다. 수학 영재는 정규 교육 과정이 제공하는 것 이상의 변별적인 교육 프로그램이나 그들에게 적합한 별도의 도움을 필요로 한다. 수학 영재교육의 목적은 수학 영재성(수학에 대한 소질과 적성, 창의성, 과제집착 성향)을 수학적 재능으로 발휘하여 성취할 수 있도록 돕는 것이다.

중학교 수학 영재교육 프로그램 대상자 선발에 기여하고자 고안한 본 실험연구에서는 우선 조사 대상자를 선정하는 기준이 필요하였다. 초등학교 5-6학년 중 IQ 121 이상(상위 10% 이내)이고 수리부문은 상위 3% 이내이며, 문제해결력 검사에서 중학교 2학년의 상위 7% 이내에 드는 자를 수학 문제해결력이 뛰어난 수학 영재로 가정하고 출발하였다.

이러한 조건을 만족시키기 위해 전국 규모의 수학 경시대회 입상경력이 있는 초등학교 5-6학년 학생 30여 명을 포함하여 이들과 함께 공부하고 있는 우수 학생 110명을 대상으로 KEDI 집단용 지능검사와 함께 문제해결력 검사지(1부), 창의적 문제해결력 검사지(2부), 행동특성 검사지(교사용, 부모용, 학생용)를 만들어 적용하였다. 지능 조건을 만족하는 95명을 1차로 선발하고 이 중 수학 문제해결력 조건을 만족하는 대상자 60명을 확인하였다. 이들을 고득점자군(30명)과 저득점자군(30명), 그리고 나머지의 탈락자군(35명)으로 분류하였다. 이들을 대상

---

29) 물론 문제 해결과 새로운 수학적 창조를 위해서는 수학뿐만 아니라 관련 교과의 내용에 대한 배경 지식도 무시하지는 못할 요인이다. 그러나 무엇을 얼마나 알고 있는가 하는 지식의 내용이나 양보다는 그 내용을 어떻게 활용하고 넓고 깊게 조직해내는가 하는 사고 능력에 교육의 관심이 맞추어져 가고 있으며, 더욱 사고 기술보다는 그런 사고를 하도록 유발하는 태도와 성향의 개발에 관심이 쏠리고 있는 추세이다.

으로 검사를 실시하여 연구문제에 대한 해답을 찾고자 하였다.

서론에서 제기했던 3가지 연구 문제에 대하여 답하기 위해 이들을 보다 작은 문제로 나누었다. 그 문제를 해결하기 위해 사용한 방법론과 결과를 정리해보면 다음과 같다.

1) 지능검사와 고난이도의 사고력을 위주로 한 수학 문제해결력 검사 또는 경시대회 입상경력을 통해 판별된 영재들이 창의적 문제해결력에서도 탁월한가?

1-1) 답이 하나인 전통적인 문제해결 능력 검사와는 달리 수학 영재들의 보다 창의적인 문제해결 능력을 알아볼 수 있는 방법은 없는가?

수학에서의 창의성에 대한 연구 문헌과 현재 개발 연구가 진행되고 있는 KEDI의 수학 창의적 문제해결력 검사 도구(기초연구 편)를 모델로 하여 아이디어의 유창성뿐만 아니라 사고의 전환이나 특이하고 유용한 풀이방법을 통한 사고의 융통성과 독창성 등을 측정할 수 있도록 여러 가지의 창의적인 답안이 가능한 창의적 문제해결력 검사지(2부)를 만들었다. 보다 질적인 접근이 시도되어야 하지만 본 연구에서는 확산적 산출물 검사지를 통한 창의성 연구로 제한하였다. 2부 검사지는 여러 개의 답안이 가능한 창의적인 문제를 통해 다양한 방법의 계산전략, 문제해결, 재정의, 사실/규칙 발견하기나 문제 만들기와 같은 창조적인 수학 활동을 경험하게 하면서 수학적 창의력을 측정하는 데 초점을 두었다.

1-2) 2부의 독특하고 다양한 답안이 가능한 창의적 문제해결력 검사가 1부의 전통적인 문제해결력 검사나 경시대회 입상경력 간의 상관관계와 그 차이점은 무엇인가? 특히 2부 검사까지 고려해야 할 만한 중요한 이유는 무엇인가?

2부 검사에서 문항의 내용 성격(계산전략, 문제해결, 재정의, 규칙발견, 문제 만들기)을 수학적 창의성의 구성요인(유창성, 융통성, 독창성)

으로 나누어 각각에 대해 IQ, 경시대회 입상경력, 1부 검사 등과의 상관계수를 알아보았다(〈표 Ⅳ-4〉 참고). 2부 검사가 이들과 통계적으로 유의미한 적당한 상관관계를 나타내주므로 2부 검사는 이들과는 다른 능력을 잴 수 있다는 것이 확인되었다. 이 2부 검사지를 통해 기존의 전통적인 방법(즉, IQ와 학년을 뛰어넘는 수준의 문제해결력검사를 이용한 한 가지 방법)으로 판별된 영재들이 적절히 판별된 것인지를 검증해본 결과, 전통적으로 사용되던 판별도구 외에 창의적인 문제해결 능력을 측정하는 검사지가 더 필요하며 판별 도구의 개선이 필요하다는 점을 발견하였다.

1-3) 지능이 높고 문제해결력 검사(1부) 성적이 우수한 학생이 창의적 문제해결력 검사(2부)에서도 우수한가? 또 각종 수학 경시대회의 입상 경력이 있어서 수학적인 재능이 있다고 판별난 아동이 이 검사(1, 2부)에서는 어떤 위치를 차지하고 있는가? 전통적인 방법으로는 영재로 판별되지 못한 아동 중 2부 검사에서 뛰어난 성적을 거두는 경우는 없는가?

각 검사의 고득점자군과 저득점자군 그리고 입상경력의 유무자 집단 간의 평균 차에 대한 검증(t검증)을 실시하였다. 1부 성적이 우수한 학생들이 2부에서도 전반적으로 우수한 성적을 나타내고 있었지만 주어진 조건에 따라 개념을 재정・재정의하거나 새로운 규칙을 발견해내고 문제를 만드는 항목에서는 상대적으로 그만큼 뛰어나다고 볼 수 없었다. 경시대회의 입상경력이 있는 학생들도 그렇지 않은 학생들에 비해 새로운 규칙을 발견해내고 문제를 만드는 등에서의 능력은 다른 항목들에 비해 상대적으로 그만큼 두드러진 차이를 보이지 않았다.

또 1부 검사에서 우수한 학생들이 2부 검사에서도 우수한 성적을 낼 것이라는 가정을 뒤집어서 오히려 "2부 검사에서 우수한 성적을 내는 학생들이 1부의 문제해결력도 뛰어나지 않을까?"라는 질문에 대한 답을 검증해 봄으로써 영재교육 프로그램의 운영이 창의력 신장을 통한 문제해결 능력 향상에로 접근할 수 있다는 새로운 가설을 발견하게 되었다. IQ, 1, 2부 검사에서 기준 이상의 득점을 보인 학생들을 다시 고득점자군과 저득점자군으로 나누어 분류하여 보았을 때 IQ나 1부 점수를 기준으로 선별하였을 때 탈락한 학생들 중에는 다른 검사 성적에서 고득점을 얻은 학생들도 있었지만 2부 성적을 기준으로 선별하였을 때는 다른 검사에서의 고득점자가 탈락하는 경우는 전혀 없든지 훨씬 줄어들었다.

2) 우리나라의 초등학교 5-6학년 수학 영재들에게 나타나는 지적, 정의적 행동특성에는 어떤 것들이 있고, 이것이 지능이나 경시대회 입상경력, 1, 2부와 같은 다른 검사들과는 어떤 상관과 차이를 보여주는가?

기존의 연구 문헌에서 밝히고 있는 수학 영재의 지적, 정의적 행동특성들을 종합 정리하고 이러한 행동특성들이 구체적으로 어떻게 나타나는가, 또 어떤 방법으로 측정해볼 수 있는가를 밝히고자 하였다. 이를 위해 먼저 문헌에서 살펴본 수학 영재의 지적, 정의적 행동특성들을 토대로 기존의 지필 검사지만으로는 잘 드러나지 않는 특성들(특히, 과제집착 성향)을 점검해볼 수 있는 한 가지 도구로서 수학적 행동특성 체크리스트(교사용, 부모용, 학생용)를 만들었다. 1, 2부 검사에 참여한 학생들에게 실시한 자료를 내용 타당성이 있는 항목별로 분류하여 이들 중 어떤 요인이 기존의 지필검사들과 상관관계가 있는지를 살펴 수학 영재성을 측정하는 도구로서의 의미와 이러한 측정과 판별이 주는 시사점에 대한 논의를 통해 교육적인 환경이 창의적 문제해결 능력에 미치는 영향들을 고려해볼 수 있었다.

2-1) 행동특성 검사의 교사용, 부모용, 학생용 간의 상관관계는 어떠하며 이들 중에서 어느 것이 1부 또는 2부, 지능 검사, 경시대회 입상경력과 가장 상관이 있는가?

교사는 여러 학생들을 비교적 객관적으로 평가한다고 가정할 수 있으며, 부모와 학생들은 각종 검사에서 학생의 능력을 주관적으로 평가하여 상대적 우위를 고려하지 않을 수 있다. 상대적으로 특별히 뛰어난 학생들도 자신의 능력이 그다지 특이하다고 여기지 않고 있다는 점이 발견되었다. 실제로 교사용의 행동특성 검사 결과가 경시대회 입상경력, 1, 2부 검사 성적과 가장 높은 상관관계를 보여주었다. 그러나 IQ 121 이상의 고지능 집단에서는 지능과 수학적 행동특성 검사와의 상관이 낮았다.

3종의 행동특성 검사 모두 지능이나 경시대회 입상경력보다는 1, 2부 검사 성적과 더 높은 상관을 나타냈다. 행동특성의 요인들 중 교사용에서는 적성과 창의력이, 부모와 학생용에서는 태도와 창의력이 다른 검사 성적과의 상관관계가 높게 나타났고 계산력이나 일반정신능력과는 상관이 낮았다.

교사나 전문가의 추천이 객관적으로 이루어지기 위해서는 그들의 판단을 도울 수 있는 도구가 필요하다고 할 때 이런 행동특성 검사지를 이용할 수도 있을 것이지만 종합적인 성적보다는 프로그램의 목적과 방향이 요구하는 개별 요인의 성적을 고려하는 것이 보다 더 나을 것이다.

2-2) 행동특성 검사 결과로 나타난 학생들의 수학적 행동특성과 수학을 계속 공부하고 하고자 하는 욕구 등이 각종 지필 검사의 성적과는 어떤 상관이 있으며 고득점자와 저득점자 또는 경시대회 입상 경력 유무별의 집단 간에는 어떤 차이가 있는가?

행동특성 검사지에 의하면 지필 검사의 결과에서 교사와 부모들은 경시대회 입상경력이 있거나 1부 성적이 더 우수한 학생들에 대해 적성, 태도, 성향, 창의력, 반성능력에서 유의미한 차이를 두고 평가하고 있으며, 학생들은 1부 성적이 우수한 학생들의 경우 태도, 성향, 창의력, 반성능력 요인에서 2부 성적이 우수한 학생들의 경우는 창의력 요인에서 유의미한 차이를 보였다. 그러나 학생들의 경우 경시대회 입상경력 유무에 따라서는 어느 요인에서도 전혀 차이를 보이지 않았다.

"학생이 계속 공부하고자 하는 의지"가 다른 요인들과 어떤 상관이 있는지를 알아본 결과, 학생이 계속 공부하려는 의지는 태도 요인과 창의력 요인에 상관이 있는 것으로 나타났다. 특히 36번 문항의 응답 중에서 경시대회 입상경력도 있고 1부 검사에서도 점수가 높은 학생이 수학에 대한 흥미를 잃어버리고 학습 욕구를 상실해 버린 경우가 있었던 점은 향후 수학 영재교육 프로그램 개발에 있어서 학습 동기를 부여와 창의력 계발을 고려하여야 할 필요성을 제언할 근거가 된다.

3) 우리나라의 영재교육 전문가, 현장경험이 풍부한 영재교육 지도교사, 수학자 또는 수학교육학자들은 각각 수학 영재성에 대한 정의와 판별에 관련하여 어떤 의견과 동의 및 반응을 보이는가?

우리나라의 교육적 여건에 비추어 수학 영재들을 위한 수학 영재교육 프로그램을 개발하기에 앞서 학자와 전문가들의 의견을 통한 실태 파악과 시사점을 알아보았다. 영재교육 전문가와 수학자 또는 수학교육학자, 현장에서 수학 영재를 지도하고 있는 교사들, 학부모들 중에서 특별히 수학 영재교육에 관심이 있는 사람들을 대상으로 그들은 수학 영재성에 대해 어떻게 정의를 내리고 있는지와 영재의 행동특성(지적 – 정의적 – 창의적 특성) 중에서 어떤 부분들을 동의하고 또 중요시하는 지, 수학 영재성을 측정하고 판별하는 구체적인 방법과 도구, 수학 영재교육을 활성화시키기 위하여 시급히 해야 할 것 등에 대해 설문을 통한 의견을 조사해보았다.

이상의 연구 결과와 시사점을 토대로 하여 영재교육 프로그램 참가 대상자 선발을 위한 예시 모델을 개발하였고 이를 적용한 결과는 [부록 10]에 실어 두었다.

2. 시사점과 제언

　이상의 실험과 조사 연구를 바탕으로 장차 어떤 방향으로 수학 영재 교육 프로그램이 조직되고 개설되어야 할 것인가에 대해 시사점을 도출하고 이를 통해 몇 가지를 제안하고자 한다.

　수학 영재성을 측정하고 판별하는 일은 수학 영재성에 대한 정의와 요인에 기초한 판별이어야 하며 영재에 대한 규정적이고 최종적인 판별 그 자체보다는 수학 영재성을 갖고 있는 수학 영재의 잠재적인 능력을 계발시키기 위한 교육 프로그램을 제공할 것을 전제로 해야 한다. 교육 프로그램의 대상자는 각종 검사의 종합 성적이 우수한 학생들을 일률적으로 선발하기보다는 수학 영재의 특성별 요인 점수와 그들의 참가 의지나 욕구가 수학 영재교육 프로그램의 목적이나 방향과도 부합하여 개개인의 역량 계발에 도움을 얻을 수 있다고 판단된 학생들을 위주로 선발하여야 한다.

　본 연구에서는 창의성(2부 검사)이 뛰어난 학생들이 대체로 문제해결력(1부 검사)도 뛰어난 것으로 나타났다. 이는 창의성과 과제집착 성향 등의 특성을 지닌 학생들이 문제해결력의 향상도도 대체로 평균 수준보다 높을 것이라는 가정을 가능하게 한다. 또한, 문제해결력이 뛰어난 학생들이 여타 특성까지도 뛰어나다고 말할 수는 없으나 반대로 창의적인 특성을 지닌 학생들은 문제해결 능력까지도 뛰어나다는 점을 나타내었다. 또한 문제해결 능력이 뛰어나고 수학 경시대회의 입상경력도 있다 할지라도 교사나 부모의 기대와는 반대로 수학을 계속 공부하고 싶어 하는 욕구나 흥미를 상실해 버린 학생들이 적지 않았다.

　이러한 사실들이 수학교육에 시사하는 바는 기존의 수학교육 정책이나 방향이 문제해결력을 향상시키는 데 주력해왔지만 오히려 반대로 창의성과 과제집착 성향 등 영재의 기본 특성이라고 할 수 있는 특성들을 개발시켜준다면 문제해결력도 더불어 향상될 수 있으리라는 점이다.

최근의 교육계는 점차 창의력과 융통성, 응용력을 강조하여 다변화 시대에 보다 높은 적응력을 가진 인간을 양성하는 부분에 초점을 두는 열린 교육 지향의 경향이 있다. 이 점은 수학교육에서도 결코 도외시되어서는 안 될 점이라고 생각한다. 그동안 평가도구 자체도 부족하지만 상대적으로 중요성이 간과되어온 창의적 문제 해결력 검사에서 드러내려는 특성들에 대한 재평가가 필요하며, 수학적으로 열린 사고를 개발해주는 방향으로 교육이 이루어질 때보다 삶의 질을 풍성하게 하고 인간적 성숙과 개인의 사회적 성취도를 높이는 데 기여하는 실제적인 학문으로서의 수학교육의 성과가 높아지게 되리라 기대해본다.

설문조사에서 밝혀진 사실은 수학 영재성의 정의에 대한 대부분 수학교육학자들의 견해가 정의적인 성향과 창의력 모두를 고려하기보다는 아직도 지적인 부분이 뛰어난 문제해결력을 강조하는 전통적 성향을 보여주었다. 실제로 운영할 수 있는 영재교육 프로그램 개발과 이를 위한 기초연구가 미흡한 실정이며 특별히 프로그램의 운영을 맡을 전담교사의 양성과 이를 위한 제도적 여건의 마련이 절실히 요청되고 있는 상황이다.

본 연구는 앞으로의 수학 영재교육의 연구 방향과 기초 자료로 사용되거나 수학 영재교육 프로그램을 개설하고자 하는 특수 목적 학교(수학·과학 중학교)나 영재교육에 관심이 있는 시, 군, 구 단위의 교육청 또는 기타 영재교육 기관에서 중학교 수준의 수학 영재반을 운영하고자 할 때 대상자 판별 및 프로그램의 조직에 도움이 될 수 있을 것이다. 또한 수학 영재에 대한 보다 개선되고 구체화된 정의와 판별의 기준을 가지고 수학 영재성의 측정과 판별을 위한 검사 도구를 개발하고자 할 때도 방향을 제공해 줄 수 있을 것이다. 특별히 지적인 면에 치우친 현실적인 수학교육 철학 및 방법론을 정의적, 창의적인 측면에서 새롭게 점검해볼 수 있는 계기가 될 것으로 기대된다.

본 연구의 범위를 넘어서는 문제는 후속 연구 과제로 남겨 두면서 몇 가지 제언을 덧붙이고자 한다.

(1) 영재교육은 '소수의 똑똑한 학생들만을 위한 교육'이라는 소극적인 차원보다 '학생들의 능력과 적성, 흥미를 고려하고 그들의 영재성을 계발시켜 주는 교육'이라는 적극적인 차원으로 인식되어야 한다. 영재교육이 효과적으로 정착되기 위해서는 먼저 영재교육에 대한 부정적인 인식과 상대적인 경쟁의식이 바뀌어야 한다. 그리고 영재교육도 일반 학생들을 위한 교육과 맥락을 같이 하며, 그 범주 안에서 실시될 수 있는 법적, 제도적 방안이 강구되어야 한다.

(2) 영재 판별을 위한 기존의 검사 도구를 최대한 활용할 뿐만 아니라, 특히 수학적 창의성을 포함한 수학적 능력을 잴 수 있는 다양한 검사 도구(창의적 문제해결력 검사 도구, 구술시험 검사 도구, 구체물을 활용하는 검사 도구 등)가 연구/개발되어야 한다. 특히 본고에서 5-6학년으로 제한하여 예시하고 있는 여러 가지 수학적 사고 조작 능력, 수학적 창의성, 수학 과제집착력 등의 요인을 보다 범위를 넓혀 각 학년이나 수준에서 종합적으로 측정하고 적용할 수 있는 타당한 평가도구의 개발과 검증이 요구된다.

(3) 영재들의 정의적 특성과 창의적인 문제해결 사고과정에 대한 질적 연구가 필요하다. 대부분의 영재교육 프로그램이 학생들의 정의적 특성을 거의 간과하고 있다. Bloom의 교육목표 분류학이나 지능의 구조(Meeker, 1969)와 같은 교육과정 모델과 심화 패러다임은 인지 발달, 문제해결 기술의 자극, 사고와 지적 성장의 유사한 측면들에 집중되어 있다. 영재의 감정, 가치, 흥미, 도덕, 자기 평가와 같은 정의적 측정에 대해서는 거의 주의를 기울이지 못하고 있다. 그럼에도 불구하고 영재교육의 대부분의 연구가 기초 이론 연구나 양적 연구에 머물고 있어

질적 향상이 요구되는 시점이다. 특히 일반 아동과 다른 특성을 나타내는 수학 영재는 문제해결 과정에서도 일반 아동과 차이가 나지만, 이러한 문제해결 과정과 문제해결 전략에 대해 구체적으로 수학 영재 아동과 일반 아동의 차이를 제시해 주는 실질적인 연구가 우리나라에서는 아직 많이 이루어지지 않은 실정이다. 따라서 수학 영재의 창의적인 수학 문제해결 과정과 정서적 행동특성을 임상적 접근을 통하여 분석하고 실제적인 도움을 줄 수 있는 방법에 대한 연구를 추후 과제로 제언하고자 한다. 특히 수학적 행동특성 평정 척도의 자세한 요인분석을 통한 보완과 적용 방안에 대한 연구가 필요하다.

(4) 본 연구에서 살펴본 교육 프로그램 대상자의 선발 절차의 특징은 모든 면에서 골고루 뛰어난 학생을 총점 위주로 선발하는 방식보다는 어느 1~2가지 면에서 만이라도 특이한 면을 보이는 학생들을 우선으로 고려한다는 데 있다. 이들이 영재교육 프로그램에 투입된 수학의 각 내용 영역에서 특이한 소질을 보이는 학생들에 관심을 가지고, 별도의 프로그램을 제공하기 위한 후속 프로그램 교재 개발이나 평가 연구와 연계되어야 할 것이다.

(5) 이상의 연구를 위해서는 수학 분야에서의 영재 판별과 교육 프로그램의 개발을 위한 수학 영재교육자들의 지속적인 협동 연구가 필요하며, 수학 교과뿐만 아니라 측정, 평가 분야 인사와의 유대와 이러한 일에 도움을 줄 수 있는 행정, 재정적인 많은 관심과 지속적인 지원이 필요하다.

참고 문헌

강완(1984). 수학적 능력 및 발견, 발명의 사고과정과 수학교육, 서울대학교 대학원 석사학위논문.

강완(1994). "수학적 능력의 구조에 따른 수학 영재의 지도 방안". 대한 수학교육 학회 논문집 제4권 제2호, pp.139-147.

강완(1996). "수학 영재의 판별 및 도구 개발에 관한 토론", 영재교육 운영의 실제와 발전 방향, 한국교육개발원 심포지엄 자료, pp.159-162.

강충렬(1997). "초등학교에서의 영재교육의 실제", 학교급별 영재교육의 실제와 발전방안, 한국영재학회 추계학술세미나 및 워크샵, 한국영재학회, pp.7-64.

김명숙(1997). "중등학교에서의 영재교육의 실제", 학교급별 영재교육의 실제와 발전 방안, 한국영재학회 추계학술세미나 및 워크샵, 한국영재학회, pp.69-97.

김재은(1996). "우리나라 영재교육의 문제점과 발전 방향" 영재교육 운영의 실제와 발전 방향, 한국교육개발원 심포지엄 자료집, pp.1-12.

김정휘(1996). 영재학생들의 발달에 영향을 끼치는 필요충분조건들: 가정, 영재자신, 학교의 역할.

김주훈, 박경미, 최고운, 이은미(1996). 영재를 위한 심화 학습 프로그램 개발 연구 -국어, 사회, 수학, 과학을 중심으로-, 한국교육개발원 수탁연구 CR: 96-25, 한국교육개발원.

김주훈, 이은미, 최고운, 송상헌(1996). 과학 영재 판별 도구 개발 연구(Ⅰ) -기초 연구 편-, 한국교육개발원 수탁연구 CR: 96-27, 한국교육개발원.

김홍원, 김명숙, 송상헌(1996). 수학 영재 판별 도구 개발 연구(Ⅰ) -기초 연구 편-, 한국교육개발원 연구보고 CR: 96-26, 한국교육개발원.

김홍원, 김명숙, 방승진, 황동주(1997). 수학 영재 판별 도구 개발 연구(Ⅱ) -검사 제작 편-, 한국교육개발원 연구보고 CR: 97-50, 한국교육

개발원.

남승인(1996). "수학 영재교육에 대한 고찰", 대구대학교 과학 수학 교육 연구 제 19집, pp77-104.

대안중학교(1996). 속진제의 효율적인 운영 방안 연구 -특수재능아반 중심으로-, 교육부 지정 특수 재능아교육 실험학교 보고서, 경기도 안양시 대안중학교.

대통령 자문 교육 개혁 위원회(1996). 세계화, 정보화 시대를 주도하는 신교육 체제 수립을 위한 교육 개혁 방안(Ⅱ), 제3차 대통령 보고서, 1996. 2. 9.

박문태, 손영숙(1986). 과학 영재 변별을 위한 과학 적성검사 도구 타당화 연구. 한국교육개발원 연구보고 RR: 86-11.

방미경(1994). 중등학교 학생의 수학적 능력에 대한 연구 -사고 과정의 가역성과 유연성을 중심으로-, 서울대학교 대학원 석사학위논문.

서울특별시 교육청(1997). 창의력 신장을 돕는 중학교 수학과 학습 평가 방법, 서울특별시 교육청, 행정간행물등록번호 71100-81132-97-9731.

서정표(1993). 수학 영재의 판별 절차 및 기준에 관한 연구, 한국 교원 대학교 석사학위논문.

서정표, 박배훈(1994). 수학 영재의 판별 절차 및 기준에 관한 연구. 한국 수학교육 학회지 시리즈 A 〈수학교육〉 제33권 제2호, pp.277-283.

석용징, 신현성(1992). 영재를 위한 수학과 교육과정의 시안 개발. 대한 수학교육 학회논문집 제2권 제2호, pp.27-34.

성덕현(1986). 수학 문제의 제시 형태가 문제해결에 미치는 영향에 관한 연구, 서울대학교 대학원 석사학위논문.

송상헌(1996). "수학 영재교육 프로그램을 위한 수학적 영재성의 정의와 판별의 이론적 고찰", 대한수학교육학회 논문집 제6권 제2호, pp.271-294.

송상헌(1997). "전통적인 문제와 창의적인 문제에 대한 한 가지 비교 연구 -답이 1개인 문제와 답이 여러 개인 문제", 대한수학교육학회 논문집 제7권 1호, pp.397-414.

신성균, 황혜정, 김수진, 성금순(1992). 교육의 본질 추구를 위한 수학 교육 평가 체제 연구(Ⅲ)-수학과 평가 도구 개발, 한국교육개발원 연구

　　자료 RM: 92-5-2, 한국교육개발원.

신세호, 배호순(1979). 영재교육의 이론적 기저, 한국교육개발원.

신세호, 임인재, 임선하(1984). 영재성의 측정 및 영재 선발 방안에 관한 연구, 한국교육개발원.

신현성(1991). 수학적 우수아를 위한 수학과 교육과정의 개발(1). 대한 수학교육 학회 논문집 제1권 제1호, pp.19-28.

이군현(1989). 영재교육학 - 이론과 실제, 서울: 박영사.

이연섭, 조석희, 최운실(1981). 영재교육 교수 학습 자료 개발 연구. 한국교육개발원 연구 보고서 RR: 81-146.

이재신(1996). "초, 중등학교의 영재 판별 체제 구안을 위한 기초 연구", 영재교육 연구 제6권 1호, 1996. 6. pp.13-29.

이혜경, 한태식(1995). "수학적 능력에서의 성차이에 관한 연구", 대한 수학교육 학회논문집 제5권 제2호, pp.143-154.

임선하(1993). 창의성에의 초대, 서울: 교보문고.

임선하(1996). 독창적인 창의성 이론으로 창의성 교육에 도전한다 - DESK 모형 편, 우리 창의성 연구소.

전경원, 박정옥 공역(1993). 창의적인 문제해결력, 서원출판사.

정연태(1985). 고등학교 과학 영재 실태조사와 대학 특별 프로그램 참가자 선발 기준 개발, 한국과학기술원 용역보고.

정연태(1986). 영재 실태조사 및 지도, 연구보고서, 발행처 불명.

조석희, 김명숙(1993). 고등학교 과학 영재 판별 도구 개발(창의적 과학 문제해결력 검사), 한국교육개발원 연구보고 RR: 93-20, 한국교육개발원.

조석희, 김명숙, 박성희(1992). 국민학교 영재를 위한 심화 학습 자료. 한국교육개발원 연구 보고서 RR: 92-15.

조석희, 김양분(1988). 국민학교 고학년 과학 영재 판별 도구 개발 연구. 한국교육개발원 연구보고 RR: 88-6.

조석희, 김양분(1989). 국민학교 고학년 과학 영재 판별 도구의 타당화 연구. 한국교육개발원 연구보고 RR: 89-6.

조석희, 김양분(1994). 일반 학교에서의 효율적인 심화 학습 프로그램 운영 방안 연구, 한국교육개발원 연구보고 RR: 94-11, 한국교육개발원.

조석희, 김영민, 전경원, 박성희(1990). 중학교 영재를 위한 과학과 심화 학습 자료 개발 연구. 한국교육개발원 연구 보고서 RR: 90-2.

조석희, 오영주, 김홍원, 박경숙(1996). 민족 사관 고등학교 장학생 선발 체제 개발 연구, 한국교육개발원 연구보고 CR: 96-29.

조석희외 4인(1996). 영재교육의 이론과 실제 – 교사용 연수 자료, 한국교육개발원 연구보고 CR: 96-28.

조정순, 조석희, 홍용희, 김정효(1996). "유아를 위한 창의성 프로그램 개발", 인간발달 연구, 제24집, pp.29-48.

최영한(1992). "수학 영재의 발굴과 수학 경시대회" (1992 IMO 결과 포함), 과학 교육 연구 논총 17, No.1, pp.9-27.

최영한(1996). "한국 수학 영재교육의 나아갈 길", 국제 수학 영재교육 세미나 전국 수학 교육 연구 발표회 프로시든, 한국 수학 교육 학회, pp5-16.

한국과학재단(1993). 과학 영재교육과 수학. 과학 올림피아드의 발전 방안에 관한 연구, 한국과학재단.

한종하 외 4인(1985). 과학 영재 변별을 위한 과학 적성 검사 개발 연구. 한국교육개발원 연구보고 RR: 85-25.

허경철 외 4인(1991). 사고력 신장을 위한 프로그램 개발 연구(V), 한국교육개발원 연구보고 RR: 91-18 , 한국교육개발원.

Aiken, L. R. (1973). "Ability and Creativity in Mathematics". *Mathematics Education Reports in Guilford college*, Eric자료 Ed077730.

Alexander, P. A., Parsons, J. L. & Nash, W. R.(1996). *Toward a Theory of Creativity*, NAGC(National Association for Gifted Children).

Armbruster, B. B(1989). "Metacognition in Creativity". *Handbook of Creativity* edited by Glover, J. A., Ronning, R. R. & Reynolds, C. R., New York: Plenum Press, pp.177-181.

Balka, D. S.(1974). *The Development of an Instrument to Measure*

Creativity Ability in Mathematics. UMI.

Barbe, M. W. & Renzulli, J. S.(1975). *Psychology and Education of the Gifted*, Irvington Publishers, Inc., N. Y.

Bartkovich, K. G., George, W. C.(1980). *Teaching the Gifted and Talented in the Mathematics Classroom*, Washington D.C.: National Education Association.

Berzsenyi, G.(1993). U.S.A Mathematical Talent Search. *Consortium, 48, 12.*

Bluton, C.(1983). Science Talent: The Elusive Gift. *School Science and Mathematics* 83-8, pp.654-664.

Bright, G. S.(1977). Critique and Analysis of 'The Psychology of Mathematical Abilities in School Children'. *Investigations in Mathematics Education, 10, vol.2, pp.43-47.*

Brown, S. I., Walter, M. I.(1983). *The Art of Problem Posing.* The Franklin Institute Press.

Callahan, C. M., Tomlinson, C. A., & Pizzat, P. M.(1992). *Context for Promise: Noteworthy Practices and Innovations in the Identification of Gifted Students.* University of Virginia.

Cohen, L. M. & Ambrose, D. C.(1993). Theories and Practices for Differentiated Education for the Gifted and Talented. Heller K. A, Mönks F. Z, Passow A. H.(Eds) *International Handbook of Research and Development Giftedness and Talent.* Pergamon. pp.339-363.

Colangelo, N. & Davis, G. A.(1991). *Handbook of Gifted Education.* Massachusetts: Allyn and Bacon.

Concoran, M. & Gibb, E. G.(1972). Appraising Attitudes in the Learning of Mathematics, *Evaluation in Mathematics*, NCTM 26th Yearbook, Reston, Virginia: NCTM.

Consuegra, G. F.(1982). Identifying the Gifted in Science and Mathematics, *School Science and Mathematics, 82,* pp.183-188.

Deridder, Charleen M.(1986). *A study of Selected Factors to Identify sixth grade Students Gifted in Mathematics*, Ph.D, The University of Tennessee.(UMI)

Detterman, D. K.(1993). Giftedness and Intelligence: One and the Same? *The Origins and Development of High ability.* Wiely, Chichester (Ciba Foundation Symposium 178) pp.22-43.

Ehrlich, V. Z.(1982). *Gifted Children: A Guide for Parents and Teachers.* Eaglewood Cliffs, New Jearsey, Prentice-Hall, Inc.

Ervynck, G.(1991). Mathematical Creativity. Tall, D.(Ed.) *Advanced Mathematical Thinking,* Kluwer Academic Publishers, Netherlands, pp.42-53.

Evans, E. W.(1964). *Measuring the Ability of Students to Respond to Creative Mathematical Situations at the Late Elementary and Early Junior High School Level.* Doctorial Dissertation, University of Michigan.

Feldhusen, J. F., Hoover, S. M & Sayer, M. F.(1990). *Identifying and Educating Gifted Students at the Secondary Level,* N.Y.: Trillium Press.

Feldhusen, J. F. & Treffinger, D. J.(1983). *Creative Thinking and Problem Solving in Gifted Education,* 전경원, 박정옥 공역(1993). 창의적인 문제해결력, 서원출판사.

Fox, L. H.(1976). Identification and Program Planning: Models and methods In D. P. Keating, *Intellectual Talent: Research and Development.* Baltimore: Johns Hopkins University Press.

Freeman, J.(Ed.). *The Psychology of Gifted Children.* John Wiley & Sons, Ltd.

Gagné, F.(1991). Toward a differented Model of Gifted and Talent, Colangelo N, Davis G. A(Eds), *Handbook of Gifted Education,* Boston: Allyn and Bacon, pp.65-80.

Gagné, F.(1993). Constructs and Models Pertaining to Exceptional

Human Abilities. *International Handbook of Research and Development of Giftedness and Talent*, edited by Heller, K. A., M Önks, F. J. & Passow, A. H., Oxford: Pergamon Press, 1993, pp.69-87.

Gardiner, A.(1993). *Mathematical Puzzuling*, 4th ed. Oxford University Press.

Gardner, H.(1985). *Frames of Mind -The Theory of Multiple Intelligences*, A Division of Harper Collins Publishers.

George, D.(1995). *Gifted Education-Identification and Provision*, Resource Material for Teachers., London: David Fulton Publishers.

Glover, J. A., Ronning, R. R., Reynolds, C. R.(Eds)(1989). *Handbook of Creativity*. Plenum Press.

Greenes, C.(1981). Identifying the Gifted Student in Mathematics. *The Arithmetic Teacher*, *128(6)*, pp.14-17.

Guilford, J. P.(1959). Three Faces of Intellect. *American Psychologist*, *14*, pp.469-479.

Guilford, J. P.(1967). *The Nature of Human Intelligence*. N. Y.: McGraw Hill.

Hadamard, J.(1945). *An Essay on the Psychology of Invention in the Mathematical Field*, New York: Dover Publication.

Haylock, D. W.(1984). *Aspect of Mathematical Creativity in Children Aged 11-12*. Ph. D. Thesis in London University.

Heid, M. K.(1983). Characteristics and Special Needs of the Gifted Students in Mathematics, *Mathematics Teacher* 76(April, 1983): 221-226.

Heller K. A, Mönks F. Z, Passow A. H.(Eds)(1993). *International Handbook of Research and Development Giftedness and Talent*, Pergamon.

Hoare, G. and Wood, A.(1980). Mathematically Gifted Children, *Mathematics in School*, pp.33-34.

House, P. A.(Ed.)(1987). *Providing Opportunities for the Mathematically Gifted, K-12.*, Reston, Virginia : NCTM.

Jamski, W. D.(1990). *Mathematical Challenges for the Middle Grades from the Arithmetic Teacher.* Reston, Virginia : NCTM.

Jarwan, F. A., Feldhusen, J. F.(1993). *Residential Schools of Mathematics and Science for Academically Talented Yuth : An Analysis of Admission Programs.*

Jensen, L. R.(1976). Stimulating mathematical creativity from Sheffield, L. J.(Ed)(1994). *The Development of Gifted and Talented Mathematics Students and the National Council of Teachers of Mathematics standards. Research-Based Decision Making Series. Mathematics.* The National Research Center on the Gifted and Talented.

Kang, W.(1994). Designing a Program for Mathematically Gifted Student. 한국 수학교육학회지 시리즈A 〈수학교육〉 제33권 제2호, pp.147-154.

Kantowski, M. G.(1974). Processes involved in Mathematical Problem Solving. *Journal for Research in Mathematics Education, 8.* pp.163-180. Reston, Virginia : NCTM.

Keating, D. P.(1974). The Study of Mathematically Precocious Youth. In Stanley, J. C., Keating, D. P. & Fox, L. H.,(Eds.), *Mathematical Talent : Discovery, Description, and Development.* Baltimore : Johns Hopkins University Press, 1974, pp.23-45.

Keating, D. P.(1976). *Intellectual Talent : Research and Development.* Baltimore : Johns Hopkins University Press.

Kieβwetter, K.(1985). Die Förderung von Mathematisch besonders begabten und interessieren Schülern-ein bislang vernachlassigigters sonderpädagogisches Problem, *Der mathematiche und natur-wissenschätliche Unterricht, 38,* pp.300-306.(Wieczerkowski, W., & Prado, T. M(1993). Programs and Strategies for Nurturing

Talents/Gifts in Mathematics. In Heller K. A, MÖnks F. Z,
Passow A. H.(Eds.), *International Handbook of Research and
Development Giftedness and Talent*, Pergamon, pp.443-452에서
재인용)

Krutetskii, V. A.(1976). *The Psychology of Mathematical Abilities in
School Children*, The Univ. of Chicago Press.

Lowen, A. C.(1995). Creative Problem Solving, *Teaching Children
Mathematics*, v2, n2, pp.96-99.

Maland, S. P.(U. S. O. E: 미 교육부, 1972). *Jr. Education of the Gifted
and Talented Vol. 1 : Report to the Congress of the United
States* by the U. S. Commissioner of Education and Background
Papers submitted to the U. S. Office of Education, Washington,
D.C: U. S. Government Printing Press.를 Renzulli, J. S.& Reis, S.
M.(1985). *The Schoolwide Enrichment Model: A Comprehensive
Plan for Educational Excellence*, Creative Learning Press, Inc.,
p.22에서 재인용.

Marjoram, D. T. E & Nelson, R. D(1985). Mathematical Gifts. In
Freeman, J.(Ed.) *The Psychology of Gifted Children*. John Wiley
& Sons, Ltd. pp.185-200.

Martinson, R. A.(1973). *The Identification of the Gifted and Talented*.
National State Leadership Training Institute on the Gifted and
the Talented.

Meeker, M.(1969). *The Structure of Intelligence: Its Interpretation and
Uses*. Columbus OH: Charles E. Merrill.

Miller, R. C.(1990). Discovering Mathematical Talent. ERIC E482. Office
of Educational Research and Improvement. Washinton, D.C.

NCTM(1989). *Curriculum and Evaluation Standards for School Mathematics*,
Reston, Virginia: NCTM.

NCTM(1993). *Assessment in the Mathematics Classroom*. Reston,
Virginia: NCTM. 1993 year book.

NRC G/T(1992). *Setting An Agenda: Research Priorities for the Gifted and Talented Through the Year 2000.* The National Research Center on the Gifted and Talented.

NRC G/T(1993). *Perspectives on School Mathematics Measuring Up: Prototypes for Mathematics Assessment,* Mathematical Sciences Education Board National Research Council. National Academy Press, Washington, D.C.

NRC G/T(1994). *Toward a New Paradigm for Identifying Talent Potential.* The National Research Center on the Gifted and Talented.

Parker, R. E.(1993). *Mathematical Power-Lessons from a Classroom,* Portsmouth, NH, Heinemann.

Pendarvis, E. D., Howley, A. A. & Howley, C. B.(1990). *The Abilities of Gifted Children.* New Jersey: Prentice-Hall, Inc.

Pregnato, C., Birch, J.(1959). Locating Gifted Children in Junior High School, *Exceptional Children, 25,* p.303. recited from Taylor, R. L., Sternberg, L., Richards S. B.(1995). *Exceptional Children: Integrating Reasearch and Teaching 2nd ed.* Singular Publishing Group, Inc.

Poyla, G.(1957). *How to solve it,* 2nd ed, New York: Double day.

Renzulli, J. S.(1978). *What makes Giftedness? Reexamining a Definition.* Phi Delta Kappan, 60(3), 180-184, 261.

Renzulli, J. S.(1994). *Schools for Talent Development: A Practical Plan for Total School Improvement,* Creative Learning Press, Inc.

Renzulli, J. S.(1996). 영재교육 조기 진급 및 조기 졸업제 운영 웍샵 자료, 서울특별시 교육청.

Renzulli, J. S. & Reis, S. M.(1985). *The Schoolwide Enrichment Model: A Comprehensive Plan for Educational Excellence,* Creative Learning Press, Inc.

Roedell, W. C., Jackson, N. E. & Robinson, H. B.(1980). *Gifted Young*

Children. Mew York: Teachers College.

Saul, M. E.(1988). Teaching the Gifted in Mathematics, In Campbell, P. J. and Grinstein, L. S.(Eds.), *Mathematics Education in Secondary Schools and Two-Year Colleges: A Sourcebook*, pp.301-320. Garland Publishing, Inc.

Sheffield, L. J.(Ed.)(1994). *The Development of Gifted and Talented Mathematics Students and the National Council of Teachers of Mathematics standards*. Reseasrch-Based Decision Making Series. Mathematics. The National Research Center on the Gifted and Talented.

Sisk, D.(1987). *Creative Teaching of the Gifted*. N. Y.: McGraw-Hill.

Stanley, J. C., Keating, D. P. & Fox, L. H.,(Eds.)(1974). *Mathematical Talent: Discovery, Description, and Development*. Baltimore, MD: Johns Hopkins University Press.

Stanley, J. C.(1977). Rationale of the Study of Mathematically Precocious Youth(SMPY) During its first five years of promoting educational acceleration, *The gifted and the Creative: A fifty year perspective*, Baltimore, Johns Hopkins Univ. Press, 1977, pp.75-108.

Sternberg, R. J.(1994). *Thinking and Problem Solving, Handbook of Perception and Cognition(2nd ed.)*, Academic Press, Inc.

Straker, A.(1983). *Mathematics for Gifted Pupils*. Longman for Schools Council.

Tannenbaum, A. J.(1983). *Gifted children: Psychological and Educational Perspective*. New York: MacMillan.

Tall, D.(Ed)(1991). *Advanced Mathematical Thinking*, Kluwer Academic Publishers.

Taylor, R. L., Sternberg, L., Richards S. B.(1995). *Exceptional Children: Integrating Reasearch and Teaching(2nd ed)*. Singular Publishing Group, Inc.

Torrance, E. P., Ball, O., & Safer. T.(1992). *Torrance Test of Creative*

Thinking; Streamlined Scoring Guide Figural A and B. Bensenville. IL : Scholastic Testing Service.

Treffinger, D. J., Sotore, M. R., Cross, Jr., J. A.(1993). Programs and Strategies for Nurturing Creativity. Heller K. A, MÖnks F. Z, Passow A. H.(Eds)(1993). *International Handbook of Research and Development Giftedness and Talent*, Pergamon. pp.556-568.

Urban, K. K.(1995). Creativity-Componential Approach. 조석희 역(1996), "창의성 - 요소적 접근 모델", 인간발달연구 제24집, 이화여자대학교 사범대학 인간발달연구소, pp.5-27.

Vernon, P. E.(1989). The Nature-Nuture Problem in Creativity. In Glover, J. A., Ronning, R. R., Reynolds, C. R.(Eds.), *Handbook of Creativity*, Plenum Press, pp.93-110.

Weaver, J. F., & Brawley, C. F.(1959). Enriching the Elementary School Mathematics Program for more Capable Children, *Journal of Education*, 142(1), pp.1-40.

Wieczerkowski, W., & Prado T. M.(1993). Programs and Strategies for Nurturing Talents/Gifts in Mathematics. In Heller K. A, MÖnks F. Z, Passow A. H.(Eds.), *International Handbook of Research and Development Giftedness and Talent*, pp.443-452, Pergamon.

Wilson, R. C., Guilford, J. P., & Christiansen, P. R.(1981). The Measurement of Individual Differences in Originality. In W. B. Barbe & J. S. Renzulli(Eds.). *Psychology and Education of the Gifted*, 3rd edition, 1981, Irvington Publishers, Inc.

Woodman, R. W. & Schoenfeldt, L. F.(1989). Individual Differences in Creativity-An Interactionist Perspective, In Glover, J. A., Ronning, R. R., Reynolds, C. R.(Eds.), *Handbook of Creativity*. Plenum Press. pp.77-91.

부　록

[부록 1] 크루테츠키의 수학적 능력에 관한 연구 – SMPY의 수학 속진 프로그램 – 키스베터의 연구에 나타난 수학 영재 판별 방법의 비교

구분	러시아의 수학 재능아 연구	미국 존스 홉킨스 대학 CTY의 수학 속진 프로그램(SMPY)	독일 함부르크 대학의 수학적 능력에 관한 복합적인 체제에 관한 연구
연구자	루테츠키(Krutetskii, 1976)	줄리안 스탠리 외 (Stanley, 1977)	키스베터(Kieβwetter, 1985)
연구 범위 와 대상	① 수학 교사와 수학자들에게 수학적 능력에 관한 설문 조사, ② 뛰어난 수학자와 과학자들의 전기와 문헌에 보고된 영재에 대한 사례 연구, ③ 수학에 뛰어난 재능을 보인 4-12세의 9명의 아동에 대한 심리적 특성에 관한 사례 연구를 포함한 6-16세의 영재 34명 연구	수학 영재성이 있는 10대 초반(12-14세)의 아동을 선발하여 지난 2, 30여 년간 적절한 교육 프로그램을 제공	함부르크 시에 살고 있는 16-20세의 청소년 후기의 수학 영재 234명
연구 목적	아동의 수학적 능력에 대한 이론적이고 실증적인 연구	10대 초반 학생들의 수준에 적절한 수학 속진 프로그램 제공	수학 영재들이 갖고 있는 (창의적) 심리적 특성이 어떤 것인가에 관하여 조사
기간	1955년부터 1966년까지 12년간	1968년부터 1972년까지 5년간	1982년부터 1984년까지 3년간
주된 연구 내용	아동의 수학적 능력의 구조에 관한 연구 수학적 능력의 판별을 위한 실험 도구 및 방법의 개발에 관한 연구 개인의 수학적 구조의 유형적 차이에 관한 연구 수학적 능력의 연령차에 관한 연구 및 심리적 특성에 관한 실험 연구, 수학 영재의 행동 및 학습 특성	수학적 추리력을 중점적으로 연구 중1-2학년(12-3세)용 SAT-M에서 상위 3%에 해당된 학생들도 더 어려운 검사인 고2-3학년용의 시험에서는 점수 차가 더 뚜렷하게 나타나기 때문에 정보처리 속도, 수에 관한 정보의 기억, 문제 해결에의 적용 등의 능력이 더욱 우수한 학생들을 선발하게 된다.	수학 활동의 가장 중요한 측면으로 새로운 수학적 이론을 창출해내는 과정을 주장: 즉 수학은 다음의 네 단계를 거쳐서 새로운 이론을 창출해내는 과정으로서 (1) 질문의 요지를 파악하기, (2) 문제의 수학적 대상에 초점을 두어 해결해야 하는 문제를 진술하기, (3) 창의적이고 논리적인 절차를 거쳐서 새로운 용어, 수학 공식, 수학적 증명을 창출하기, (4) 수학적 표현, 공식, 증거 등을 제시함으로써 이미 확립된 관계들을 새로운 방법으로 대치하여 여러 분야에서 적용하기 등을 거쳐야 한다.

구분	러시아의 수학 재능아 연구	미국 존스 홉킨스 대학 CTY의 수학 속진 프로그램(SMPY)	독일 함부르크 대학의 수학적 능력에 관한 복합적인 체제에 관한 연구
주된 연구 결과	수학에서의 능력을 다음의 세 가지 측면 즉, 수학적인 정보를 받아들이는 과정, 수학적인 정보를 처리하는 과정, 수학적인 정보를 기억하여 저장하는 과정으로 분류할 수 있는데, 이 세 가지 과정은 상호간에 영향을 주며 완전히 통합적인 체제를 구성한다. 수학적 능력이 뛰어난 영재들은 이런 과정에서 질적으로 차이가 난다.	SAT-M은 수학 문제 해석 능력, 정보 표상 능력과 조작 능력을 평가하는 것인데 이 검사에서 고득점자는 문제가 무엇을 요구하는 문제인지를 잘 해석할 수 있고, 주어진 문제를 적절한 형태로 다시 바꾸어 생각하는 능력 및 정보들 간의 관계를 조작하는 능력이 뛰어나다고 본다. 빠른 속도로 어려운 문제도 잘 해결하려면 수학 문제의 해결에 필요한 각종 정보를 잘 기억하고 있다가 사용할 수 있어야 하고, 이미 배운 개념을 새로운 문제 해결에도 잘 적용할 수 있어야 한다.	수학 영재 교육 프로그램에 참여한 학생들은 융통성 있는 사고력과 수학적 구조와 패턴의 인식, 추상적인 수학적 관계를 시각적으로 떠올리는 능력을 가장 중요한 요인으로 생각한 반면 여기에 참여하지 않은 학생들은 과제 집착력, 상징, 수, 원리에 관한 기억력이 가장 중요한 요인이라고 대답하였다. 이러한 차이는 수학 영재 교육 프로그램에서 자극과 도전을 받은 학생들이 훨씬 더 사고력의 융통성이 수학 문제의 해결에서 매우 중요함을 인식할 수 있게 되었기 때문이다.
수학 영재 정의	수학적 능력이 나타나는 사람은 분석적, 기하학적, 그리고 이 둘의 조화형으로 나눌 수 있다.	뛰어난 정보 처리 속도, 기초 수학 정보의 파지 능력, 새로운 개념을 새로운 과제에서 적용하는 능력 등을 소유하고 있는 자	수학 분야에서의 창의적인 업적을 남길 가능성이 높은 사람
수학 영재성의 판별 방법	사용된 방법이 다양할 뿐만 아니라, 인터뷰를 위해 고안된 과제 문제는 풍부하고 다양하여 1980년대 미국을 중심으로 한 수학교육에서의 문제 해결력 향상을 위한 문제 개발의 전형적인 모델이 되기도 하였다. 크루테츠키의 연구에 사용된 26개의 문제 시리즈는 각 시리즈별로 난이도와 학습 수준을 달리하는 동일한 유형의 문제군으로서 크루테츠키가 가정한 수학적 능력을 유형별로 측정하기 위해 고안되었다.	12,3세용 SAT-M와 CPA를 실시한 결과, 상위 3%에 해당하는 학생만을 대상으로 고3 학생용 SAT-M 검사를 실시하여 500점 이상의 학생들을 1차 선발하고 이들에게 매우 어려운 문항만으로 다시 실시함. 고등학교 3학년 학생 중 11%만이 600점 이상을 받는데, 13세 이하의 학생들 396명(이는 결과 분석을 위해 추출된 응시자 수의 0.5%에 해당함) 중 13%(53명)가 600점 이상을 받았고 6%(23명)이 650점 이상을 받았다.	자료의 조직 능력, 패턴이나 규칙을 인식하는 능력, 문제의 표상을 다른 형태로 바꾸는 능력과 새로운 표상을 이용하게 된 패턴이나 규칙을 인식하는 능력, 매우 복잡한 구조를 이해하고 이를 다루는 능력, 문제 해결의 순서를 거꾸로 생각하여 밟아 나갈 수 있는 능력, 특정 문제와 관련된 문제를 발견하거나 만들어 내는 능력 등에서 높은 점수를 얻는 측면보다는 얼마나 새로운 시각으로 새로운 수학적 이론을 생각해낼 수 있는가에 초점을 두었다.
평가 도구	자체 고안한 26개의 문제 시리즈	SAT-M(Scholastic Aptitude Test-Mathematics)	HTMB(Hamburger Test fur Mathematische Begabung)

[부록 2] 1부 검사의 문항 유형 및 채점 기준표

번호	문제의 이름	내용 영역	문제의 유형	사고 능력	정답	배점
1	두발과 세발 자전거	수	간단한 부정 방정식	정보의 조직화 능력	가장 적을 때 11대 가장 많을 때 15대	4점 4점
2	물고기 수	통계	비례 추론 (수의 비)	비례 추론 능력	1500마리	12점
3	나이와 옷 색깔 맞추기	관계	연역적 추론 (논리)	연역적 추론 능력	영수-15-검정, 경희-14-파랑, 경숙-12-빨강, 영철- 9-노랑	10점, 나이나 색깔만 다 맞으면 5점
4	대각선의 개수	수 계열	귀납적 추론	귀납적 추론 능력	42개	10점
5	가족의 나이	관계	일상생활 (논리-고정화 극복)	수학적 추상화 능력	아버지 34세, 어머니 31세, 아들 5세 딸 3세	12점
6	파스칼의 삼각형	수 계열	귀납적 추론	귀납적 추론 능력	1, 9, 36, 84, 126, 126, 84, 36, 9, 1 가운데 126이 둘 다 맞으면 4점, 그 이외 나머지는 전부 맞아야 4점	4점 4점
7	삼각형의 중선	도형	기하 (도형의 성질)	시각화/공간화 능력	(1) 이등변삼각형의 모양이 두 가지 경우로 나누어 풀면 9점, 한 가지만 있으면 6점 (2) 넓이는 (2)한 가지 경우만 $48\ cm^2$	(1) 9(6) (2) 5점
8	조건 과잉	관계	논리-조건 (필요충분조건)	정보의 조직화 능력	조건이 남는다고 보지 않고 그냥 문제만 풀어 맞으면 3점, 조건이 과잉인 것을 보이면 과잉인 조건 하나 당 6, 8, 10, 12점	12점
9	두 원의 중심 사이의 거리	도형	기하 (도형의 성질)	직관적 통찰력	15.7cm	14점
보너스	색종이 자르기	도형	연역적 추론 (도형의 성질)	연역적 추론, 직관적 통찰	각 사각형의 중심을 연결	점수 없음

[부록 3] 2부 검사의 채점 기준표

구분\문항번호	유창성\반응의 개수	융통성\유형의 가짓수	독창성\상대적 빈도가 낮으면서 독특하거나 기발하고 유용한 답안
1	사용한 규칙이 맞는 답의 개수	I. 5개 이하의 수를 사용 II. 6개 이상의 수를 사용 III. 분수나 소수로 나눔 IV. 제곱근호를 사용 V. 사칙연산 이외의 다른 연산이나 독특한 수학기호를 사용-각각	① 분수나 소수로 나눔 -1점 ② 6개 이상의 수를 사용 -2점 ③ 제곱근호나 독특한 수학기호를 사용 -3점
2	사용한 규칙이 맞는 답의 개수	I. 직선만 사용 II. 두 점의 가운데를 지나는 직선을 사용 III. 곡선을 사용 * 회전이나 대칭에 의해 포개어지는 도형은 하나로 본다.	① 직선을 사용한 답 중 빈도수가 적은 유형 -1점 ② II 유형 -2점 ③ III 유형 -3점
3	사용한 규칙이 맞는 답의 개수	I. 4번째 그림을 그려 그것을 직접 세는 다양한 방법 II. 수열의 규칙 이용 III. 일정한 패턴의 묶음으로 변형 IV. 개수나 넓이를 구하기 쉬운 평균, 사각형, 평행사변형, 사다리꼴의 공식을 이용 V. n번째의 일반화된 공식 VI. 기타 독특한 방법들-각각	① I, II, III 중 독특한 방법 - 1점 ② IV의 경우 - 2점 ③ V 또는 기타의 독특한 방법 - 3점
4	정의한 집합이 수학적으로 의미가 있고 정의에 해당하는 수들이 하나도 빠지지 않은 답의 개수	I. 상용의 용어를 가지는 전체집합 II. 일정한 범위를 지정하여(○이상 또는 ◇ 이하, 초과, 미만인 수들의 집합)정의 III. 특정한 어떤 숫자나 자리수를 포함하거나 뺀 수들의 집합 IV. 약수와 배수, 공약수, 공배수 V. 소수와 합성수, 제곱수, 기약분수, 단위분수, 진분수, 유한소수 등 VI. 수열의 규칙(거듭제곱포함) VII. 기타 독특한 정의들-각각	① 합성수, 기약분수, 단위분수, 진분수, 유한소수 - 1점 ② 상용의 용어를 갖는 희귀한 답안 (제곱수, 공약수, 공배수, 거듭제곱) - 2점 ③ 독특한 정의 (곱하여 1이 되는 수들끼리의 모임, 더하여 0이 되는 수들끼리의 모임 또는 절대값이 같은 수들끼리의 묶음의 모임, 순서대로 등차수열을 이루는 수열들의 모임, 곱의 비가 일정한 등비수열, 각종 특이한 수열) - 3점
5	사용한 규칙이나 표현, 성질이 맞는 답의 개수	I. 단순기술 II. 가로줄을 기준으로 한 대칭성 III. 대각선을 기준으로 한 법칙 발견 IV. 특별한 성질이나 독특한 규칙을 발견	① 일반적인 성질(n번째 가로줄은 n개의 수를 가짐. 가운데 수를 기준으로 선대칭) -1점 ② n번째 줄의 k번째 수는 n-1번째 줄의 k번째와 k+1번째 수의 합이다. - 2점 ③ n번째 줄이나 수를 일반화 - 2점 ④ 특별한 성질을 발견(이항정리, 가로줄의 합이 2배씩 증가, 대각선의 수를 비스듬히 더한 값이 피보나치수열을 이룸) - 3점
6	사용한 규칙이나 표현, 성질이 맞는 답의 개수	I. 단순기술 II. 대각선에 초점 III. 각 또는 꼭짓점의 수에 초점 IV. 변에 관심 V. 생성되는 면에 관심 VI. 도형의 중심에 초점	① 일반적인 단순한 성질(정n각형은 한 꼭짓점에서 n-3개의 대각선, n-2개의 각을 만들 수 있다). - 1점 ② n번째 다각형에서의 대각선의 수, 면의 수 등을 일반화 - 2점 ④ 특별한 성질을 발견(짝수각형의 대각선은 중심에서 모인다. 대각선이 만나 이루는 도형 중에 원래 다각형의 모양과 똑같은 것이 생긴다. -프랙탈) - 3점

[부록 4] 2부 검사의 답안 분류표[30)

문항구분	2부 2번(9개의 점) – 문제해결(결과)		
정답의 유형	정답의 종류	반응의 수	독창성 점수
Ⅰ. 직선을 이용한 단순모양	 226(91.1%) 183(73.8%) 156962.9%) 153(61.7%) 94(37.3%) 76(37.6%) 15(6.0%) 43(17.3%) 24(9.7%) 18(7.3%) 13(5.2%)	108 107 94 53 47 65 51 37 51 75 17 19 35 15	
Ⅱ. 직선을 이용한 복잡모양	 7(2.8%) 6(2.4%) 4(1.6%) 4(1.6%) 4(1.6%) 2(0.8%) 2(0.8%) 1(0.4%)	4 12 14 13 5 5 4 9	1 1 1 1 1 1 1 1
Ⅲ. 가운데 점을 이용	 1(0.4%) 등등	0 1 10	 2 2
Ⅳ. 곡선(원)을 이용		0 0 0 1	 3
융통성 – 유형의 가짓수	유창성 – 반응의 개수	독창성 – 희소성과 유용성	

---

* 각 도형의 아래에 있는 숫자는 Haylock(1984, p.149)이 영국의 11-12세 아동을 대상으로 실시한 248명의 응답자 중 반응한 아동의 수이고 ( ) 안은 반응자의 비율이다. Haylock은 직선만을 이용하여 그림을 그리도록 제한하였다. 아래에 참고로 그려놓은 그림에서의 곡선은 격자점을 중심으로 하는 반지름이 1cm인 원의 일부분이다.

문항구분	2부 3번(바둑돌) - 문제해결(해법)			
정답의 유형	설명	정답의 종류(그림 또는 계산)	반응의 수	독창성 점수
Ⅰ. 직접 세기	4번째 그림을 그린 다음 그 그림 속에 있는 모든 바둑돌을 차례로 세었다.	22	30	
	각 줄의 연속하는 개수를 더함	$4+5+6+7$	68	
Ⅱ. 수열의 규칙을 이용	각 가로줄에 하나씩 더하여 감	$18 + 4(1)$	42	
	등차수열	10 14 18 22 +4 +4 +4	47	
	그물망: 맨 윗줄을 없애고 아래에 한 줄을 더함	1번째 2번째 3번째 4번째 10 10-1+5 14-2+6 18-3+7	8	1
Ⅲ. 일정한 패턴의 묶음	대각선으로 4개씩 묶고 난 묶음의 수를 세고 다음 나머지 6개를 더함	$4(4) + 6$	42	
	처음에 10개가 있는 데서 대각선으로 4개씩 더해 감	$10 + 3(4)$	32	
	기타		19	
Ⅳ. 평균이나 특별한 도형의 넓이 공식을 이용	평균: 첫 줄과 마지막 줄의 개수를 합하여 이를 2배함	1번째 2번째 3번째 4번째 2(1+4) 2(2+5) 2(3+6) 2(4+7)	12	2
	대칭이 되도록 평행사변형을 만든 다음 필요 없는 부분의 개수만큼을 뺌	$4(7)-6$	24	2
	사다리꼴의 넓이를 이용	$\dfrac{4(4+7)}{2} = 22$	15	2
Ⅴ. 일반화 공식	위의 경우를 이용하여 n번째의 일반화 공식을 구함	$4(n-1)+10, \ 4n+6$ $n+(n+1)+(n+2)+(n+3)$	15	3
Ⅵ. 기타, 독특한 방법	묶음의 변형	$1+1+ 9(2) + 1+1$		3
융통성 -유형의 가짓수	유창성-반응의 개수		독창성- 희소성과 유용성	

문항구분	2부 4번(수 집합) - 재정의		
정답의 유형	정답의 종류	반응의 수	독창성 점수
I. 사용의 용어를 가지는 전체집합	① {1, 3, 7}: 홀수 ② {2, 4, 8, 16}: 짝수 ③ { $\frac{1}{7}$, 0.25, $\frac{1}{3}$, $\frac{1}{2}$, 1, 1.5, 2, 3, 3.14, 4, 7, 8, 16 }: 양수 ④ { -3.14, -1.5, -1 }: 음수 ⑤ { -1, 0, 1, 2, 3, 4, 7, 8, 16 }: 정수 ⑥ { $\frac{1}{7}$, $\frac{1}{3}$, $\frac{1}{2}$ }: 분수 ⑦ { -3.14, -1.5, -1, 0, $\frac{1}{7}$, 0.25, $\frac{1}{3}$, $\frac{1}{2}$, 1, 1.5, 2, 3, 3.14, 4, 7, 8, 16 }: 유리수 ⑧ { -3.14, -1.5, -1, 0, $\frac{1}{7}$, 0.25, $\frac{1}{3}$, $\frac{1}{2}$, 1, 1.5, 2, 3, 3.14, 4, 7, 8, 16 }: 실수 ⑨ { -3.14, -1.5, 0.25, 1.5, 3.14 }: 소수	33 36 21 73 37 100 14 1 42	
II. ● 이상 또는 ◆ 이하	① ~보다 큰(이상인) 자연수, 정수, 유리수, 분수, 실수 ② ~보다 작은(이하인) 자연수, 정수, 유리수, 분수, 실수 등 ③ ○와 ◇ 사이(또는 ● 이상 ◆ 이하)인 〃	29 30 4	
III. 특정한 수나 기호를 포함하거나제외 한 수 집합	① 특정한 숫자(3, 4, 5 등등.)를 가지는 수들의 모임 ② 소수점을 가지는 수들의 모임 ③ 특정한 몇 개의 수를 제외한 나머지 수들의 모임 ④ {0, 1, 2, 3, 4, 7, 8, 16}: 음 아닌 정수	9 1 4 1	 1
IV. 어떤 성질을 갖는 전체집합(1) (약수, 배수, 공약수, 공배수)	① {1, 2, 3, 4, 7, 8, 16}: 1의 배수 ② {2, 4, 8, 16}: 2의 배수, 2로 나누어떨어지는 수 ③ {4, 8, 16}: 4의 배수, 4로 나누어떨어지는 수 ④ {1, 2, 4}: 4의 약수 ⑤ {1, 2, 4, 8}: 8의 약수 ⑥ {1, 2, 4, 8, 16}: 16의 약수 ⑦ { 0.25, $\frac{1}{2}$, 1, 1.5, 2, 3, 3.14, 4, 7, 8, 16 }: 0.25의 배수 ⑧ {1, 2, 4, 8}: 8과 16의 공약수 ⑨ {1, 2, 4}: 4와 8의 공약수 ⑩ {4, 8, 16}: 2와 4의 공배수	5 54 37 19 29 32 2 3 1 3	 2 2 2 2
V. 어떤 성질을 갖는 전체집합(2) (제곱수, 소수, 합성수, 기약분수 등)	① {1, 4, 16}: 자연수의 제곱수 ② {0, 1, 4, 16}: 정수의 제곱수 ③ {2, 3, 7}: 소수 ④ {4, 8, 16}: 합성수 ⑤ { $\frac{1}{7}$, $\frac{1}{3}$, $\frac{1}{2}$ }: 기약분수, 단위분수, 진분수 등	5 1 52 5 22	2 2 2 1
VI. 수열	① {1, 2, 4, 8, 16}: 2의 거듭제곱(2^n, n=0, 1, 2, 3, 4) ② {-1, 0, 1, 2, 3, 4}: 연속되는 정수(또는 차이가 1인 수들) ③ {1, 2, 3, 4}: 연속되는 자연수 ④ {}: 역수가 연속이 되는 자연수 ⑤ { 0.25, $\frac{1}{3}$, $\frac{1}{2}$, 1 0, $\frac{1}{2}$, 1, 1.5, 2 }: 순서대로 차이가 0.5인 수들의 모임	2 2 1 1 0	2 3 3 3 3
VII. 역원의 순서쌍	① { ($\frac{1}{7}$, 7), (0.25, 4), ($\frac{1}{3}$, 3), ($\frac{1}{2}$, 2) }: 곱해서 1이 되는 순서쌍들의 모임, 역수를 가지고 있는 수들의 모임 ② { (-3.14, 3.14), (-1.5, 1.5), (-1, 1) }: 합해서 0이 되는(절대값이 같은) 순서쌍들의 모임	1 1	3 3
융통성-유형의 가짓수	유창성-반응의 개수	독창성-희소성과 유용성	

문항구분	2부 5번(파스칼의 삼각형) - 사실/규칙 발견하기		
정답의 유형	정답의 종류	반응의 수	독창성 점수
Ⅰ. 단순기술	① 가로줄의 양 끝의 수는 모두 1이다.	23	
	② 두 번째 가로 줄부터는 1이 반드시 2개씩 있다.	1	
	③ 첫 번째와 두 번째 가로줄은 모두 1이다.	3	
	④ 대각선 줄의 수는 모두 다르다.	1	
	⑤ 가로 줄에 있는 수의 개수는 점점 많아진다.	7	
	⑥ 모든 대각선 줄은 대각선 방향으로 점점 커진다.	1	
	⑦ 짝수 번째 가로줄의 가운데 두 수는 같다.	3	
	⑧ 홀수 번째 가로줄의 숫자는 홀수 개이고 짝수 번째 가로줄의 숫자는 짝수 개이다.	2	
	⑨ n번째 가로줄은 n개의 수를 가진다.	6	1
Ⅱ. 대칭(가로줄을 기준으로)	① 가로 줄의 처음과 끝수는 모두 "1"이다.	4	
	② 가로줄의 수는 대칭이다.	20	
	③ 홀수 번째 가로줄은 가운데 수를 중심으로 대칭이고 짝수 번째 가로줄의 수는 좌우대칭이다.	7	1
	④ 모든 가로줄은 가운데 수를 빼고는 2개씩 짝을 이룬다.	2	
Ⅲ. 일정한 법칙 발견 (대각선을 기준으로)	① 첫 번째 대각선 줄은 모두 1이다.	65	
	② 두 번째 대각선의 수는 연속되는 자연수이다.(또는 1씩 증가)	80	
	③ 3번째 대각선에 있는 숫자는 차이가 2, 3, 4, 5로 증가	58	
	④ 4번째 대각선에 있는 숫자는 차이가 3, 6, 10, 15로 증가	11	
	⑤ 5번째 대각선에 있는 숫자는 차이가 4, 10, 20, 35로 증가	7	
	⑥ 6번째 이상	6	
	⑦ 위의 사실을 일반화(n번째 대각선 줄은 계차수열)	2	2
	⑧ 좌우 대각선 줄에 있는 수열들은 서로 같다.(또는 대칭)	1	2
Ⅳ. 이웃하는 수들의 합	① 아래 줄의 수는 바로 윗줄의 이웃하는 두 수의 합이다.(기타, 구체적인 사례열거)	61	
	② 일반화: n번째 줄의 k번째 수는 n-1번째 줄의 k번째 수와 k+1번째 수의 합이다.	14	1
	③ n+1번째 대각선 줄의 k번째 수는 n번째 대각선 줄의 k번째까지의 모든 수들의 합이다.		
Ⅴ. 가로 줄의 합	① 각 가로줄의 합은 1, 2, 4, 8, 16, 32로 2배씩 증가(또는 2^n)한다.	3	3
	② 각 가로줄의 합은 1, 2, 4, 8, 16, 32, 64……이다.	2	2
Ⅵ. 조합의 수 또는 전개식의 계수	n+1번째 가로줄의 k번째 수는 n개 중 k개를 뽑는 경우의 수($_nC_k$)이다.	1	3
	n+1번째 가로줄의 k번째 수는 $(x+1)^n$을 x에 관해 내림(또는 올림)차순으로 전개한 식의 계수이다.		
Ⅶ. 피보나치수열	대각선을 비스듬히 잘라 더한 수들은 피보나치수열을 이룬다.	1	3
융통성 - 유형의 가짓수	유창성 - 반응의 개수	독창성 - 희소성과 유용성	

문항구분	2부 6번(도형의 대각선) – 사실/규칙 발견하기		
정답의 유형	정답의 종류	반응의 수	독창성 점수
I. 단순기술	① 변의 수가 늘어나면 넓이가 커진다. ② 정사각형의 대각선은 다른 대각선을 이등분한다. ③ 대각선의 개수는 모두 다르다. ④ 대각선은 직선이다. ⑤ 꼭짓점의 수와 변의 수는 같다. ⑥ 여러 개의 삼각형이 만들어진다.	2 2 1 1 1 11	
II. 대각선에 초점을 맞춤	① 삼각형은 대각선이 없다. 　사각형에는 2개, 오각형에는 5개, 육각형에는 9개있다. ② 오각형은 대각선의 수와 변의 수가 같다. ③ 바로 옆의 꼭짓점과는 대각선을 그을 수 없다. ④ n각형은 한 꼭짓점에서 n-3개의 대각선을 그을 수 있다. ⑤ 대각선의 수는 일정하게 늘어난다. 　대각선의 수는 0, 2, 5, 9, 14개로 늘어난다. ⑥ (구체적인 예)12각형의 대각선 수는 54개이다. ⑦ (일반화)n각형의 대각선의 수는 $\dfrac{n(n-3)}{2}$ 이다.	30 2 9 14 50 21 12	 1 2
III. 각 또는 꼭짓점에 초점을 맞춤	① n각형의 꼭짓점의 수는 n개이다. ② 꼭짓점의 수가 늘어나면 변과 대각선의 수도 늘어난다. ③ n각형의 각 꼭짓점에서 대각선을 그어 만들 수 있는 각의 　수는 n-2개이다. ④ n각형의 각 꼭짓점에서 대각선을 그어 만들어지는 각은 (n-2) 　등분된다.	1 8 1 0	 1 1
IV. 변에 초점을 맞춤	① 각 도형의 맨 밑에 있는 변의 위치는 바뀌지 않았다. ② 변의 수가 늘어나면 대각선끼리 만나는 점도 많아진다. ③ 짝수 변의 도형은 마주보는 변끼리 평행하다.	1 14 2	 1
V. 생성되는 면에 초점을 맞춤	① 변의 수가 늘어나면 대각선끼리 만나 이루는 삼각형의 개수도 　많아진다. ② 대각선끼리 만나 이루는 도형 중에 합동인 것이 반드시 있다. ③ 5각형과 6각형은 자신의 모양과 같은 도형을 포함하고 있다. ④ 5각형 이상의 모든 도형은 자신과 닮음인 도형을 새로 만들어 　낸다.(프랙털)	11 2 13 2	 2 2 3
VI. 도형의 중심에 초점	① 짝수각형에서 가장 긴 대각선은 도형의 중심을 지난다. ② 짝수각형일 때, 가운데 대각선은 도형을 이등분한다. ③ 가운데 내포된 닮은 도형은 전체도형과 같은 중심을 가진다. ④ 짝수각형은 대각선이 중심에 모이지만 홀수각형은 대각선이 중 　심에 모이지 않는다.	1 6 1 0	1 3 2
융통성 – 유형 의 가짓수	유창성 – 반응의 개수	독창성 – 희소성과 유용성	

문항구분	2부 5번(파스칼의 삼각형) - 문제 만들기	
정답의 유형	만들어진 문제의 종류	독창성 점수
사례들	① 10번째 가로줄까지 삼각형을 만들었을 때 삼각형 안에 있는 모든 수의 개수와 그 수들의 합은? ② 파스칼의 삼각형에서 맨 위와 양끝의 수를 바꾸어 똑같은 원리를 적용함(숫자를 바꾸거나 규칙을 변형한 파스칼 삼각형의 다양한 응용) ③ 위의 삼각형의 수를 보고 $(x+1)^8$ 을 전개하시오. ④ ⑤ 7개의 카드 중에 5개를 뽑는 방법의 수는 몇 째 줄, 몇 번째 수와 같은가?(일반화한 식) ⑥ 기타 등등	각 5점씩
가장 흔한 반응들	① n번째 가로줄의 k번째 수는? ② n번째 대각선 줄의 k번째 수는?	점수 없음
채점기준	유창성 - 반응의 개수(각 1점씩) 융통성 - 유형의 가짓수(각 3점씩)	독창성 - 희소성과 유용성

문항구분	2부 6번(도형의 대각선) - 문제 만들기	
정답의 유형	정답의 종류	독창성 점수
사례들	① 원은 각과 대각선이 없는 대신 지름이 있다. 원은 삼각형에 가까운가, 1억 각형에 가까운가? (그 이유는?) ② 35(한 가지 예)개의 대각선을 갖는 도형은 정몇 각형인가? ③ 정8각형의 대각선으로 나누어진 부분 중 삼각형(또는 이등변삼각형)의 개수는? ④ 정8각형의 대각선으로 나누어진 도형 중에서 가장 큰 볼록 다각형은 몇 각형인가? ⑤ 대각선을 대칭축으로 하는 도형은 몇 각형인가? ⑥ 가, 나, 다, 라, 마, 바 6명이 생일파티에 모여 서로 악수를 한 번씩 했다. 악수는 몇 번 이루어졌는가? (대각선의 수+변의 수) ⑦ 기타 등등	각 5점씩
가장 흔한 반응들	① 정n각형의 대각선의 개수는? ② 정n각형의 한 꼭짓점에서 그을 수 있는 대각선의 개수는?	점수 없음
채점기준	유창성 - 주어진 문제와 관련하여 옳게 만들어진 문제의 개수(각 1점씩) 융통성 - 유형의 가짓수(각 3점씩)	독창성 - 희소성과 유용성

[부록 5-1] 1부 검사의 설문지에 대한 항목별 응답 비율(1)

구분		중학교 2학년의 교내 수학 석차배분율이 80% 이상인 집단		초등학교 5-6학년의 IQ가 상위 10% 이내(121 이상), 수리 부분이 3% 이내인 자							
				1부 점수가 35점 이상 자							
설문지 번호와 문항번호		전체 (N=342)	1부 점수가 35점 이상 자 (N=145)	G1m유 (N=30)	G1m무 (N=30)	G1H (N=30)	G1M (N=30)	제 (N=60)	2부 점수가 56점 이상인 자 (N=60)	전체 (N=95)

Z1 / Z4 — 주어진 시간이 어렵거나 쉬운 정도 (각 칸: Z1 / Z4)

문항	전체(N=342)	1부35↑(N=145)	G1m유(30)	G1m무(30)	G1H(30)	G1M(30)	제(N=60)	2부56↑(60)	전체(N=95)
① 너무 부족/어려움	118 / 170	43 / 59	3 / 3	3 / 2	1 / 2	5 / 3	6(10.0) / 5(8.3)	6(10.0) / 10(16.7)	19(19.6) / 17(17.6)
② 조금 부족/어려움	143 / 117	63 / 56	6 / 15	14 / 18	7 / 16	13 / 17	20(33.3) / 33(55.0)	22(36.7) / 33(55.0)	37(38.1) / 50(51.5)
③ 적당함	46 / 19	18 / 12	11 / 5	9 / 3	7 / 5	10 / 3	17(28.3) / 8(13.3)	16(26.7) / 7(11.7)	21(21.7) / 9(9.3)
④ 조금 남음/쉬움	20 / 3	13 / 1	8 / 4	1 / 2	13 / 5	2 / 1	15(25.0) / 6(10.0)	14(23.3) / 5(8.3)	2(2.1) / 6(6.2)
⑤ 너무 남음/쉬움	5 / 1	1 / 0	2 / 0	3 / 0	0 / 0	0 / 0	2(3.3) / 0(0.0)	2(3.3) / 0(0.0)	0(0.0) / 0(0.0)
무응답	10 / 32	7 / 17	0 / 3	0 / 5	2 / 2	0 / 6	0(0.0) / 8(13.3)	0(0.0) / 5(8.3)	13(13.4) / 13(13.4)
평균	1.95 / 1.54	2.03 / 1.65	3.10 / 2.37	2.47 / 2.20	3.27 / 2.46	2.30 / 2.08	2.78 / 2.29	2.73 / 2.13	2.43 / 2.04

Z2 / Z5 — 시간이 가장 많이 걸린 문제 / 가장 쉬운 문제 (각 칸: Z2 / Z5)

문항	전체(N=342)	1부35↑(N=145)	G1m유(30)	G1m무(30)	G1H(30)	G1M(30)	제(N=60)	2부56↑(60)	전체(N=95)
1(두발, 세발자전거)	3 / 55	1 / 24	3 / 5	0 / 5	0 / 4	0 / 6	0(0.0) / 8(13.3)	3(5.0) / 3(5.0)	15(15.5) / 3(3.1)
2(불고기 수)	21 / 21	1 / 10	0 / 5	0 / 5	0 / 0	3 / 5	3(5.0) / 10(16.7)	6(10.0) / 9(15.0)	4(4.1) / 9(9.3)
3(나이와 옷 색깔)	36 / 14	19 / 4	11 / 3	6 / 0	9 / 0	8 / 0	16(26.7) / 0(0.0)	8(13.3) / 11(18.3)	29(30.0) / 11(11.3)
4(대각선의 수)	10 / 30	2 / 7	0 / 4	0 / 4	3 / 4	0 / 4	0(0.0) / 9(15.0)	1(1.7) / 5(8.3)	3(3.1) / 5(5.2)
5(가족의 나이)	76 / 15	31 / 8	3 / 0	7 / 3	3 / 9	7 / 7	10(16.7) / 3(5.0)	1(1.7) / 1(1.7)	15(15.5) / 2(2.1)
6(파스칼의 삼각형)	35 / 107	13 / 47	0 / 11	3 / 5	1 / 1	2 / 1	3(5.0) / 16(26.7)	18(30.0) / 11(18.3)	26(26.8) / 23(23.7)
7(삼각형의 중선)	39 / 5	18 / 2	7 / 1	1 / 1	7 / 1	4 / 1	8(13.3) / 1(1.7)	1(1.7) / 1(1.7)	11(11.3) / 2(2.1)
8(조건 과인)	15 / 14	7 / 2	1 / 1	5 / 1	2 / 0	1 / 2	6(10.0) / 4(6.7)	4(6.7) / 4(6.7)	8(8.2) / 13(13.4)
9(두 원 사이의 거리)	31 / 6	17 / 3	1 / 2	1 / 4	2 / 6	2 / 2	2(3.3) / 3(5.0)	3(5.0) / 9(15.0)	6(6.2) / 5(5.2)
무응답	94 / 75	37 / 38	4 / 3	6 / 2	6 / 3	4 / 4	10(16.7) / 4(6.7)	10(16.7) / 5(8.3)	14(14.4) / 7(7.2)

Z3 / Z6 — 시간이 가장 적게 걸린 문제 / 가장 어려운 문제 (각 칸: Z3 / Z6)

문항	전체(N=342)	1부35↑(N=145)	G1m유(30)	G1m무(30)	G1H(30)	G1M(30)	제(N=60)	2부56↑(60)	전체(N=95)
1(두발, 세발자전거)	54 / 9	26 / 3	2 / 3	4 / 0	1 / 2	5 / 0	6(10.0) / 3(5.0)	4(6.7) / 3(5.0)	11(11.4) / 3(3.1)
2(불고기 수)	43 / 12	18 / 4	4 / 5	8 / 2	5 / 2	7 / 5	12(20.0) / 6(10.0)	12(20.0) / 6(10.0)	18(18.6) / 9(9.3)
3(나이와 옷 색깔)	9 / 17	1 / 6	0 / 7	1 / 0	0 / 0	1 / 3	1(1.7) / 8(13.3)	1(1.7) / 8(13.3)	3(3.1) / 11(11.3)
4(대각선의 수)	23 / 8	6 / 2	3 / 0	0 / 2	0 / 0	1 / 1	3(5.0) / 1(1.7)	3(5.0) / 0(0.0)	5(5.2) / 3(3.1)
5(가족의 나이)	13 / 42	6 / 16	0 / 3	1 / 6	3 / 0	1 / 6	1(1.7) / 11(18.3)	1(1.7) / 11(18.3)	2(2.1) / 23(23.7)
6(파스칼의 삼각형)	89 / 13	43 / 5	12 / 0	4 / 0	9 / 3	7 / 0	16(26.7) / 1(1.7)	18(30.0) / 1(1.7)	27(27.8) / 2(2.1)
7(삼각형의 중선)	5 / 51	1 / 23	2 / 5	2 / 4	3 / 5	1 / 4	4(6.7) / 9(15.0)	4(6.7) / 9(15.0)	4(4.1) / 13(13.4)
8(조건 과인)	14 / 14	5 / 5	2 / 3	2 / 7	1 / 7	2 / 3	3(5.0) / 8(13.3)	3(5.0) / 8(13.3)	6(6.2) / 8(8.2)
9(두 원 사이의 거리)	2 / 88	1 / 41	1 / 3	4 / 7	3 / 3	2 / 8	5(8.3) / 9(15.0)	4(6.7) / 9(15.0)	5(5.2) / 14(14.5)
무응답	90 / 88	38 / 40	4 / 3	5 / 2	6 / 3	3 / 3	9(15.0) / 5(8.3)	10(16.7) / 5(8.3)	14(14.4) / 9(9.3)

[부록 5-2] 1부 검사의 설문지에 대한 항목별 응답 비율(2)

| 구분 | 중학교 2학년의 수학 석차백분율이 80%이상인 집단 | | 초등학교 5~6학년의 IQ가 상위 10%이내(121이상)이고 수리부분은 3%이내인 자 | | | | | | |
| 설문지번호와 문항번호 | 전체(N=342) | 1부 점수가 35점 이상자(N=145) | 1부 점수가 35점 이상자 중 | | | | | 2부 점수가 56점 이상인 자(N=60) | 전체(N=95) |
			G1m유(N=30)	G1m무(N=30)	G1H(N=30)	G1M(N=30)	계(N=60)		
Z7 자신의 수학적인 능력의 반응여부									
①전혀 그렇지 않다.	33	13	0	1	0	1	1(1.7)	0(0.0)	2(2.1)
②그렇지 않다.	55	24	2	6	4	4	8(13.3)	12(20.0)	15(15.5)
③보통이다.	112	39	10	8	7	11	18(30.0)	21(35.0)	34(35.1)
④어느정도 그런편이다.	108	50	15	8	14	9	23(38.3)	20(33.3)	32(33.1)
⑤매우 그렇다.	18	8	1	6	3	4	7(11.7)	5(8.3)	8(8.2)
무응답	21	11	2	1	2	1	3(5.0)	2(3.3)	4(4.1)
평균	3.09	3.12	3.54	3.41	3.57	3.38	3.47	3.31	3.33
Z8 가장 좋다고 생각하는 문제									
1(두발, 세발 자전거)	10	5	0	1	0	0	0(0.0)	1(1.7)	3(3.1)
2(물고기 수)	8	6	1	2	1	2	3(5.0)	2(3.3)	5(5.2)
3(나이와 윷색깔)	94	32	5	9	7	7	14(23.3)	14(23.3)	25(25.8)
4(대리선 수)	11	4	3	0	1	2	3(5.0)	2(3.3)	6(6.2)
5(가족의 나이)	52	32	8	7	10	5	15(25.0)	15(25.0)	20(20.6)
6(파스칼의 삼각형)	80	26	9	7	0	1	1(1.7)	8(13.3)	15(15.5)
7(삼각행의 증심)	7	1	2	2	2	2	4(6.7)	5(8.3)	4(4.1)
8(조건 파악)	14	6	2	2	6	2	8(13.3)	4(6.7)	15(15.5)
9(두 원사이의 거리)	4	3	3	5	6	4	10(16.7)	3(5.0)	11(11.3)
무응답	62	30	4	3	3	3	6(10.0)	6(10.0)	8(8.2)
Z11 가장 재미있고 생각하는 문제									
1(두발, 세발 자전거)	20	0	6	1	4	1	5(8.3)	8(13.3)	8(8.2)
2(물고기 수)	20	7	1	1	2	0	2(3.3)	3(5.0)	3(3.1)
3(나이와 윷색깔)	7	3	5	2	4	3	7(11.7)	6(10.0)	10(10.3)
4(대리선 수)	17	10	1	2	2	2	2(3.3)	1(1.7)	7(7.2)
5(가족의 나이)	19	7	1	3	2	2	4(6.7)	3(5.0)	4(4.1)
6(파스칼의 삼각형)	17	9	6	3	6	3	9(15.0)	7(11.7)	9(9.3)
7(삼각행의 증심)	65	25	8	5	2	8	10(16.7)	11(18.3)	13(13.4)
8(조건 파악)	31	13	2	6	2	5	7(11.7)	7(11.7)	12(12.4)
9(두 원사이의 거리)	66	19	4	3	3	7	10(16.7)	9(15.0)	5(5.2)
무응답	80	34	3	5	4	2	4(6.7)	8(13.3)	17(17.6)
Z9 가장 재미없는 문제									
1(두발, 세발 자전거)	29	11	4	1	6	1	8(13.3)	8(13.3)	9(9.3)
2(물고기 수)	20	4	1	1	2	0	6(10.0)	6(10.0)	12(12.4)
3(나이와 윷색깔)	14	6	5	2	4	3	6(10.0)	6(10.0)	10(10.3)
4(대리선 수)	15	5	1	3	2	2	1(1.7)	1(1.7)	7(7.2)
5(가족의 나이)	28	8	6	3	2	3	5(8.3)	5(8.3)	4(4.1)
6(파스칼의 삼각형)	28	18	8	5	6	8	12(20.0)	12(20.0)	9(9.3)
7(삼각행의 증심)	24	12	2	6	2	5	6(10.0)	6(10.0)	19(19.6)
8(조건 파악)	24	11	4	3	2	8	3(5.0)	3(5.0)	12(12.4)
9(두 원사이의 거리)	45	19	4	6	3	7	4(6.7)	4(6.7)	9(9.3)
무응답	115	51	3	1	4	2	9(15.0)	8(13.3)	15(15.5)

[부록 6-1] 2부 검사의 설문지에 대한 항목별 응답 비율(1)

IQ가 상위 10% 이내(121 이상)이고 수리 부분은 3% 이내인 자 중

구분	항목	번호	G2m1(N=29)						G2m0(N=31)						G2H(N=30)						G2L(N=30)					
			1번	2번	3번	4번	5번	6번	1번	2번	3번	4번	5번	6번	1번	2번	3번	4번	5번	6번	1번	2번	3번	4번	5번	6번
시간의 부족 여부	① 아주 부족		3	6	2	1	5	5	3	5	2	1	4	6	3	7	3	2	5	6	3	4	1	0	4	5
	② 조금 부족		11	11	11	13	12	11	15	12	7	10	8	7	15	14	9	11	8	7	11	9	9	12	12	11
	③ 적당함		10	9	13	5	6	5	12	12	19	14	15	11	8	7	14	4	10	6	13	14	18	15	11	10
	④ 조금 남음		5	3	3	10	6	7	0	1	2	6	4	6	4	2	4	13	7	11	1	2	1	3	3	2
	⑤ 너무 많이 남음		0	0	0	0	0	0	0	0	1	0	0	1	0	0	0	0	0	0	0	0	1	0	0	2
	무응답		0	0	0	0	0	0	1	1	1	0	0	0	0	0	0	0	0	0	1	1	0	0	0	0
	S1		2.59	2.31	2.59	2.83	2.45	2.59	2.30	2.30	2.70	2.81	2.61	2.65	2.45	2.16	2.65	2.94	2.65	2.74	2.43	2.46	2.64	2.69	2.41	2.48
어렵거나 쉬운 정도	① 너무 어려움		0	2	3	0	5	5	1	0	2	3	4	7	1	2	3	3	4	5	0	1	1	0	5	7
	② 조금 어려움		5	6	9	5	5	15	4	10	10	6	14	12	5	9	11	3	10	14	4	7	8	6	15	13
	③ 적당함		8	11	14	11	22	8	13	10	13	11	10	7	8	10	12	9	10	8	13	11	15	13	7	7
	④ 조금 쉬움		14	7	2	11	7	4	8	7	5	7	1	3	14	7	3	11	4	3	8	7	4	7	1	1
	⑤ 너무 쉬움		2	3	1	2	2	0	3	2	0	2	0	0	2	2	1	4	2	0	3	2	0	2	0	0
	무응답		0	0	0	0	0	0	2	2	2	2	2	2	0	0	0	0	0	0	2	2	2	2	2	2
	S2		3.45	3.10	2.62	3.35	2.55	2.17	3.28	2.90	2.76	2.97	2.28	2.21	3.36	2.94	2.61	3.13	2.68	2.32	3.37	3.07	2.78	3.19	2.11	2.04
수학적 창의력의 반영 여부	① 전혀 그렇지 않다		0	0	0	1	2	2	0	0	0	2	2	2	0	1	0	1	1	1	0	0	2	2	2	1
	② 그렇지 않다.		3	0	3	2	2	3	2	2	3	2	3	3	2	1	4	1	4	5	3	1	2	3	1	3
	③ 보통이다.		11	8	15	14	10	9	13	8	10	12	10	9	10	6	10	10	8	8	14	10	15	17	12	11
	④ 어느 정도 그런 편이다.		11	16	9	9	14	11	8	13	13	7	22	9	11	15	12	9	13	9	8	14	9	7	13	11
	⑤ 매우 그렇다.		4	5	2	3	2	4	4	4	3	6	4	5	6	7	3	8	3	5	4	4	1	1	3	4
	무응답		0	0	0	0	0	0	2	2	2	2	2	2	0	0	0	0	0	0	1	1	1	0	0	0
	S3		3.55	3.90	3.35	3.38	3.48	3.41	3.40	3.57	3.33	3.45	3.48	3.41	3.70	3.93	3.47	3.73	3.43	3.33	3.46	3.75	3.18	3.07	3.55	3.48

[부록 6-2] 2부 검사의 설문지에 대한 항목별 응답 비율(2)

질문내용	2부 검사의 문항번호(이름)	1부 점수가 35점 이상 자 (N=60)	2부 점수가 56점 이상인 자					전체 (N=95)
			계 (N=60)	G2m1 (N=29)	G2m0 (N=31)	G2H (N=30)	G2L (N=30)	
가장 쉬운 문제는?	1(숫자식 계산)	19(31.7)	18(30.0)	11	7	9	9	28(28.9)
	2(9개의 점)	9(15.0)	9(15.0)	3	6	5	4	11(11.3)
	3(바둑돌 배열)	3(5.0)	2(3.3)	2	0	1	1	4(4.1)
	4(수 집합 정의)	11(18.3)	13(21.7)	6	7	7	6	20(20.6)
	5(파스칼의 삼각형)	5(8.3)	5(8.3)	3	2	3	2	10(10.3)
	6(정다각형의 대각선)	4(6.7)	3(5.0)	1	2	1	2	4(4.1)
	무응답	9(15.0)	10(16.7)	3	7	4	6	18(18.6)
가장 어려운 문제는?	1(숫자식 계산)	3(5.0)	0(0.0)	0	0	0	0	3(3.1)
	2(9개의 점)	5(8.3)	3(5.0)	1	2	1	2	6(6.2)
	3(바둑돌 배열)	9(15.0)	8(13.3)	5	3	7	1	12(12.4)
	4(수 집합 정의)	3(5.0)	3(5.0)	2	1	2	1	6(6.2)
	5(파스칼의 삼각형)	12(20.0)	12(20.0)	5	7	4	8	18(18.6)
	6(정다각형의 대각선)	19(31.7)	23(38.3)	13	10	11	12	32(33.0)
	무응답	9(15.0)	11(18.3)	3	8	5	6	19(19.6)
1부나 학교시험보다 재미있는가?	예	44(73.3)	43(71.7)	21	22	23	22	70(73.7)
	아니오	14(23.3)	15(25.0)	7	8	7	8	23(24.2)
	무응답	2(3.3)	2(3.3)	1	1	0	2	2(2.1)
가장 재미있는 문제는?	1(숫자식 계산)	19(31.7)	20(33.3)	10	10	9	11	30(30.9)
	2(9개의 점)	19(31.7)	20(33.3)	10	10	10	10	26(26.8)
	3(바둑돌 배열)	4(6.7)	3(5.0)	1	2	2	1	4(4.1)
	4(수 집합 정의)	7(11.7)	6(10.0)	3	3	4	2	16(16.5)
	5(파스칼의 삼각형)	3(5.0)	3(5.0)	0	3	1	2	8(8.2)
	6(정다각형의 대각선)	3(5.0)	3(5.0)	2	1	2	1	6(6.2)
	무응답	5(8.3)	5(8.3)	3	2	2	3	5(5.2)
가장 재미없는 문제는?	1(숫자식 계산)	4(6.7)	2(3.3)	0	2	0	2	6(6.2)
	2(9개의 점)	4(6.7)	3(5.0)	2	1	1	2	7(7.2)
	3(바둑돌 배열)	12(20.0)	11(18.3)	7	4	8	3	18(18.6)
	4(수 집합 정의)	5(8.3)	6(10.0)	3	3	5	1	7(7.2)
	5(파스칼의 삼각형)	9(15.0)	12(20.0)	4	8	5	7	17(17.5)
	6(정다각형의 대각선)	21(35.0)	20(33.3)	9	11	9	11	34(35.1)
	무응답	5(8.3)	6(10.0)	4	2	2	4	6(6.2)
가장 좋다고 생각하는 문제는?	1(숫자식 계산)	8(13.3)	11(18.3)	4	7	6	5	18(18.6)
	2(9개의 점)	15(25.0)	12(20.0)	7	5	8	4	19(19.6)
	3(바둑돌 배열)	1(1.7)	2(3.3)	0	2	0	2	4(4.2)
	4(수 집합 정의)	6(10.0)	6(10.0)	4	2	2	4	9(9.3)
	5(파스칼의 삼각형)	10(16.7)	11(18.3)	4	7	5	6	15(15.5)
	6(정다각형의 대각선)	13(21.7)	12(20.0)	7	5	7	5	21(21.6)
	무응답	7(11.7)	6(10.0)	3	3	2	4	9(9.3)
가장 좋지 않다고 생각하는 문제는?	1(숫자식 계산)	10(16.7)	10(16.7)	5	5	4	6	15(15.5)
	2(9개의 점)	5(8.3)	7(11.7)	1	6	2	5	11(11.4)
	3(바둑돌 배열)	8(13.3)	6(10.0)	3	3	5	1	17(17.5)
	4(수 집합 정의)	8(13.3)	6(10.0)	3	3	5	1	12(12.4)
	5(파스칼의 삼각형)	8(13.3)	9(15.0)	5	4	1	8	10(10.3)
	6(정다각형의 대각선)	13(21.7)	13(21.7)	7	6	9	4	17(17.5)
	무응답	8(13.3)	9(15.0)	5	4	4	5	13(13.4)

[부록 7] 1, 2부 검사의 설문지(4, 5번)에 대한 항목별 응답 비율

구분	문항번호(이름)	풀어본 적이 있는 문제		이해가 잘 안 되는 문제	
		중학교 2학년 (N=342)	초등 5-6학년 (N=95)	중학교 2학년 (N=342)	초등 5-6학년 (N=95)
1부	1(두발, 세발자전거)	22(6.43%)	1(1.03%)	22(6.43%)	11(11.34%)
	2(물고기 수)	14(4.09%)	3(3.09%)	10(2.92%)	4(4.12%)
	3(나이와 옷 색깔)	27(7.89%)	5(5.16%)	43(12.57%)	14(14.43%)
	4(대각선 수)	43(12.57%)	3(3.09%)	1(0.29%)	0(0.00%)
	5(가족의 나이)	21(6.14%)	2(2.06%)	21(6.14%)	4(4.12%)
	6(파스칼의 삼각형)	67(19.60%)	17(17.53%)	8(2.34%)	0(0.00%)
	7(삼각형의 중선)	8(2.34%)	1(1.03%)	62(18.13%)	13(13.40%)
	8(조건 과잉)	10(2.92%)	1(1.03%)	5(1.46%)	1(1.03%)
	9(두 원 사이의 거리)	19(4.68%)	8(8.25%)	12(3.51%)	2(2.06%)
2부	1(숫자식 계산)	시험 안 봄	5(5.15%)	시험 안 봄	0(0.00%)
	2(9개의 점)		4(4.12%)		2(2.06%)
	3(바둑돌 배열)		3(3.09%)		1(1.03%)
	4(수 집합 정의)		0(0.00%)		1(1.03%)
	5(파스칼의 삼각형)		19(19.57%)		0(0.00%)
	6(정다각형의 대각선)		11(11.33%)		2(2.06%)

[부록 8] IQ, 임상경력, 1, 2부 검사, 행동특성 검사 및 하위 요소 간의 상관관계

구 분		수리	경시대회		합 계		행동특성			계산전략	문제해결	재정의	규칙-사실		유창성	응통성	독창성
			IQ	임상경력	1부	2부	교사용	부모용	전체 하생용			재정의	발견	만들기			
전체	지능수리	1.000															
	IQ	.396**	1.000														
	임상경력	.199	.307**	1.000													
	1부	.411**	.426**	.600**	1.000												
	2부	.338**	.374**	.627**	.624**	1.000											
	교사용	.234	.373**	.493**	.532***	.526***	1.000										
	부모용	-.007	.252*	.409**	.442**	.525***	.525***	1.000									
	하생용	.269*	.313**	.341**	.438**	.421**	.261*	.411**	1.000								
2부 항목	계산전략	.231*	.302**	.505**	.461**	.691**	.287**	.315**	.229**	1.000							
	문제해결	.339**	.316**	.578**	.625**	.755**	.462**	.402**	.335***	.399**	1.000						
	재정의	.294**	.331**	.478**	.518**	.761**	.490**	.406**	.273***	.504**	.476**	1.000					
	규칙/사실발견	.274**	.243*	.340**	.318**	.702**	.318**	.407**	.493***	.326**	.476**	.410**	1.000				
	문제 만들기	.044	.118	.272**	.237	.582**	.346**	.362**	.212**	.187	.239*	.277**	.309**	1.000			
	유창성	.381**	.399**	.590**	.606**	.920**	.546**	.488**	.336***	.667**	.736**	.753**	.625**	.431**	1.000		
	응통성	.174	.203*	.422**	.446**	.861**	.494**	.527**	.360***	.414**	.593**	.565**	.623**	.805**	.723**	1.000	
	독창성	.271**	.323**	.595**	.548**	.849**	.355**	.394**	.431**	.670**	.622**	.636**	.612**	.429**	.619**	.647**	1.000
교사용	적성	.317**	.436**	.600**	.529**	.538**	.897**	.479**	.318*	.345**	.463**	.469**	.363**	.310**	.530**	.435**	.442**
	태도	.222	.392**	.492**	.481**	.516**	.978**	.489**	.263*	.302**	.431**	.479**	.306**	.350**	.533**	.473**	.356**
	성향	.190	.335**	.423**	.510**	.513**	.975**	.538**	.251	.261**	.462**	.488**	.286**	.352**	.531**	.499**	.335**
	일반정신능력	.149	.306**	.349**	.504**	.421**	.936**	.460**	.206	.214	.421**	.410**	.243*	.229	.465**	.391**	.250*
	수리계산능력	.194	.297**	.305*	.483**	.383**	.840**	.406**	.209	.162	.352**	.321**	.304**	.254*	.407**	.370**	.240*
	창의력	.230	.353**	.502**	.515**	.492**	.968**	.535**	.235	.256**	.430**	.460**	.281**	.354**	.518**	.489**	.305*
	반성능력	.198	.304*	.446**	.451**	.496**	.956**	.472**	.214	.279*	.441**	.477**	.310**	.285*	.510**	.457**	.346**

구 분		적성	태도	성향	일반정신	수리계산	창의력	반성
전체	지능수리 IQ							
	임상경력							
	1부							
	2부							
	교사용							
	부모용							
	학생용							
2부 항목	계산전략							
	문제해결							
	규칙/사실발견							
	문제 만들기							
	유창성							
	융통성							
	독창성							
교사용	적성	1.000						
	태도	.893**	1.000					
	성향	.830**	.941**	1.000				
	일반정신능력	.793***	.907**	.928***	1.000			
	수리계산능력	.762***	.777**	.800**	.817***	1.000		
	창의력	.842***	.931**	.934***	.879**	.787***	1.000	
	반성능력	.836***	.925**	.934***	.876***	.794**	.911**	1.000

〈설명〉 IQ 121 이상인 학생 95명
* p<0.05, ** p<0.01

구분		수리	경시대회 IQ	경시대회 임상경력	[합계] 1부	[합계] 2부	[행동특성 전체] 교사용	[행동특성 전체] 부모용	[행동특성 전체] 하생용	계산전략	문제해결	재정의	규칙-사실 발견	만들기	유창성	응통성	독창성
부모용	적성	.075	.168	.329**	.479**	.435**	.393**	.840**	.407**	.280*	.350**	.312**	.285*	.330**	.370**	.436**	.370**
	태도	.018	.232	.460**	.481**	.521**	.477**	.935**	.432**	.353**	.422**	.352**	.353**	.386**	.452**	.509**	.441**
	성향	-.008	.259*	.371**	.393**	.428**	.500**	.942**	.466**	.235*	.318**	.340**	.398**	.264*	.415**	.448**	.287*
	일반정신능력	-.017	.290*	.239*	.263*	.397**	.441**	.838**	.354**	.233	.314**	.333**	.373**	.187	.410**	.363**	.268*
	수리계산능력	.075	.161	.214	.211	.331**	.305*	.577**	.033	.215	.151	.346**	.302*	.196	.406**	.261*	.166
	창의력	-.012	.218	.406**	.434**	.535**	.537**	.930**	.373**	.285*	.442**	.411**	.391**	.387**	.487**	.554**	.401**
	반성능력	-.062	.242*	.280*	.307**	.497**	.425**	.908**	.272**	.265*	.330**	.430**	.453**	.329**	.454**	.518**	.370**
학생용	적성	.065	.215	.346**	.343**	.346**	.178	.404**	.692**	.230	.221	.259*	.301*	.250*	.265*	.299*	.366**
	태도	.331**	.291*	.378**	.522**	.464**	.291*	.428**	.924**	.261*	.399**	.347**	.474**	.211	.358**	.385**	.497**
	성향	.273*	.300*	.289*	.357**	.341**	.215	.390**	.911**	.188	.290*	.196	.412**	.164	.269*	.296**	.348**
	일반정신능력	.247*	.338**	.242*	.367**	.341**	.104	.294*	.836**	.133	.217	.235*	.415**	.253*	.299*	.292*	.313**
	수리계산능력	.217	.129	.100	.119	.086	-.030	.134	.469**	.007	.027	.119	.253*	-.059	.156	-.017	.033
	창의력	.191	.255	.348**	.386**	.412**	.206	.272**	.916**	.342**	.311**	.261*	.437**	.155	.327**	.318**	.446**
	반성능력	.214	.370**	.231	.359**	.316**	.234	.280*	.881**	.197	.279*	.199	.428**	.062	.248*	.217	.362**

구 분	[교 사 용] 적성	태도	성향	일반정신계산	수리계산	창의력	반성	[부 모 용] 적성	태도	성향	일반정신계산	수리계산	창의력	반성	[학 생 용] 적성	태도	성향	일반정신계산	수리계산	창의력	반성
부모용 적성	.416**	.362**	.394**	.286*	.307*	.424**	.321**	1.000													
태도	.494**	.450**	.484**	.397*	.340**	.475**	.436**	.806**1.000													
성향	.462**	.471**	.506**	.448**	.435**	.492**	.448**	.737**	.875**	1.000											
일반정신능력	.344**	.425**	.461**	.431**	.350**	.439**	.418**	.643**	.723**	.770**	1.000										
수리계산능력	.244	.272*	.313*	.341*	.246	.304*	.293*	.406**	.407**	.502**	.591**	1.000									
창의력	.460**	.506**	.559**	.473**	.383**	.560**	.465**	.769**	.822**	.855**	.719**	.485**	1.000								
반성능력	.347**	.386**	.452**	.386*	.321**	.433**	.395**	.670**	.791**	.847**	.765**	.592**	.854**	1.000							
학생용 적성	.249	.182	.154	.103	.075	.186	.118	.521**	.426**	.384**	.350**	.155	.312**	.283*	1.000						
태도	.400	.310*	.243	.240	.254*	.242	.251*	.429**	.507**	.459**	.340**	.024	.358**	.267*	.619**	1.000					
성향	.284*	.245	.179	.175	.203	.179	.149	.374**	.360**	.437**	.356**	-.004	.375**	.304*	.603**	.819**	1.000				
일반정신능력	.123	.124	.109	.095	.105	.085	.011	.221	.286*	.365**	.310**	.078	.275*	.192	.490**	.686**	.717**	1.000			
수리계산능력	.031	-.023	-.035	-.006	-.013	-.039	-.062	.126	.041	.183	.200	.479**	.062	.060	.440*	.370**	.306*	.508**	1.000		
창의력	.268*	.229	.195	.150	.169	.172	.176	.226	.330**	.359**	.176	-.135	.276*	.144	.506**	.795**	.779**	.780**	.346*	1.000	
반성능력	.318*	.257*	.201	.205	.228	.178	.209	.237*	.326**	.340**	.236	-.097	.268*	.176	.482**	.841**	.796**	.693**	.301*	.819**	1.000

[부록 9] 학생들의 각종 검사 성적 종합

지능 지수 순

[2부 검사 항목별 점수]　　고득점자군(2)/저득점군(1)/탈락자군(무표시)　[IQ 2부 계산]

행동특성검사　　　[학생 생활]

ID	학년별	성별	학습성취비율	IQ (석차)	1부 (석차)	2부	계산전략결과	문제해결	규칙발견의	만들기	유창성	응통성	독창성	1부	만들기	유창성	독창성	유창성	교사응전체	부모응전체	학생응전체	교사응36번	부모응36번	학생응36번	적성	태도	성향	정신능력	계산력	창의력	반성능력
526	6	1	99	152(1)	92(2)	57(57)	22	21	11	3	37	8	12	2	2	2	2	2	·	·	·	·	·	·	·	·	·	·	·	·	·
505	6	1	99	151(1)	86(3)	64(45)	21	14	14	15	40	12	12	2	2	2	2	2	.42	1.46	·	.62	.90	·	.29	.13	.20	.34	.18	.46	-.01
521	6	1	99	151(2)	77(10)	108(8)	20	30	19	19	69	30	19	2	2	2	2	2	.96	1.26	.20	1.08	-.40	-.52	.48	.23	.09	-1.22	.13	-1.38	.18
501	6	1	99	148(4)	68(21)	64(45)	16	21	17	5	35	13	16	2	1	1	2	1	1.68	-.29	-.23	1.08	.90	-1.53	.29	-.06	-.87	-.87	-1.41	-.95	-.38
502	6	1	99	148(4)	85(4)	109(7)	18	35	29	8	61	27	14	2	2	2	2	2	1.43	.46	-.37	1.08	-.25	-.71	.29	-.03	-.48	1.38	.75	1.33	1.86
513	6	0	99	148(4)	77(10)	74(29)	16	21	11	41	50	25	23	2	1	2	1	1	.93	-.18	1.47	.62	-1.05	-1.12	.87	1.36	1.48	.51	.80	1.00	1.11
552	5	1	99	147(7)	71(18)	98(13)	17	20	30	13	33	14	31	2	2	2	2	2	1.02	1.15	.75	1.08	.90	.93	·	1.08	.20	·	·	1.00	1.11
517	6	1	99	146(8)	22(80)	54(64)	8	10	12	6	33	14	7	2	2	2	1	1	.89	.43	.71	.62	.90	-2.36	.68	1.27	1.02	-1.40	-1.41	1.33	1.11
523	6	1	99	146(8)	62(26)	62(26)	35	23	16	14	54	19	14	2	2	2	2	2	.43	.71	.17	.90	·	·	·	·	·	·	·	·	·
527	6	1	99	146(8)	42(54)	62(53)	12	12	14	8	35	20	20	7	2	1	2	2	-.12	-1.67	-.42	.17	-.40	-.30	-.29	-.81	-.73	.17	-1.10	-.40	.18
506	6	1	99	144(11)	53(37)	93(15)	9	34	29	4	59	20	6	2	1	1	1	2	-1.67	.41	1.33	.90	-.40	1.35	1.06	1.27	1.14	1.38	1.06	1.44	1.30
321	6	0	99	144(11)	44(48)	62(53)	26	16	16	4	55	25	16	2	1	2	2	2	.39	.64	-.29	.17	-.40	-.30	-.48	-.72	-.03	.17	-.49	-.40	-.19
315	5	1	99	144(11)	45(45)	129(1)	7	30	26	37	34	12	14	2	2	2	2	2	-1.36	-.41	.73	.62	.90	-.30	.10	.61	.79	1.03	-.49	.79	1.30
313	6	1	99	143(15)	20(83)	48(78)	15	14	14	12	46	29	9	2	1	2	2	1	.60	.66	1.07	.62	-.40	1.35	.68	.89	.55	1.90	-.80	1.87	.93
551	5	1	99	142(16)	47(42)	77(25)	23	7	7	18	43	15	34	2	2	2	2	2	.84	1.07	.35	.62	-1.70	-.04	1.06	-.06	-.38	1.03	1.06	.35	-.01
525	5	1	99	142(16)	76(12)	106(9)	20	19	19	35	42	29	3	3	1	1	1	1	.53	.64	.35	1.08	.90	1.35	-.67	-.25	-.26	1.90	-.18	-.51	-.01
554	5	0	99	142(16)	64(45)	64(45)	6	20	14	11	34	19	9	2	1	2	1	1	-1.18	.25	-.27	-.29	-.40	-1.12	-.67	-.25	-.18	-.18	-.18	-.51	-.01
302	6	0	99	142(16)	54(33)	53(67)	20	14	13	13	40	10	12	2	1	2	2	2	-.44	.02	.26	.17	-.40	-.71	-.09	.51	.32	-.18	-.18	.35	.18
324	6	0	99	142(16)	44(48)	76(26)	8	17	16	12	41	25	16	2	2	2	2	2	·	·	·	·	·	·	·	·	·	·	·	·	·
327	6	0	99	142(16)	67(23)	81(20)	12	20	15	12	37	11	16	2	2	2	1	1	-.08	-.49	-.10	.17	-.40	.11	-.48	-.25	-.26	.51	-.18	-.19	-.01
522	6	0	99	142(16)	95(1)	71(32)	16	22	12	9	33	20	9	2	1	1	2	2	-.78	.15	1.16	-.29	-.40	.11	1.83	1.72	1.06	.69	1.06	1.00	1.11
306	6	0	99	142(16)	4(93)	47(79)	19	14	9	4	31	11	5	2	2	2	1	1	1.41	1.18	-1.12	.90	-1.12	-.67	-1.48	-.73	-.53	-1.41	-1.49	-2.06
307	6	1	99	141(23)	54(33)	71(32)	13	7	10	21	37	22	12	2	2	1	2	2	-.67	-.90	.05	-.75	-.40	-.71	-.29	-.25	-.73	-.53	-.63	-.49	-1.49	.03	.55
404	6	1	99	140(24)	45(45)	57(57)	4	9	7	4	33	13	0	2	1	2	·	·	-.90	.05	.65	-2.13	-.40	-.71	-.29	.04	-.03	-.35	.13	.03	.55
403	6	0	99	140(24)	24(78)	23(94)	9	2	13	4	23	15	2	2	2	2	·	·	-1.31	.90	.99	-.48	-.75	-.40	-.48	1.55	.55	.86	.44	1.22	1.49
520	6	1	99	140(24)	66(24)	102(12)	22	17	17	18	49	30	23	2	2	2	2	2	1.61	2.10	1.77	1.08	.25	.30	1.64	1.84	1.95	1.90	1.67	1.11	1.86

경시대회

[2부 검사 항목별 점수] 고득점자군(2)/저득점자군(1)/탈락자군(무표시) [행동특성검사]

ID	학년	성별	응상별합	수응비율	IQ	1부(석차)	2부	계산전합	문제해결	구체적발전	만들기	유창성	융통성	독창성	[IQ2부]1부	만들기	유창성	유창성	-독창성	교사용전체	부모전체	학생용전체	교사36번	부모36번	학생용36번	적성	태도	성향	정신능력	계산력	창의력	반응능력
108	6	1	0	98	140(24)	38(59)	81(20)	21	10	16	19	43	21	17	2	2	1	2	2	-.40	-.28	-.50	.17	.25	.52	.10	-.34	-1.31	.51	-1.41	-.95	-.19
109	6	2	0	99	140(24)	21(82)	69(35)	10	13	20	10	41	19	9	2	1	1	1	1	.24	-.23	-.33	.17	.90	1.35	-.29	-.63	-.15	-.70	1.06	-.95	.18
301	6	1	1	99	140(24)	44(48)	58(56)	17	13	13	8	39	21	4	1	1	1	2	2	-.69	-1.67	-1.52	-1.05	-1.05	-.30	-2.02	-1.19	-2.36	-1.05	.44	-1.60	-2.06
316	5	1	1	99	139(30)	84(5)	103(11)	28	29	17	8	63	21	19	2	2	2	2	2	-.28	-.28	1.96	-.40	-.40	1.35	1.83	1.84	1.95	1.73	1.67	1.87	2.23
443	6	2	0	99	139(30)	28(73)	49(77)	10	9	9	5	31	12	6	1	2	2			-1.03	-.36	.22	.62	-.40	-1.12	-.29	-.15	.79	.17	-.18	.46	-.01
405	6	2	0	99	139(30)	29(71)	54(64)	9	12	12	6	35	18	1	1	1	1	1	1	.30	-1.03	-.95	-.40	-.40	.11	-.87	-1.76	-.73	-.87	.13	-.84	-.94
507	6	1	0	99	138(32)	76(12)	113(5)	20	35	25	13	60	28	25	2	2	2	2	2	.75	.72	.24	1.08	-1.70	.11	-.48	.32	-.26	1.03	1.06	.14	-.01
510	6	1	1	99	138(32)	73(16)	87(18)	22	26	13	9	53	16	13	2	2	2	1	1	1.45	1.36	.94	1.08	.90	.93	1.06	.89	1.02	1.56	.75	.79	-.01
514	6	1	1	99	138(32)	83(7)	63(49)	22	16	16	10	40	17	7	2	1	1	1	1	.98	1.28	.45	1.08	.25	.93	.48	.70	.90	-.01	1.06	-.08	-.19
326	6	1	0	99	138(32)	41(55)	57(57)	15	14	12	9	34	19	6	1	2	2	1	1	.	.	.	.	.	.	.	.	.	.	.	.	.
524	6	1	0	99	138(32)	32(64)	78(24)	24	23	15	4	44	18	15	2	1	1	2	2	.86	1.49	1.03	.62	.25	.52	.87	1.27	1.25	.69	.44	1.00	.55
508	6	1	1	99	138(32)	62(26)	79(23)	8	15	15	20	59	17	4	2	2	2	2	2	.80	.46	1.01	.62	.90	1.35	.87	.98	.90	1.21	1.67	.46	1.11
111	6	1	1	99	137(39)	54(33)	69(35)	11	19	12	15	48	29	23	2	2	2	2	1	1.58	1.64	1.09	1.08	.90	1.35	.68	1.08	.67	1.38	.75	1.44	.93
511	6	1	0	99	137(39)	69(20)	120(3)	20	30	25	12	68	25	10	2	2	2	2	1	.	.	.	.	.	.	.	.	.	.	.	.	.
329	6	1	0	99	137(39)	94(14)	94(14)	11	18	12	14	49	17	4	2	1	1	2	2	.48	-.65	-.40	.17	-.40	.11	-.48	-.53	-.61	-.18	-.18	-.51	-.19
103	6	1	0	99	137(39)	74(15)	75(27)	22	11	12	19	38	15	8	2	2	2	2	2	.	.	.	.	.	.	.	.	.	.	.	.	.
528	6	2	0	99	136(43)	34(61)	63(49)	20	11	20	10	43	15	7	1	2	2	1	1	.	.	.	.	.	.	.	.	.	.	.	.	.
309	6	2	0	99	136(43)	64(25)	68(38)	6	9	16	8	32	20	14	2	1	1	2	2	-.49	-.49	.56	.90	.90	.11	.10	.23	.67	.51	1.36	.46	.74
115	6	1	0	99	136(43)	33(63)	75(27)	8	30	11	17	40	13	15	2	2	2	2	2	.48	.56	.31	.90		.11	-.87	.13	.44	.69	.75	.24	.55
445	6	2	1	99	136(43)	79(8)	53(67)	9	14	7	6	37	13	16	2	1	1	2	2	-.66	-.52	-.06	.25	.25	.93	-1.44	-.23	.55	-.18	-.49	-.08	-.19
110	6	1	0	99	135(48)	28(73)	104(10)	21	19	19	17	41	13	11	1	1	1	1	1	-1.72	1.10	.41	.25	.25	-.30	.87	-.53	.67	-.69	1.36	-.35	-.18
308	6	1	1	99	135(48)	55(32)	65(42)	23	19	12	11	33	11	11	1	2	1	2	1	-1.20	-.03	-1.56	-.75	-1.70	-1.95	-.87	-1.38	-2.01	-2.09	-.49	-2.14	-1.13
305	6	2	0	99	135(48)	57(31)	41(90)	14	13	12	4	38	23	3	1	2	1	2	1	.	-.05	.	.	.	.	.	.	.	.	.	.	.
312	6	2	0	99	135(48)	15(84)	13(87)	7	7	7	4	35	20	3	1	1	2	1	1	.15	.25	1.03	.17	.90	1.35	1.64	1.27	1.25	.51	.44	.46	.93
449	6	1	0	99	135(48)	58(30)	64(45)	8	16	18	20	23	18	18	1	2	2	2	2	.	-.72	-.18	.17	-.40	.93	.10	-.34	-.38	-.18	.44	-.30	-.38
319	6	1	1	99	135(48)	44(48)	56(60)	2	25	15	17	45	23	9	1	2	2	1	1	-.75	.	.	.17	.	.	.	.	.	.	.	.	.
101	6	1	0	99	134(54)	68(21)	42(88)	19	8	8	18	36	15	8	1	2	2	1	1	.	-.52	-.01	.17	-.40	.11	.48	-.06	.09	-.70	.44	-.08	-.38
318	6	1	0	99	134(54)	54(33)	88(17)	17	22	15	9	36	10	9	1	2	2	1	1	-.26	-.16	.17	-1.70	-1.12	-.48	.42	-.61	-.53	-.49	-.40	.37	
424	6	2	0	99	134(54)	34(61)	61(55)	6	22	4	10	34	19	8	2	2	2	1	1	.	.56	.16	-1.70	.90	.11	-.29	.04	1.25	-.18	-2.03	.57	-.38
442	6	2	0	99	134(54)	26(76)	67(39)	18	22	4	9	36	20	11	2	2	1	1	1	1.02			1.08									

[2부 검사 항목별 점수]   고득점자군(2)/저득점군(1)/   탈탄자군(무표시) [IQ 2부 계산]   [행 동 특 성 검 사]

ID	학년	영재성별	경시대회	수리비율	IQ	1부(석차)	2부	계산전략발달	문제해결	규칙발견	만들기	유창성	응용성	독창성	1부	만들기	계산	유창성	독창성	교사용전체	부모용전체	학생용전체	교사용36번	부모용36번	학생용36번	적성	태도	하(성향)	정신능력	계산력	창의력	반성능력
504	6	1	0	99	134(54)	39(57)	66(41)	11	18	23	8	38	16	12	1	1	1	1	2	.80					-1.44	-1.95	-1.55	-1.22	-1.41	-.95	-.94	·
204	6	1	1	99	134(54)	22(80)	50(75)	7	15	7	8	30	17	3	1	1	1	1	1	-1.37			.90	-.40	1.35	.34	.32	-.96		1.67	1.87	.18
518	6	1	0	99	133(60)	73(16)	92(16)	26	19	19	4	58	18	16	1	2	2	2	1	1.59	.59	.75	1.08	-1.21	.93	.29	.70	.44	1.03	1.06	.89	.55
303	6	1	0	99	133(60)	46(43)	55(61)	12	14	15	6	29	14	3	2	1	1	1	1	-1.92	1.15	-.31	.17	.25	.11	.29	.04	-.85	-.35	.44	-.95	-.38
446	6	2	0	99	133(60)	48(41)	45(80)	9	11	11	7	28	9	0	1	1	1	1	1	-.66	-1.36	.09	.17	.90	.93	-3.37	-.34	1.02	.86	-1.72	.79	1.49
447	6	2	0	99	133(60)	30(68)	63(49)	13	9	11	6	32	8	8	1	1	1	2	2	.23	-1.49				.11							
317	6	1	0	99	133(60)	30(68)	73(30)	14	16	21	4	37	20	8	1	2	1	1	1													
113	6	1	0	99	133(60)	32(64)	67(39)	12	27	17	15	45	15	8	1	1	2	1	1	.66	.07	-.10	.62	-.29	.29	.29	.51	-.03	-.18	-1.10	-.40	-.94
553	5	2	1	99	133(60)	84(5)	122(2)	25	11	25	20	43	16	32	1	2	2	2	2	.19	-.52		1.08		.52	.87	.42	.09	-.18	1.06	1.11	.18
509	6	1	0	99	133(60)	14(86)	42(88)	7	30	4	30	24	24	2	1	2	1	1	1	-.78	.59	.54	-.29	.62	.52					1.06	-.51	.18
402	6	1	0	99	133(60)	78(9)	120(3)	30	38	20	8	67	26	27	2	2	2	2	2	.37	.59	-.80	.62	-1.53	-1.25	-1.25	-1.00	-1.08	-.70	1.06	-1.50	-1.50
325	6	1	0	99	132(69)	4(93)	51(73)	14	7	12	13	27	14	0	2	2	1	1	1	-1.47	-1.75	-2.59	-1.21									
401	6	1	0	99	132(69)	51(73)	45(80)	6	15	16	6	31	9	3	1	1	1	1	1	-.22												
414	6	2	0	97	132(69)	43(53)	43(86)	10	15	14	9	31	20	3	1	1	1	1	1	.30	-1.11	-1.78	1.08	-.40	-2.36	-1.44	-1.95	-1.66	-1.92	-.49	-1.92	-2.43
310	6	1	1	99	131(72)	49(40)	43(86)	10	15	13	5	38	12	17	1	2	2	1	2	-1.38	.20	.77	1.08	.11	.11	.68	1.08	.90	.51	-.80	.68	.93
444	6	1	0	99	130(73)	37(60)	55(61)	12	22	11	12	34	11	10	1	1	1	2	1	.60	-.57	.11	1.08	.11	.48	.48	.13	.20	.17	.13	-.19	-.38
441	6	1	0	99	130(73)	61(28)	70(34)	12	19	9	13	57	22	4	2	1	1	2	2	.95	-1.24	-1.01	.62	-.30	-.30	.29	-1.95	-.96	-.53	-.18	-1.16	-1.50
512	6	1	0	99	130(73)	40(56)	87(18)	18	19	26	9	32	11	4	1	1	1	1	1	.32	.92	.60	.17	1.35	1.35	-.09	1.08	.09	1.03	1.67	.46	.18
205	6	1	0	99	130(73)	52(38)	54(64)	8	15	16	0	26	22	8				2	2	.44	2.13	-.46	-.75	.52	.52	.10	.89	-.50	-1.40	.13	-1.27	-.01
207	6	1	0	99	130(73)	44(48)	50(75)	7	8	6	12	29	25	4	1	1	2	1	1		-.90	-.16		-.30	-.34	-.34	-.34	-.03	-.53	-1.41	.35	-.19
448	6	1	0	99	129(79)	12(88)	41(90)	8	14	14	14	47	6	5	1	1	2	2	2	-.82	2.21	-.44	-1.05	-1.64	-1.64	-1.64	-.44	-.15	-.35	-.18	-.51	-.19
203	6	1	0	98	128(80)	31(67)	44(83)	13	16	8	8	14	9	4	2	1	1	2	1	.95	2.21	-.44	.25	.25	.25							
413	6	2	0	99	128(80)	71(18)	80(22)	20	20	18	0	31	9	3	1	1	1	1	2	-2.60	-.77	.24	-3.05	.17	-.30	.87	-.81	.44	1.03	-.18	.68	-.38
104	6	1	0	99	128(80)	8(90)	20(95)	5	9	3	9	21	15	7	1	2	1	1	2	-.10	.87	-.29	.17	.93	.93	1.64	-.25	-.15	-.35	.75	-1.49	-1.31
328	6	2	0	97	128(80)	28(73)	52(70)	11	10	7	7	43	21	1			1	1	1	-1.70	-1.36	-.61	-.75	-1.05	-.30	-.09	-.91	-1.20	-.35	.75	-.62	-.94
422	6	1	0	99	127(84)	32(64)	69(35)	10	10	17	8	28	22	7			2	1	2	-.57	.23	.14	-1.67	-.30	-.30	-.44	-.44	-.20	.17	.44	.46	-.19
112	6	1	0	97	126(85)	26(76)	44(83)	15	11	24	9	22	12	4			1	1														
314	6	2	0	99	126(85)	5(91)	44(83)	11	10	9	7	28	15	3				2	2													
409	6	1	0	97	125(87)	5(91)	43(86)	10	10	7	4	22	14	1	1			1		-.53	-.83	-.78	-1.67	-.30	-.30	-.48	-.44	-.85	-.87	-.80	-.62	-.19
304	6	1	0	98	125(87)	5(91)	44(83)	11	12	7	14	28	24	7	1	1				-.53	-1.39	-1.48	-1.67	.90	-1.12	-.87	-.91	-1.66	-1.22	-.80	-1.49	-1.13
407	6	1	1	98	125(87)	15(84)	45(80)	10	10	4	8	24	14	7	2				1								-1.86	-1.66	-1.22	-.80	-1.49	-1.87

경시대회

고득점자군(2)/저득점자군(1) / 탈락자군(무표시)

[2부 검사 항목별 점수]　　[IQ 2부 계산 · 만들기 · 유창성 · 독창성]　　행동특성검사

ID	학년	성별	상장경력	수리합격비율	IQ	1부(석차)	2부	계산전략	문제해결	규칙성발견	만들기	유창성	응통성	독창성
206	6	2	0	97	125(87)	23(79)	51(73)	17	13	8	5	32	14	5
515	6	1	1	99	124(90)	75(14)	72(31)	18	21	16	4	36	19	17
411	6	1	0	99	124(90)	46(43)	53(67)	14	11	11	4	30	15	8
425	6	2	0	97	123(92)	0(95)	36(93)	6	7	8	4	20	13	3
320	6	1	0	99	123(92)	11(89)	52(70)	12	12	20	0	32	12	8
107	6	1	0	99	122(94)	59(29)	65(42)	11	13	18	13	35	21	9
106	6	1	0	99	122(94)	45(45)	63(49)	2	27	14	11	32	16	15
〈95명〉평균					135.79	45.85	67.26	13.88	17.46	13.84	9.00	39.20	18.10	10.02
표준편차					7.03	23.39	22.72	6.51	7.24	6.37	5.64	6.80	11.53	5.84 · 8.44

[IQ 2부 계산 · 만들기 · 유창성 · 독창성] (표시 : 1, 2)

ID	1부	-만들기	유창성	-독창성
206		2		
515	2 1	2 2 1	1 1 2	1
411	1	1 1		
425		1		
320	2 1	1	2	2 2 1
107	1 1	2 1	2	1 1 2
106		2 1	1	

행동특성검사 (점수는 표준정규화 점수 z값)

ID	교사용 전체	부모용 전체	학생용 전체	교사용 36번	부모용 36번	학생 36번	적성	태도	학생향	성향	정신능력	계산력	창의력	반성능력
206	.82	-2.41	.17	.11		-2.52	-3.06	-3.13	-2.03	-1.92				-1.50
515	1.32	.38	1.08	1.35		1.08	.67	-.87	-1.72	.68				1.30
411	-.67	-.98	-.37	-1.67	-.71	-.06	.73	-1.05	-.80	-.19				-.57
425	-.67			-1.21										
320	-2.76	-.62	-.75	-.40	-.71	-1.38	-1.43	-1.22	-.80	-1.70				-1.13
107	-.76	-1.34	.25	.17	.11	-1.65	-.79	-.86	-.44	-1.22				-1.30
106	-.04	.13	.17	.90	-.30	.32	.44	-.87	-1.41	-.73				-.75

〈설명〉IQ, 1, 2부 검사 성적 및 2부의 요소별 점수에 대해
고득점자군(2 : 상위 1-30등 까지), 저득점자군(1 : 31-60등 까지).
1등 이하는 으로 표시((표 Ⅳ-27) 참고)
행동특성 검사의 점수는 표준정규화 점수(z값) 임.

1부 검사 성적순

교득점자군(2)/저득점군(1)/ 할당자군(무표시)
[IQ 2부 계산]

[2부 검사 항목별 점수]

ID	학년별	성별	상대비율	IQ	1부(석차)	2부	계산전환	문제해결	예측창의	규칙발견	만들기	유창성	응통성	독창성	1부	만들기	유창성	독창성	유창성	독창성	교사전체	부모전체	학생전체	교사36번	부모36번	학생36번	적성	태도	성창	정신능력	계산력	창의력	반성능력
522	6	0	99	142(16)	95(1)	71(32)	10	29	14	9	9	41	20	10	2 2 1		2 1		1 1 1		-.08	-.49	-.10	.17	-.40	.11	-.48	-.25	-.26	.51	-.18	-.19	-.01
526	6	1	99	152(1)	92(2)	57(57)	22	21	11	3	0	37	8	12	2 2 1		2 1				1.46	.90					-.06	-.03	-.26		-.95	-.19	.
505	6	1	99	151(2)	86(3)	64(45)	21	14	14	15	8	40	12	12	2 2 1	1 1					.42	1.46		.62	.90	.29	.51	-.03	-.87	-1.41	-.95	-.38	.
502	6	1	99	148(4)	85(4)	109(7)	18	35	29	19	8	61	27	32	2 2 1	1 1					1.43	.46	-.37	.25	-.71	.29	-.06	-.03	-.87	-1.10	-.40	-.94	.
509	6	1	99	133(60)	84(5)	122(2)	25	25	25	20	30	55	35	19	1 2 2	2 2					.19.07	-.10	.90	.93	1.83	.51	1.84	1.95	1.73	1.67	1.06	2.23	.
316	5	1	99	139(30)	84(5)	103(11)	28	29	17	21	8	63	21	15	2 2 1	2 2					-28.28	1.96	-.29	-.40	1.35	.93	.48	.70	.90	-.01	1.06	1.30	-.19
514	6	1	99	138(32)	83(7)	63(49)	11	17	16	10	9	40	16	27	1 2 2	2 2					.98	1.28	.45	1.08	.25		.42	.09	-.18	1.06	1.11	.18	
115	6	1	99	136(43)	79(8)	75(27)	30	38	11	15	11	67	20	14	1 2 2	2 2					.48	.54	.62	.25	.52	.87	1.45	1.36	1.48	1.38	.75	1.33	1.86
325	6	1	99	132(69)	78(9)	120(3)	16	21	20	19	13	41	19	9	2 2 2	2 2					37.59	-.18	1.47	.62	-1.05	-1.12	-.29	.13	.13	.34	-.18	.46	-.01
513	6	2	99	148(4)	77(10)	74(29)	16	30	11	16	10	69	19	34	2 2 2	2 1					.93	1.26	.20	.62	-.40	.52	.68	.89	.55	1.90	-.80	1.87	.93
521	6	1	99	151(2)	77(10)	108(8)	23	20	20	9	19	43	29	25	2 2 2	2 1					.96	.66	1.08	.62	1.70	.93	.32	-.26	1.03	1.06	.14	-.01	
525	6	1	99	142(16)	76(12)	106(9)	20	35	19	20	35	60	28	28	2 2 2	2 2					.84	.24	1.07	.62	1.35	-.48	1.08	.67	-.87	-1.72	.68	1.30	
507	6	1	99	138(32)	76(12)	113(5)	11	18	25	20	4	36	18	4	1 2 2	2 2					.75.72	.24	1.08	-1.70	.11	1.08	.32	-.26	-.61	1.06	.14	-.01	
515	6	1	99	124(90)	75(14)	72(31)	26	19	16	19	15	49	22	16	1 2 2	2 2					1.32.38	.58	1.08	-.40	1.08	1.06	1.08	.67	-.87	-1.72	.68	1.30	-.19
103	6	1	99	137(39)	74(15)	75(27)	17	18	12	19	9	58	18	18	1 2 2	1 2					.48	-.65	-.40	.17	-.40	.11	-.48	-.53	-.61	-.18	-.18	-.51	
518	6	1	99	133(60)	73(16)	92(16)	13	19	24	17	13	56	18	16	1 1 2	2 2					1.59.59	1.08	1.08	.90	1.35	.32	.32	-.96	.34	1.67	1.87	.79	-.01
510	6	1	99	138(32)	73(16)	87(18)	20	20	13	30	23	50	25	23	1 2 2	1 2					1.45	1.36	.94	.90	.90	.93	1.06	.89	1.02	1.56	.75	.18	1.11
552	5	1	99	147(7)	71(18)	98(13)	17	30	30	18	12	47	25	5	2 2 2	2 2					1.02	1.15	.75	1.08	.90	.93	.87	1.08	.20	.51	-.80	1.00	-.19
104	6	2	99	128(80)	71(18)	80(22)	13	18	18	17	23	68	29	23	2 2 2	1 2					.95	2.21	-.44	.25	-.30	-.30	-1.64	-.44	-.15	-.35	-.18	-.51	1.11
511	6	1	99	137(39)	71(18)	120(3)	20	20	25	22	9	45	18	16	2 2 2	2 2					1.58	1.64	1.09	.90	.90	1.35	.68	1.08	.67	1.38	.75	1.44	.93
101	6	1	99	134(54)	69(20)	88(17)	20	35	17	9	5	35	13	23	2 2 2	2 2					-.75	-.29	-.23	.17			.48	.23	.09	-1.22	.13	-1.38	.18
501	6	1	99	148(4)	68(21)	64(45)	16	21	15	12	16	40	18	16	2 2 2	2 2					1.68		1.77	1.08		-1.53			1.95	1.90	1.67	1.11	1.86
327	6	2	99	142(16)	67(23)	81(20)	16	22	17	30	18	49	30	23	2 2 2	2 1					1.61	2.10		.25	.25	-.30	1.64	1.84	1.02	1.90	1.67	1.11	
520	6	2	99	140(24)	66(24)	102(12)	16	11	15	8	6	43	15	7	2 2 2	1 2					.89	.43	.71	.62	.90	-2.36	.68	1.27	1.02	-1.40	-1.41	1.33	1.11
516	6	1	99	136(43)	64(25)	65(42)	20	25	20	16	13	54	27	31	2 2 2	2 2					.86	1.49	1.03	.25	.25	.52	.87	1.27	1.25	.69	.44	1.00	.55
523	6	1	99	146(8)	62(26)	112(6)	35	23	23	13	13	44	24	17	2 2 2	2 2					-1.38	.20	.62	1.08	-.40	.11	.68	1.08	.90	.51	-.80	-.68	.93
508	6	1	99	138(32)	62(26)	79(23)	8	15	15	8	13	34	19	11	2 1 2	2 2					-.76	-1.34	-1.05	.17	.25	.11	-.29	-1.65	-.79	-.86	-.44	-1.22	-1.30
441	6	1	99	130(73)	61(28)	70(34)	12	22	9	16	13	35	21	9	1 2 1	2 1					.15		-1.05										
107	6	1	99	122(94)	59(29)	65(42)	11	13	10	18	18	35	21	17	1 2 1	2 1																	
449	6	1	99	135(48)	58(30)	56(60)	8	16	7	17	17	35	18	3	1 2 1	1 1					.251.03					1.35	1.64	1.27	1.25	.51	.44	.46	.93

경시대회

[2부 검사 항목별 점수]   [고득점자군(2)/저득점자군(1)/탈락자군(무표시)]   [행 동 특 성 검 사]

ID	학년	성별	입상	연령	IQ	1부(석차)	2부	계산전략	문제해결	규칙발견	단순덧기발전	유창성	독창성	용통성	독창성	1부	만들기	독창성	유창성(IQ/2부/제산)	교사용전체	부모용전체	학생용전체	교사용36번	부모용36번	학생용36번	적성	성태도	성향	정신능력	계산력	창의력	반성능력
308	6	1	1	99	135(48)	57(31)	65(42)	23	19	12	11	0	41	13	11	1 1	2 1	1	1	-1.72	-.03	.41	-.75	.25	-.30	.87	-.53	.67	.69	1.36	.35	.18
110	6	2	1	99	135(48)	55(32)	104(10)	21	27	19	17	20	57	31	16	1 1	2 2	2		1.10	-.06	1.01	.62	.25	.93	-1.44	.23	.55	-.18	-.49	-.08	-.19
111	6	1	0	99	137(39)	54(33)	69(35)	19	19	12	15	12	48	19	4	2 1	2 1	1	.80	.46	.25	.46	.90	.90	1.35	.87	.98	.90	1.21	1.67	.46	1.11
302	6	1	0	99	142(16)	54(33)	53(67)	18	8	15	13	0	34	10	9	2 1	1 1	1	-1.18	-.27	-.40	-1.12	-.29	-.40	-.67	-.25	-.26	-.18	-.18	-.51	-.01
318	6	1	0	99	134(54)	54(33)	55(61)	17	8	11	10	0	36	10	9	2 1	1 1	1	-.25	-.01	.11	-.40	.48	-.06	.09	-.70	.44	-.38
307	6	1	1	99	141(23)	53(37)	71(32)	16	13	11	21	21	37	22	12	2 1	2 2	2	-.12	1.41	-1.18	.90	-1.12	-.67	-1.48	-.73	-.53	-1.41	-.08	-.75
506	6	1	0	99	144(11)	53(37)	93(15)	16	34	10	6	4	59	20	14	2 1	2 1	1	.95	-1.67	.17	.90	-1.41	-2.06
205	6	1	0	99	130(73)	52(38)	54(64)	15	16	9	4	11	34	12	8	2 2	1 2	2	.53	.64	.35	.62	.90	1.35	1.06	-.06	-.38	1.03	1.06	.35	-.01
554	5	1	1	99	142(16)	50(39)	64(45)	6	20	13	11	0	42	19	8	2 1	1 1	1	1.08	.35	.35
310	6	1	0	99	131(72)	49(40)	43(86)	6	15	5	7	4	31	14	3	1 1	1 1	1	-.66	-1.36	-.31	.17	-.40	.93	.29	.04	-.85	-.35	.44	-.95	-.38
446	6	2	0	99	133(60)	48(41)	45(80)	9	14	7	4	14	28	22	3	1 1	2 2	1	.60	-.41	.73	.62	-.40	1.35	.10	.61	.79	1.03	-.49	.79	1.30
551	5	1	1	99	143(15)	47(42)	77(25)	15	23	18	11	14	46	16	9	2 1	1 1	2	-1.92	1.15	.75	-1.21	-.40	.11	.29	.70	.44	1.03	1.06	.89	.55
303	6	1	0	99	133(60)	46(43)	55(61)	14	18	6	6	4	29	16	10	1 1	1 1	1	-.67	-.98	-.37	-1.67	-.40	.11	.10	.70	-.73	-.85	-.80	-.19	-.57
411	6	1	0	99	124(90)	46(43)	53(67)	12	12	11	11	9	30	15	8	2 1	1 1	2	-.04	.13	-.29	-1.67	.90	-.71	-.06	.32	-.73	-.87	-1.41	-.73	-.75
106	6	1	0	99	122(94)	45(45)	63(49)	2	27	14	4	9	33	16	15	2 1	2 1	1	-.30	.13	-.29	-.75	-.40	-.48	.32	.44	-.44	-.73	.03	-.73
404	6	1	0	99	140(24)	45(45)	57(57)	6	22	7	13	13	55	15	9	2 1	2 2	2	-.67	-.90	.05	-.75	-.40	-.71	-.29	.04	-.03	-.35	.13	.03	.55
315	5	1	0	99	144(11)	45(45)	129(1)	26	30	26	37	10	55	25	49	2 1	2 2	2 1	.39	.64	1.33	.17	-.40	1.35	1.06	1.27	1.14	1.38	1.06	1.44	1.30
319	6	1	0	99	135(48)	44(48)	42(88)	2	11	11	11	8	23	18	8	2 1	1 1	1	-.72	-.18	.17	-.40	.93	.10	-.34	-.38	-.18	.44	-.30	-.38
207	6	1	0	99	130(73)	44(48)	50(75)	8	15	6	9	0	33	12	6	2 1	1 2	1 1	.32	-1.24	-1.01	.62	-.40	.93	-.29	-.34	-.96	-.18	-.18	-1.16	-1.50
324	6	1	0	99	142(16)	44(48)	76(26)	12	20	12	12	12	48	22	4	2 1	1 2	1 2	-.44	-.02	.26	.17	-.40	-.71	-1.85	-1.95	.32	-.18	.44	.35	.18
301	6	1	0	99	140(24)	44(48)	58(56)	17	16	8	8	4	39	15	5	1 2	1 2	2	-.69	-1.67	-1.52	-1.21	-1.05	-.30	.51	-1.19	-2.36	-1.05	-1.10	-1.60	-.18
321	6	1	0	99	144(11)	44(48)	45(80)	9	16	17	4	0	41	14	2	2 1	1 1	1	.41	-.42	-.40	-.30	-1.19	-.73	.17	-.40	-2.06
414	6	2	0	97	132(69)	43(53)	62(53)	6	7	9	9	8	31	14	2	1 1	1	1	-.22	-1.21	-.81	-.18
527	6	1	0	99	146(8)	42(54)	62(53)	12	12	8	8	6	35	19	8	1 1	1 2	1	.
326	6	1	1	99	138(32)	41(55)	57(57)	15	14	12	14	9	34	17	6	2 1	1 1	1	.20	.17	.13	.46
512	6	1	0	99	130(73)	40(56)	87(18)	18	19	12	12	7	34	20	10	2 2	1 1	2	-.57	.11	-1.70	-.40	.48	.13	.09	.17	.13	-.19
448	6	1	0	99	130(73)	39(57)	41(90)	7	8	13	13	0	26	11	4	1 1	2 1	2	.44	.92	.60	.90	-.09	.89	1.03	1.67	.46	.18
504	6	1	0	99	134(54)	39(57)	66(41)	11	18	6	6	12	38	16	12	1 1	1 2	1 2	-.40	.28	-.50	.11	.25	.52	.48	.13	-.34	.20	.17	.51	-1.41	-.19
108	6	1	0	98	140(24)	38(59)	81(20)	21	10	15	19	19	43	21	17	2 2	1 2	2 2	.30	-1.11	-1.78	1.08	-.40	1.35	.10	-.34	-1.31	1.03	-1.41	-.95	-.19
444	6	1	1	99	130(73)	37(60)	55(61)	12	15	11	5	2	38	15	2	1 2	2 2	1 2	.30	-1.11	-1.78	1.08	-.40	-2.36	-1.44	-1.95	-1.66	-1.92	-.49	-1.92	-2.43

경시대회 고득점자군(2)/저득점군(1)/탈락자군(무표시)

[2부 검사 항목별 점수] [IQ 2부 계산] 행동특성검사

ID	학년	임상 성별	정렬력	수리비율	IQ	1부(석차)	2부	계산 전반결과	문제해결	계획성	규칙발견	의의	만들기 전기	유응통성	독창성	유형성 (1부/2부/계산/만들기/유창성/독창성)	교사용 전체	부모용 전체	학생 전체	교사용 36번	부모용 36번	학생용 36번	적성	생태도	성향	정신능력	계산력	창의력	반성능력
424	6	2	0	99	134(54)	34(61)	61(55)	6	22	9	14	10	34	19	8	1 2 1 1 1	-.26	-.16	.17	1.70	-1.12	-.48	.42	-.61	-.53	-.49	-.40	.37	.
528	6	2	0	99	136(43)	34(61)	63(49)	22	10	16	10	5	38	17	4	1 2 1 1	.	-.49	.56	.	.90	.11	.10	.23	.67	.51	1.36	.46	.74
309	6	2	0	99	136(43)	33(63)	68(38)	6	9	16	18	19	32	25	14	2 2 2 2 1 1	.	.	.	.	.	.	.	.	.	.	.	.	.
524	6	1	0	99	138(32)	32(64)	78(24)	21	22	15	16	4	44	19	15	1 2 1 2 1 2 1 1 2	-.10	.87	-.29	.17	.90	.93	1.64	-.25	-.15	-.35	.75	-1.49	-1.31
553	5	2	0	99	133(60)	32(64)	67(39)	12	27	12	12	4	43	15	9	1 1 2 1 1 1	-.82	-.90	-.16	-.75	-1.05	.52	.10	-.44	-.03	-.53	-1.41	.35	-.19
112	6	2	0	99	127(84)	32(64)	69(35)	10	17	8	24	13	24	14	5	1 2 2	.66	.	.	.62	.	.	.	.	.	.	.	.	.
413	6	1	0	98	128(80)	31(67)	44(83)	8	16	4	8	8	25	15	4	1 2 2 1	.	.	.	.	.	.	.	.	.	.	.	.	.
113	6	2	0	99	133(60)	30(68)	73(30)	14	16	17	15	11	45	20	8	2 1 2 1 1 1	.	.	.	.	.	.	.	.	.	.	.	.	.
317	6	2	0	99	133(60)	30(68)	63(49)	18	9	21	4	11	37	18	8	2 1 2 1 1 1	.	.	.	.	.	.	.	.	.	.	.	.	.
447	6	2	0	99	133(60)	30(68)	41(90)	13	11	11	6	0	32	9	10	1 2 1 1 1	.	.	.	.	.	.	.	.	.	.	.	.	.
329	6	1	0	99	137(39)	29(71)	94(14)	24	17	22	17	14	59	25	10	2 1 2 1 2 2 2 1	.23	-1.49	.09	.17	.90	.11	-3.37	-.34	1.02	.86	-1.72	.79	1.49
405	6	2	0	99	138(32)	29(71)	54(64)	11	12	12	10	9	35	18	1	1 1 1 1	.30	-1.03	-.95	.62	-.40	.11	-.87	-1.76	-.73	-.87	.13	-.84	-.94
443	6	2	0	99	139(30)	28(73)	49(77)	11	9	5	20	5	31	12	6	2 2 1	-1.03	-.36	-.22	.62	-.40	-1.12	-.29	-.15	.17	.17	-.18	.46	-.01
445	6	2	0	99	136(43)	28(73)	53(67)	9	14	7	17	6	37	13	4	2 1 2 1 2 1	-.66	-.52	.31	.17	.25	.11	-.87	.13	.44	.69	.75	.24	.55
422	6	1	0	97	128(80)	28(73)	52(70)	11	10	15	7	9	31	17	4	1 1 1 1	-2.60	-.77	.24	-3.05	.90	-.30	.87	-.81	.44	1.03	-.18	.68	-.38
442	6	2	0	99	134(54)	26(76)	67(39)	18	22	4	14	9	36	20	11	1 1 2 1 1	1.02	.56	.16	1.08	.90	.11	-.29	.04	1.25	-.18	-2.03	.57	-.38
314	6	2	0	99	126(85)	26(76)	44(83)	15	11	7	7	4	24	14	4	2 2 2 1 1	-1.70	-1.36	-.61	-.75	-1.05	-.30	-.09	-.91	-1.20	-.35	.75	-.62	-.94
403	6	2	0	99	140(24)	24(78)	23(94)	4	9	4	4	4	13	10	0		-.75	-1.31	-.99	-2.13	.90	.52	-.48	1.55	-.55	.86	.44	1.22	1.49
206	6	2	0	97	125(87)	23(79)	51(73)	17	13	8	8	5	32	14	5	2 2	.82	.	-2.41	.17	.	.11	-2.41	-2.52	-3.06	-3.13	-2.03	-1.92	-1.50
517	6	1	0	99	146(8)	22(80)	54(64)	8	10	12	10	14	33	14	7	2 1 1 1 1	.80	.	-1.37	.17	.90	.	-1.44	-1.95	-1.55	-1.22	-1.41	-.95	-.94
204	6	2	0	99	134(54)	22(80)	50(75)	7	15	7	13	8	30	17	3	1 1 2 1 1	.24	-.23	-.33	.17	.90	1.35	-.29	-.63	-.15	-.70	1.06	-.95	.18
109	6	2	0	99	140(24)	21(82)	69(35)	11	13	20	15	10	41	19	9	1 2 1 1 1 1	.	-1.36	-.29	.	.90	-.30	-.48	-.72	-.03	.17	-.49	-.40	-.19
313	6	1	0	99	144(11)	20(83)	48(78)	7	15	14	12	0	34	12	2	1 1 1	-1.20	-.05	-1.56	-.75	-1.70	-1.95	-.87	-1.38	-2.01	-2.09	-.49	-2.14	-1.13
305	6	2	0	99	135(48)	15(84)	41(90)	14	19	4	4	0	33	7	1	1 1	-.53	-1.39	-1.48	-1.67	.90	-1.12	-.87	-1.86	-1.66	-1.22	-.80	-1.49	-1.87
407	6	1	0	98	125(87)	15(84)	45(80)	10	9	4	8	14	24	14	7	2 1 1 2	-.78	-.52	.	-.29	.	.	.	.	.	.	.	.	.
402	6	2	0	99	133(60)	14(86)	42(88)	7	11	4	12	8	24	16	2	1 1 1 1	.	.	.	.	.	.	.	.	.	.	.	.	.
312	6	2	0	99	135(48)	13(87)	64(45)	7	13	12	12	20	38	23	3	1 1 1 1 2 2 2	2.13	2.13	-.46	.	.90	1.35	.68	-.34	-.50	-1.40	.13	-1.27	-.01
203	6	1	0	97	129(79)	12(88)	52(70)	7	14	5	12	14	29	22	1	1 1 2 1 1 2 2 2	.	.	.	.	.	.	.	.	.	.	.	.	.

검사대회

[2부 검사 항목별 점수]

고득점자군(2)/저득점자군(1 [   ])
탈락자군(무표시)

[IQ 2부 계산 유창성]

행 동 특 성 검 사

ID	학년	성별	상별결과	정정결과	수리비율	IQ	1부(석차)	2부	계산전환	문제해결결	규칙발견	만들기	유창성	융통성	독창성	1부 계산	2부 -만들기	유창성	-독창성	교사용 전체	부모용 전체	학생용 전체	교사용 36번	부모용 36번	학생용 36번	학생용 36번	성취도	정신능력	계산력	창의력	반성능력
320	6	1	0	99	123(92)	11(89)	52(70)	12	12	20	0	32	12	8	1		2		1	-2.76	-.62	-1.33	-.40	-.71	-1.25	-1.38	-1.22	-.80	-1.70	-1.13
328	6	2	0	97	128(80)	8(90)	20(95)	5	9	3	0	14	6	0																	
409	6	1	0	97	126(85)	5(91)	43(86)	9	11	9	4	22	18	3			1	1	1			-1.67	.90	-.30	.29	-.44	.20	.17	.44	-.19
304	6	2	0	98	125(87)	5(91)	44(83)	11	10	7	4	28	15	1	1					-.57	.23	.14	.90	-.30	-.48	-.91	-.85	-.87	-.80	-.62
401	6	2	0	99	132(69)	4(93)	51(73)	10	14	16	5	27	16	8	1	1	1	1	1	-1.47	-1.75	-.80	-2.59	-1.53	-1.25	-1.00	-1.08	-.70	1.06	-1.13
306	6	2	0	99	142(16)	4(93)	47(79)	19	7	10	4	31	11	5	2		1	1		-.78	.15	1.16	-.29	-.40	1.83	.51	1.72	.69	1.06	-1.50
425	6	2	0	97	123(92)	0(95)	36(93)	6	7	11	4	20	13	3		1				-.67		-1.21		.11					1.00	1.11
⟨95명⟩ 평균					135.79	45.85	67.26	13.88	17.46	13.84	13.13	9.00	39.20	18.10	10.02															
표준편차					7.03	23.39	22.72	6.51	7.24	6.37	5.64	6.80	11.53	5.84	8.4															

⟨설명⟩ IQ, 1, 2부 검사 성적 및 2부의 요소별 점수에 대해
고득점자군(2 : 상위 1-30등 까지), 저득점자군(1 : 31-60등 까지), 탈락자군(무표시 : 61등 이하)으로 표시((표 IV-27) 참고)
행동특성 검사의 점수는 표준정규화 점수(z값)임.

2부 검사 성적순

[2부 검사 항목별 점수]   고득점자군(2)/저득점군(1)/탈락자군(무표시)   [행동특성검사]

[IQ 2부 계산(1)/ 탈락자군(무표시)]

ID	경시대회 학년별	성별	상위백분율	IQ	1부(석차)	2부	계산전략	문제해결	책창의	규칙발견	만들기	유창성	융통성	독창성	1부	계산	-만들기	유창성	-독창성	교사용 전체	부모용 전체	학생용 전체	교사용 36번	부모용 36번	학생용 36번	적성	태도	학생상향	정신능력	계산력	창의력	반성능력
315	5	1	99	144(11)	45(45)	129(1)	26	30	26	37	10	55	25	49	2	1	2	2	2	.39	.64	1.33	.17	-.40	1.35	1.06	1.27	1.14	1.38	1.06	1.44	1.30
509	6	1	99	133(60)	84(5)	122(2)	25	22	25	20	30	55	35	32	2	2	2	2	2	.19	.07	-.10	1.08	.90	.93	.29	.51	-.03	-.18	-1.10	-.40	-.94
511	6	1	99	137(39)	69(20)	120(3)	19	30	25	19	23	68	29	23	1	2	2	2	2	1.58	1.64	1.09	1.08	.90	1.35	.68	1.08	.67	1.38	.75	1.44	.93
325	6	1	99	132(69)	78(9)	120(3)	30	38	25	22	13	67	26	18	2	2	2	2	2	.37	.59	.54	.62	.25	.52	.87	.42	.09	-.18	1.06	1.11	.18
507	6	1	99	138(32)	76(12)	113(5)	20	35	25	20	13	60	28	25	1	2	2	2	2	.75	.72	.24	1.08	-1.70	.11	-.48	.32	-.26	1.03	1.06	.14	-.01
523	6	1	99	146(8)	62(26)	112(6)	35	25	23	16	13	54	23	31	2	2	2	2	2	.89	.43	.71	.62	.90	-2.36	.68	1.27	1.02	-1.40	-1.41	1.33	1.11
502	6	1	99	148(4)	85(4)	108(7)	18	35	24	19	6	57	27	27	2	2	2	2	2	1.43	.46	-.37	1.08	.25	-.71	.29	-.06	-.03	-.87	-.95	-.38
521	6	1	99	151(2)	77(10)	108(8)	20	35	20	19	19	69	30	30	2	1	2	2	1	.96	1.26	-.20	1.08	-.40	.52	-.29	.13	.20	.34	-.18	-.46	-.01
525	6	1	99	142(16)	76(12)	106(9)	23	20	19	19	35	43	20	34	2	2	2	2	2	.84	.66	1.07	.62	-1.70	.93	.68	.89	.35	1.90	-.80	1.87	.93
110	6	2	99	135(48)	55(32)	104(10)	27	27	17	17	20	57	19	19	1	2	2	2	2	1.10	.66	-1.44	-1.70	-.40	.23	.23	.55	1.90	-.49	-.08	-.19
316	5	1	99	139(30)	84(5)	103(11)	28	29	17	21	8	63	17	19	2	2	2	2	2	-.28	1.10	1.96	-.40	-.40	1.35	1.83	.23	-.18	1.73	1.67	1.87	2.23
520	6	1	99	140(24)	66(24)	102(12)	15	22	30	30	18	49	22	23	2	2	2	2	2	1.61	.28	1.77	-.29	.25	-.30	1.64	1.84	1.95	1.90	1.67	1.87	1.86
552	5	1	99	147(7)	71(18)	98(13)	17	17	30	18	13	59	30	10	2	2	2	2	2	1.02	2.10	.75	1.08	.25	.93	.75	1.84	1.95	.51	-.80	1.11	1.11
329	6	0	99	137(39)	29(71)	94(14)	24	34	22	17	4	59	25	14	1	2	2	2	1	1.15	1.15	.11	.90	.93	.87	1.08	.20	1.00	1.11
506	6	1	99	144(11)	53(37)	93(15)	10	19	29	16	4	58	20	16	2	2	1	1	2	-.12	-1.67	.17	.90	.90	.90	.90
518	6	1	99	133(60)	73(16)	92(16)	26	25	24	18	4	45	18	16	2	2	2	1	1	1.59	.59	1.08	.90	1.35	.32	-.96	.34	.17	1.87	.18
101	6	0	99	134(54)	68(21)	88(17)	19	19	15	18	9	57	18	10	1	1	1	1	1	-.75	.17	.17	.18
512	6	1	99	130(73)	40(56)	87(18)	18	26	26	15	9	53	15	13	1	2	1	1	1	.60	-.57	.11	1.08	-1.70	.11	.48	.13	.20	.17	.13	-.19	-.38
510	6	1	99	138(32)	73(16)	87(18)	22	19	13	15	9	57	13	17	1	2	1	2	2	1.45	1.36	.94	1.08	.90	.93	1.06	.89	1.02	1.56	.75	.79	-.01
108	6	0	98	140(24)	38(59)	81(20)	16	22	16	15	19	40	21	17	2	2	2	2	2	-.40	.28	-.50	.17	.25	.52	.10	-.34	-1.31	.51	-1.41	-.95	-.19
327	6	2	99	142(16)	67(23)	81(20)	16	20	15	12	16	47	21	16	2	1	1	2	1													
104	6	2	99	128(80)	71(18)	80(22)	13	20	18	20	12	44	25	8	1	2	2	2	2	.95	2.21	-.44	.62	.25	-.30	-1.64	-.44	-.15	-.35	-.18	-.51	-.19
508	6	1	99	138(32)	62(26)	79(23)	21	23	15	13	13	44	24	15	1	2	2	1	1	.86	1.49	1.03	.62	.25	.52	.87	1.27	1.25	.69	.44	1.00	.55
524	6	1	99	138(32)	32(64)	78(24)	15	22	7	4	14	46	19	6	2	2	1	1	2	.60	-.41	.73	.62	-.40	1.35	.10	.61	.79	1.03	-.49	.79	1.30
551	5	1	99	143(15)	47(42)	77(25)	15	23	11	15	12	44	22	13	2	1	1	2	1	-.44	.02	.26	.17	-.40	-.71	-.09	.51	.32	-.18	-.18	.35	.18
324	6	1	99	142(16)	44(48)	76(26)	20	20	12	12	15	40	22	15	2	2	1	2	2													
115	6	1	99	136(43)	79(8)	75(27)	8	30	14	11	11	40	20	4	1	1	1	1	2	.48	-.65	-.40	.62	-.40	.11	-.48	-.53	-.61	-.18	-.18	-.51	-.19
103	6	1	99	137(39)	74(15)	75(27)	11	18	12	16	15	49	21	14	2	1	2	1	1	.48	-.18	.17	-1.05	-1.12	1.45	1.48	1.38	.75	1.33	-.51
513	6	2	99	148(4)	77(10)	74(29)	16	21	11	10	10	41	19	14	2	2	1	2	2	.93	-.18	1.47	.62	-.40	-1.12	1.45	1.36	1.86

[2부 검사 항목별 점수] [IQ 2부 계산 할당자군(무표시)] 행 동 특 성 검 사 경시대회 〔 상 황 / 응 용 〕

ID	학년별	성별	임상경험비율	수리능력비율	IQ	1부(석차)	2부	계산전략	문제해결	재정창의	규칙발견	만들기	유창성	융통성	독창성	1부	계산	만들기	유창성	독창성	교사전체	부모전체	학생전체	교사36번	부모36번	학생36번	적성	태도	성향	정신능력	계산력	창의력	반성능력
113	6	1	0	99	133(60)	30(68)	73(30)	14	16	17	15	11	45	20	8	1	2	1	1	1	.66	.38	.58	.62	-.40	1.35	1.06	1.08	.67	-.87	-1.72	.68	1.30
515	6	1	0	99	124(90)	75(14)	72(31)	18	21	16	13	4	36	19	17	2	2	2	2	1	1.32	-1.41	-1.18	1.08	.90	-1.12	-.67	-1.48	-.73	-.53	-1.41	-1.49	-2.06
307	6	1	0	99	141(23)	54(33)	71(31)	16	13	11	10	21	37	19	12	2	2	1	1	1	-.08	-.10	.17	-.40	.11	-.48	-.25	-.26	.51	-.18	-.19	-.01	.18
522	6	1	1	99	142(16)	95(1)	71(32)	12	29	14	9	9	41	20	10	2	2	1	1	2	-1.38	.20	.77	1.08	.11	.11	.68	1.08	.90	.51	-.80	.68	.93
441	6	1	0	99	130(73)	61(28)	70(34)	11	22	9	14	13	34	19	7	1	2	1	1	1	.80	.46	1.01	.62	.90	.98	.87	1.08	.90	.51	1.67	.46	1.11
111	6	1	0	99	137(39)	54(33)	69(35)	11	19	12	15	10	48	19	4	2	1	1	1	1	.24	-.23	.62	.17	.90	1.35	-.29	-.63	-.15	-.70	1.06	.46	.18
109	6	2	0	99	140(24)	21(82)	69(35)	10	13	20	8	24	41	21	9	1	1	2	1	1	-.10	.87	-.33	.17	.90	1.35	1.64	-.25	-.15	-.35	1.06	-.95	-1.31
112	6	2	0	99	127(84)	32(64)	69(35)	6	10	16	18	11	32	22	5	1	1	2	1	2	.	-.49	-.29	.17	.90	.93	.10	.23	.67	.51	.75	-1.49	.18
309	6	2	0	99	136(43)	33(63)	68(38)	12	27	12	12	9	43	22	14	1	1	1	1	1	1.02	.56	.16	1.08	.90	.11	-.29	.04	1.25	-.18	1.36	.46	.74
553	5	2	0	99	133(60)	32(64)	67(39)	18	22	16	14	4	36	15	9	1	2	2	1	1	.	.	.	.	.	.	.	.	.	.	.	.	.
442	6	2	0	99	134(54)	26(76)	67(39)	11	22	14	23	9	38	20	11	1	2	2	2	1	-1.72	-.03	.41	-.75	.25	-.30	.87	-.53	.69	1.36	.57	.35	-.38
504	6	1	0	99	134(54)	39(57)	66(41)	11	19	8	11	6	41	13	11	1	1	1	1	1	-.76	-1.34	-1.05	.17	.25	.11	-.29	-1.65	-.79	-.86	-.44	.57	.18
308	6	1	0	99	135(48)	57(31)	65(42)	23	11	20	8	0	43	15	7	2	2	1	2	1	.53	.64	.35	1.08	.90	1.35	1.06	-.06	-.38	1.03	1.06	-1.22	-1.30
516	6	1	0	99	136(43)	64(25)	65(42)	20	13	14	11	6	43	15	3	2	2	2	1	2	1.68	-.29	-.23	1.08	.90	-1.53	.48	.23	.09	-1.22	.13	.35	-.01
107	6	1	1	99	122(94)	59(29)	65(42)	11	20	17	18	11	35	21	16	1	2	1	2	2	.42	1.46	.45	.62	.90	.93	.48	.70	.90	-.01	.13	.35	.18
554	5	1	1	99	142(16)	50(39)	64(45)	6	21	12	10	5	42	13	9	2	1	1	1	2	.98	1.28	1.28	1.08	.25	.	.	.32	.44	-.87	1.06	-.08	-.19
501	6	1	0	99	148(4)	68(21)	64(45)	16	13	14	12	20	35	23	12	2	1	1	1	2	-.04	.13	-.29	.17	.90	-.30	-.48	.	-.87	.17	-1.41	-.73	-.75
312	6	1	0	99	135(48)	13(87)	64(45)	7	14	17	15	0	38	12	7	2	1	2	1	1	.	.	.	.	.	.	.	.	.	.	.	.	.
505	6	1	0	99	151(2)	86(3)	64(45)	21	17	14	10	9	40	16	12	2	2	1	1	2	.	.	.	.	.	.	.	.81	.17	.	.	.37	.18
514	6	1	0	99	138(32)	83(7)	63(49)	14	16	16	10	5	40	16	7	2	1	1	1	1	-.04	.41	.42	.17	-.40	-.30	-.29	-.61	-.73	.17	-1.10	-.40	-.75
528	6	2	0	99	136(43)	34(61)	63(49)	22	20	16	11	9	38	17	15	2	2	1	1	1	-.26	-.16	.17	-1.70	-1.12	-.48	.42	-.48	-.53	-.49	-.40	.18	.
106	6	2	0	99	122(94)	45(45)	63(49)	2	27	14	11	11	32	16	8	1	2	1	1	2	-.69	-1.67	-1.32	-1.21	-1.05	-.30	-2.02	-.61	-2.36	-1.05	-.40	.37	-2.06
317	6	2	0	99	133(60)	30(68)	63(49)	18	9	21	4	11	37	18	15	2	1	2	1	1	-.67	-.90	.05	-.75	-.40	-.71	-.29	-1.19	-.03	-.35	-1.60	.03	.55
321	6	1	0	99	144(11)	44(48)	62(53)	9	16	14	17	8	41	16	5	2	1	1	1	1	.15	251.03	.17	.90	1.35	1.64	1.27	1.25	.51	.44	.46	.93	.
527	6	2	0	99	146(8)	42(54)	62(53)	12	22	14	16	10	35	19	8	2	2	1	1	1	.	.	.	.	.	.	.	.	.	.	.	.	.
424	6	2	0	99	134(54)	34(61)	61(55)	17	16	9	16	4	34	17	4	1	1	1	1	1	.	.	.	.	.	.	.	.	.	.	.	.	.
301	6	1	0	99	140(24)	44(48)	58(56)	15	21	13	14	4	39	15	6	2	1	1	1	1	.	.	.	.	.	.	.	.	.	.	.	.	.
326	6	1	0	99	138(32)	41(55)	57(57)	22	21	11	8	0	37	8	12	2	2	1	2	1	.	.	.	.	.	.	.	.	.	.	.	.	.
526	6	1	1	99	152(1)	92(2)	57(57)	6	22	13	12	3	33	15	9	1	1	2	1	1	.	.	.	.	.	.	.	.	.	.	.	.	.
404	6	1	0	99	140(24)	45(45)	57(57)	6	22	9	13	8	33	15	9	2	2	1	1	1	.	.	.	.	.	.	.	.	.	.	.	.	.
449	6	1	0	99	135(48)	58(30)	56(60)	8	16	17	17	8	35	18	3	1	2	1	1	1	.	.	.	.	.	.	.	.	.	.	.	.	.

고득점자군(2)/저득점자군(1)/ 탈락자군(무표시)

[2부 검사 항목별 점수]　　[IQ 2부 계산]　　행 동 특 성 검 사　　학 생 용

ID	학년	성별	변별	순위비율	IQ (석차)	1부 (석차)	2부 (석차)	계산전략	문제해결	규칙발견	만들기	유창성	응통성	독창성	[IQ] 1부	만들기	유창성	-독창성	유창성-성	-독창성	교사용 전체	부모용 전체	학생 전체	교사용 36번	부모 36번	학생 36번	적성	태도	성취향	정신능력	계산능력	창의력	반성능력
303	6	1	0	99	133(60)	46(43)	55(61)	12	18	15	6	4	29	16	10	1	1	1	1	1	1	-1.92	1.15	.75	-1.21	-.40	.11	.29	.70	.44	1.03	1.06	.89	.55
318	6	1	0	99	134(54)	54(33)	55(61)	17	8	15	15	0	36	10	9	1	1	1			1		-.52	-.01	-.40	-.40	.11	.48	-.06	-.09	-.70	.44	-.08	-.38
444	6	1	1	99	130(73)	37(60)	55(61)	12	15	11	9	12	38	15	8	1	1		2			.30	-1.11	-1.78	1.08	-.40	-2.36	-1.44	-1.95	-1.66	-1.92	-.49	-1.92	-2.43
205	6	1	0	99	130(73)	52(38)	54(64)	15	16	12	10	9	34	12	8	1	1	1	1			.95	-1.03	-.95	.62	-.40	.11	-.87	-1.76	-.73	-.87	.13	-.84	-.94
405	6	2	0	99	138(32)	29(71)	54(64)	11	12	12	9	14	35	18	7	1	1		2			.30		.62										
517	6	1	0	99	146(8)	22(80)	54(64)	8	10	14	10	9	33	14	7	1	1	1		1	1													
302	6	2	0	99	142(16)	54(33)	53(67)	9	8	14	13	6	34	10	5	1	2	1			1	-1.18	.25	-.27	-.29	-.40	-1.12	-.67	-.25	-.26	-.18	-.18	-.51	-.01
445	6	2	0	99	136(43)	28(73)	53(67)	14	9	7	17	4	37	13	9	2	1	2				-.66	-.52	.31	.17	.25	.11	-.87	.13	.44	.69	.75	.24	.55
411	6	1	0	99	124(90)	46(43)	53(67)	11	14	12	11	14	30	15	8	1	1	1				-.67	-.98	-.37	-1.67	-.40	-.71	.10	-.06	-.73	-1.05	-.80	-.19	-.57
203	6	1	0	97	129(79)	12(88)	52(70)	12	12	15	7	9	29	22	4		1						2.13	-.46		.90	1.35	.68	-.34	-.50	-1.40	.13	-1.27	-.01
422	6	1	0	97	128(73)	28(73)	52(70)	17	14	15	5	0	31	17	8	1	1	2		2	2	-2.60			-3.05	-.40	-.30	.87	-.81	.44	1.03	-.18	-.18	-.38
320	6	1	0	99	123(92)	11(89)	52(70)	7	14	8	20	5	32	12	4		2			1	1	-2.76	-.62	-1.33	-.75	-.40	-.71	-1.25	-1.38	-1.43	-1.22	-.80	-1.70	-1.13
401	6	1	0	99	132(69)	4(93)	51(73)	8	12	8	16	5	27	16	8	1	1	2		1	1	-1.47	-1.75	-.80	-2.59	.25	-1.53	-1.25	-1.00	-1.08	-.70	2.03	-.51	-1.50
206	6	2	0	99	134(54)	23(79)	51(73)	19	14	8	8	8	32	14	5	2		1													1.06			
204	6	1	0	99	130(73)	22(80)	50(75)	7	13	7	13	12	30	17	3	1	2		2			.80	-1.37	-2.41	.17		-1.44	-1.95	-2.52	-1.22	-3.13	-.95	-1.50	-.94
207	6	1	0	99	139(30)	44(48)	50(75)	8	15	6	9	5	32	18	6	1	1	1	1	1	1	.32	-1.24	-1.01	-1.01	-.40	-1.95	-1.95	-1.55	-.53	-1.41	-1.16	-1.50	-1.50
443	6	2	0	99	144(11)	28(73)	49(77)	7	15	5	20	0	34	12	2	1				1	1	-1.03	-1.36	-.22	-.29	.90	-1.12	-.22	-.96	.79	.17	-.18	.46	-.01
313	6	1	0	99	142(16)	20(83)	48(78)	9	15	14	12	4	31	11	5											-.40	-.30		-.15	-.18	.17	-.72	.17	-.40	-.19
306	6	2	0	99	132(69)	4(93)	47(79)	19	7	14	9	9	31	14	0	2						-.78	.15	-.22	-.36		-.30	-.48	-.72	-.03	.17	.49	-.40	-.19
414	6	2	0	97	125(87)	43(53)	45(80)	9	7	4	8	14	24	14	7	1						-.22		-.29		-.40	.11	1.83	.51	1.06	.69	1.06	1.00	1.11
407	6	1	1	98	133(60)	15(84)	45(80)	8	6	11	14	4	28	28	3	1	1		2			-.53	-1.39	1.16	-1.21	-1.48	.90	-1.12	-.87	-1.86	-1.66	-1.22	-.80	-1.49	-1.87
446	6	2	0	99	128(80)	48(41)	45(80)	15	9	11	8	4	25	14	4	1		1				-.66	-1.36	-1.48	-1.67	.25	.93	.29	.04	-.85	-.35	.44	-.95	-.38
413	6	2	0	98	126(85)	31(67)	44(83)	11	14	7	7	8	28	15	4							-.82	-.90	-.31	-.31	-1.05	.52	-.16	-.44	-.03	-.53	-1.41	.35	-.19
314	6	2	0	98	125(87)	26(76)	44(83)	10	16	7	4	4	28	12	4				1			-1.70	-1.36	-.16	-.75	-1.05	-.30	-.61	-.44	-.91	-1.20	-.35	.75	-.62	-.94
304	6	2	0	98	131(72)	5(91)	44(83)	15	11	12	7	0	31	15	1		1			1	1		-.83	-.61	-.61	.90	-.30	-.48	-.91	-.85	-.87	.75	-.62	-.80
310	6	1	0	99	126(85)	49(40)	43(86)	11	10	13	5	9	31	9	3		1						-.83	-.78	-.78	.90	-.30	-.91	-.91	-.85	.17	.46	-.80	-1.13
409	6	1	0	97	126(85)	5(91)	43(86)	9	11	5	9	9	22	18	3		1			1	1	-.57	.23	.14	-1.67	.90	.30	.29	-.44	.20	17.44		-.19	.

[2부 검사 항목별 점수] 고득점자군(2)/저득점군(1)/탈답자군(무표시)

[IQ 2부 계산 유창성 -독창성]

[행동특성검사]

ID	학년	성별	상담여부	경험비율	IQ	1부(석차)	2부	계산전략	문제해결	제정의	규칙발견	만들기	유창성	응통성	독창성	1부	만들기	-만들기	유창성	-독창성	교사용 전체	부모용 전체	학생용 전체	교사용 36번	부모용 36번	학생용 36번	적성	태도	성취향상	정신능력	계산력	창의력	반성능력
319	6	1	0	99	135(48)	44(48)	42(88)	2	11	18	11	0	23	11	8	1	1		2	1	-.78	-.72	-.18	-.40	.93	.10	-.34	-.38	-.18	.44	-.30	-.38
402	6	1	0	99	133(60)	14(86)	42(88)	7	11	4	12	8	24	16	2	1			1	1	-.52	-.29	.90	.11	-.34	-.34	.86	-1.72	.79	1.49		
447	6	2	0	99	133(60)	30(68)	41(90)	13	11	11	6	0	32	9	0	1					.23	-1.49	.17	.90	-3.37	-.34	1.02	.86	-1.72	-.49	-2.14	-1.13
305	6	1	0	99	135(48)	15(84)	41(90)	14	19	4	4	0	33	7	1	1	1				-1.20	-.05	-1.56	-.75	-1.95	-1.38	-2.01	-2.09	-.49	-2.14	-1.13	
448	6	1	0	99	130(73)	39(57)	41(90)	7	8	13	13	0	26	11	4		1	1	1		.44	.92	.60	.17	1.35	.89	.09	1.03	1.67	.46	.18	
425	6	2	0	97	123(92)	0(95)	36(93)	6	7	11	11	4	20	13	3	2					-.67		-1.21									
403	6	1	0	99	140(24)	24(78)	23(94)	4	9	2	4	4	13	10	2				1	1	-.75	-1.31	-2.13	.90	.52	-.48	1.55	.55	.86	.44	1.22	1.49
328	6	2	0	97	128(80)	8(90)	20(95)	5	9	3	3	0	14	6	0																	
〈95명〉 평균					135.79	45.85	67.26	13.88	17.46	13.84	13.13	9.00	39.20	18.10	10.02																	
표준편차					7.03	23.39	22.72	6.51	7.24	6.37	5.64	6.80	11.53	5.84	8.4																	

〈설명〉 IQ, 1, 2부 검사 성적 및 2부의 요소별 점수에 대해
고득점자군(2 : 상위 1-30등 까지), 저득점자군(1 : 31-60등 까지), 탈답자군(무표시 : 61등 이하)으로 표시(〈표 Ⅳ-27〉 참고)
행동특성 검사의 점수는 표준정규화 점수(z값)임.

[부록 10] [그림 Ⅳ-3], [그림 Ⅳ-4]의 선발 예시 모델 적용 결과

경시대회 / [2부 검사 항목별 점수] / [IQ 2부 계산 -만들기 유창성 -독창성] / 고득점자군(2)/저득점자군(1)/탈락자군(무표시) / 행동특성검사

ID	학년	성별	상황리더십평정	영재판별척도평정	응답수	IQ	1부(석차)	2부	계산전략	문제해결전략	규칙발견하위	유창성	만들기	융통성	독창성	군분류(1부/2부계산/만들기/유창성/독창성)	교사용전체	부모용전체	학생용전체	교사36번	부모36번	학생36번	적성	생태도	융성향	정신능력	계산력	창의력	반성능력
315	5	1	1	1	99	144(11)	45(45)	129(1)	26	30	26	55	10	25	49	2 1 2 2 2 2 2 2 2 1	.39	.64	1.33	.17	-.40	1.35	1.06	1.27	1.14	1.38	1.06	1.44	1.30
509	6	1	1	1	99	133(60)	84(5)	122(2)	25	22	25	55	30	35	32	1 2 2 2 2 2 2 2 2 2	.19	.07	-.10	1.08	.90	.93	.29	.51	-.03	-.18	-1.10	-.40	-.94
325	6	1	1	1	99	132(69)	78(9)	120(3)	30	38	20	67	13	26	27	2 2 2 2 2 2 2 2 2 2	.37	.59	.54	.62	.25	.52	.87	.42	.09	-.18	1.06	1.11	.18
511	6	1	1	1	99	137(39)	69(20)	120(3)	20	30	20	60	13	29	23	1 2 2 2 2 2 2 2 2 2	1.58	1.64	1.09	1.08	.90	1.35	.68	1.08	.67	1.38	.75	1.44	.93
507	6	1	1	1	99	138(32)	76(12)	113(5)	20	35	25	60	13	28	25	1 2 2 2 2 2 2 2 2 1	.75	.72	.24	1.08	-1.70	.11	-.48	.32	-.26	1.03	1.06	.14	-.01
523	6	1	1	1	99	146(8)	62(26)	112(6)	35	25	23	54	8	27	31	1 2 2 2 2 2 2 2 2 2	.89	.43	.71	.62	.90	-2.36	.68	1.27	1.02	-.40	-1.41	1.33	1.11
502	6	1	1	1	99	148(4)	85(4)	109(7)	20	35	25	67	19	30	25	2 2 2 2 2 2 2 2 2 2	1.43	.46	-.37	1.08	.52	-.71	.29	-.06	-.03	-.87	-1.41	-.95	-.38
521	6	2	1	1	99	151(2)	77(10)	108(8)	20	30	20	69	35	30	9	2 2 2 2 2 2 1 2 2 1	.96	1.26	-.20	1.08	-.40	.93	-.29	.13	.20	.34	-.18	.46	-.01
525	6	1	1	1	99	142(16)	76(12)	106(9)	23	20	19	43	9	29	34	2 2 2 2 2 2 2 1 2 2	.84	.66	1.07	.62	-1.70	.93	.68	.89	.55	1.90	-.80	1.87	.93
110	6	2	1	1	99	135(48)	55(32)	104(10)	21	27	19	57	21	21	16	2 2 2 2 2 2 2 2 2 2	—	1.10	-.06	-.29	.25	-.25	-.25	.23	.55	-.25	-.49	-.08	-.19
316	5	1	1	1	99	139(30)	84(5)	103(11)	28	29	17	63	8	31	19	2 2 2 2 2 2 2 1 2 2	-.28	.28	1.96	1.08	-.40	1.35	1.83	1.84	1.95	1.73	1.67	1.87	2.23
520	6	1	1	1	99	140(24)	66(24)	102(12)	15	17	17	49	18	30	23	2 1 2 2 2 2 1 2 2 2	1.61	2.10	1.77	1.08	.25	-.30	1.64	1.84	1.95	1.90	1.67	1.11	1.86
552	5	1	1	1	99	147(7)	71(18)	98(13)	15	30	18	59	16	25	23	1 2 2 2 2 2 1 2 2 2	1.02	1.15	.75	1.08	.90	.93	.87	1.08	.20	.51	-.80	1.00	1.11
506	6	1	1	1	99	144(11)	53(37)	93(15)	10	34	29	59	4	20	14	2 1 2 2 2 2 2 1 2 2	-.12	-1.67	—	.17	.90	—	—	—	—	—	—	—	—
518	6	1	1	1	99	133(60)	73(16)	92(16)	26	19	24	58	19	18	16	2 1 2 2 2 2 2 1 2 2	1.59	.59	.94	1.08	.90	1.35	1.06	.32	-.96	.34	1.67	1.87	.18
101	6	1	1	1	99	134(54)	68(21)	88(17)	19	25	13	45	9	25	18	2 2 2 2 2 2 2 2 2 2	-.75	—	—	.17	—	—	—	—	—	—	—	—	—
510	6	1	1	0	99	138(32)	73(16)	87(18)	22	26	13	40	16	17	13	1 2 2 2 1 1 2 2 2 2	1.45	1.36	—	1.08	.90	.93	1.06	.89	1.02	1.56	.75	.79	-.01
327	6	2	0	0	99	142(16)	67(23)	81(20)	16	20	18	40	12	25	16	2 2 2 2 2 2 2 1 2 1	.95	2.21	-.44	.62	.25	-.30	-.64	-.44	-.15	-.35	-.18	-.51	-.19
104	6	1	1	1	99	128(80)	71(18)	80(22)	16	23	18	47	14	24	8	2 1 2 2 1 2 2 2 2 2	.86	1.49	1.03	.62	.25	.52	.87	1.27	1.25	.69	.44	1.00	.55
508	6	1	1	1	99	138(32)	62(26)	79(23)	8	23	7	46	18	22	11	2 1 2 1 2 2 1 2 2 2	.60	-.41	.73	.62	-.40	1.35	.10	.61	.79	1.03	-.49	.79	1.30
551	5	1	1	1	99	143(15)	47(42)	77(25)	15	18	14	49	15	20	9	1 2 2 2 2 1 1 2 2 1	.48	-.65	-.40	.17	-.40	.11	-.48	-.53	-.61	-.18	-.18	-.51	-.19
103	6	1	1	1	99	137(39)	74(15)	75(27)	8	18	15	20	11	22	4	2 1 2 1 2 2 2 2 1 1	.48	-.18	-.10	.62	-1.05	-1.12	1.45	1.36	1.48	1.38	.75	1.33	1.86
115	6	1	1	1	99	136(43)	79(8)	75(27)	16	30	12	41	10	19	15	1 2 2 2 1 1 2 2 1 2	.93	.38	.77	1.08	-.40	1.35	1.06	1.08	.67	-.87	-1.72	.68	1.30
513	6	2	1	0	99	148(4)	77(10)	74(29)	16	21	11	36	9	16	14	2 2 1 2 2 1 2 1 2 1	1.32	-.18	1.47	.62	.25	.11	-.48	.61	-.26	-.51	-.18	-.19	-.01
515	6	1	1	0	99	124(90)	75(14)	72(31)	18	16	16	20	4	19	10	2 2 1 2 2 2 1 2 2 1	-.08	-.49	.58	.17	-.40	1.35	-.67	-.25	-.73	-.53	-1.41	-1.49	-2.06X
522	6	1	0	0	99	142(16)	95(1)	71(32)	16	29	14	41	10	11	12	2 2 1 1 2 2 1 1 2 1	-1.38	1.41	-1.18	1.08	.90	-1.12	.68	-1.48	.90	.51	-.80	.68	.93
307	6	1	1	0	99	141(23)	54(33)	70(34)	12	13	11	37	21	22	12	1 1 1 2 1 1 2 1 1 2	.80	.20	.77	-.40	-.40	.11	—	1.08	.90	1.21	1.67	.46	1.11
441	6	1	0	0	99	130(73)	61(28)	69(35)	11	22	9	34	14	19	4	1 1 1 1 1 2 2 1 2 1	—	.46	.08	.62	1.35	.87	.68	.98	.90	.87	-.44	.68	1.11
111	6	1	0	0	99	137(39)	54(33)	69(35)	12	19	12	38	12	18	9	1 1 1 1 1 1 1 2 1 1	—	—	—	—	—	—	—	—	—	—	—	—	—
107	6	1	0	0	99	122(94)	59(29)	65(42)	11	13	10	21	13	21	9	2 1 2 1 2 1 2 1 2 2	-.76	-1.34	-1.05	.17	.25	.11	-.29	-1.65	-.79	-.86	—	-1.22	-1.30X

ID	학년	성별	영재성판별	수리비율	IQ	1부(석차)	2부	계산전략	문제해결력	규칙발견	만들기독창성	만들기유창성	응용성	독창성	응통성	1부	계산-만들기	유창성	-독창성	교사용전체	부모용전체	학생용전체	교사용36번	부모용36번	학생용36번	적성	매도	성향	정신능력	계산력	창의력	반성능력
308	6	1	1	99	135(48)	57(31)	65(42)	23	19	12	11	0	41	11	13	1	2 1	1	1	-1.72	-.03	.41	-.75	.25	-.30	.87	-.53	.67	.69	1.36	.35	.18
516	6	1	1	99	136(43)	64(25)	65(42)	20	11	20	8	6	43	7	15	1	2	1	1	.53	.64	.35	1.08	.90	1.35	1.06	-.06	-.38	1.03	1.06	.35	-.01
554	5	1	1	99	142(16)	50(39)	64(45)	6	20	14	15	0	42	3	14	1	1	1		.42	1.46		.62	.90	-1.53		.23	.09		.13		.0
505	6	1	1	99	151(2)	86(3)	64(45)	21	14	14	15	5	40	12	12	2	1	1	2	1.68	-.29	-.23	1.08	.90	.93	.48	.70	.09	-1.22	.13	-1.38	.18
501	6	1	1	99	148(4)	68(21)	64(45)	16	21	17	5	5	35	16	13	2	1	1	2	.98	1.28	.45	.17	.25	-.30	.48	.32	.90	-.01	1.06	-.08	-.19
514	6	1	1	99	138(32)	83(7)	63(49)	17	17	16	10	9	40	7	16	1	1	1	1	-.04	.13	.45	.17	-.30	-.71	-.48	.32	.44	-.87	-1.41	-.73	-.19
106	6	1	0	99	122(94)	45(45)	63(49)	2	27	11	9	9	32	15	16	2	1	1	1	.13	-.29	-.05	.17	-.40	-.30	-.29	.04	-.03	-.35	.13	.03	-.75
404	6	1	0	99	140(24)	45(45)	57(57)	6	22	7	13	9	33	9	15	1	2	1	2	-.67	-.90	.05	-.75	-.40	-.71	-.29	.04	.44	-.35	.13	.03	.55
526	6	1	0	99	152(1)	92(2)	57(57)	8	21	11	3	8	37	12	18	2	2			.15	.251	.03	.90	.90	1.35	1.64	1.27	1.25	.51	.44	.46	.0
449	6	1	0	99	135(48)	58(30)	56(60)	21	16	17	17	8	35	3	10	1	1		1	.15	-.52	-.01	-.40	-.40	.11	.48	-.06	.09	-.70	.44	-.08	.93
318	6	1	0	99	134(54)	54(33)	55(61)	8	7	15	15	0	36	17	16	1	2	1		-1.92	1.15	.75	-.40	-.40	.11	.29	.70	.44	1.03	1.06	.89	-.38
303	6	1	0	99	133(60)	46(43)	55(61)	17	18	15	6	4	29	10	12	1	1			.95	1.15		-.40	-.40	.11		-.06					.55
205	6	1	0	99	130(73)	52(38)	54(64)	15	16	9	11	0	34	8	15	1	2	1	1	-.67	-.98	-.37	-.40	-.40	-.71	.10	-.06	-.73	-1.05	-.80	-.19	-.57
411	6	1	0	99	124(90)	46(43)	53(67)	14	12	12	11	4	30	9	14	1	1	1	1	-1.18	-.25	-.27	-.40	-.40	-1.12	-.67	-.25	-.26	-.18	-.18	-.51	-.01
302	6	1	0	99	142(16)	54(33)	53(67)	15	8	14	13	7	34	8	14	1	1	1	1	-.66	-1.36	-.31	.17	.25	.93	.29	.04	-.85	-.35	-.44	-.95	-.38
446	6	2	0	99	133(60)	48(41)	43(86)	9	14	13	7	4	34	3	9		1															
310	6	1	0	99	131(72)	49(40)	43(86)	10	15	13	5	0	31	3		1	1	1														
319	6	1	0	99	135(48)	44(48)	42(88)	2	11	18	11	0	23	8	11	1	2		1	.32	-.72	-.18	-.40	-.40	.10	.10	-.34	-.38	-.18	.44	-.30	-.38
207	6	1	0	99	130(73)	44(48)	50(75)	8	15	6	9	12	32	0	18	1	1	1	1	-.44	-1.24	-1.01	-.40	-.40	-.30	-.29	-1.95	-.96	-.53	-.18	-1.16	-1.50
324	6	1	0	99	142(16)	44(48)	76(26)	12	20	17	15	12	48	6	22	2	2	2	2	-.69	.02	.26	-.40	-.40	-.71	-.09	.51	.32	-.18	-.18	.35	.18
301	6	1	0	99	140(24)	44(48)	58(56)	17	16	13	6	4	39	6	13	1	2	1	1		-1.67	-1.52	-1.05	-1.05	-.30	-2.02	-1.19	-2.36	-1.05	-1.10	-1.60	-2.06
321	6	1	0	99	144(11)	44(48)	62(53)	9	16	16	9	4	41	8	17	1	1	2	1	-.22	.41	-.42	-1.21	-.40	-.30	-.29	-.81	-.73	.17	-1.10	-.40	.18
414	6	2	0	97	132(69)	43(53)	45(80)	6	7	14	9	9	31	0	14	1	1	1	1													
527	6	1	0	99	146(8)	42(54)	62(53)	12	12	14	8	8	35	8	15	2	1	1	1			.11	-1.21		.11		.13	.20	.17	.13	-.19		
326	6	1	1	99	138(32)	41(55)	57(57)	15	14	19	12	4	57	8	12	2	2	2	1	.60	-.57	.11	1.08	-1.70	.11	.48	.13	.20	.17	.13	-.19	-.38
512	6	1	1	99	130(73)	40(56)	87(18)	8	19	26	15	9	57	6	15	1	1	2	2	.44	.92	.60	.17	.90	1.35	-.09	.89	.09	1.03	1.67	.46	.18
448	6	1	0	99	130(73)	39(57)	41(90)	11	8	13	13	0	26	4	16	1	2	1	2													
504	6	1	0	99	134(54)	39(57)	66(41)	11	23	8	8	6	43	12	16	1	1	1	2	-.40	.28	-.50	.17	.25	.52	.10	-.34	-1.31	.51	-1.41	-.95	-.19
108	6	1	0	98	140(24)	38(59)	81(20)	21	10	16	15	19	43	17	21	2	2	2	2													

경시대회

[2부 검사 행목별 점수]　　행 동 특 성 검 사

고득점자군(2)/저득점군(1)/탐자군(무표시) [　　]

[IQ 2부 계산　탐자군(무표시)]

유창성 -만들기 -독창성

ID	학년별	성별	합리평별	응율	IQ	1부(석차)	2부	계산전략	문제해결력	규칙발전	만들기유창성	유창성	응용성	독창성	1부	만들기	유창성	독창성	교사용전체	부모전체	학생용전체	교사36번	부모용36번	학생용36번	적성	태도	성향	정신능력	계산력	창의력	반응능력
444	6	1	1	99	130(73)	37(60)	55(61)	12	15	11	5	12	38	2	1		1	1	.30	-1.11	-1.78	1.08	-.40	-2.36	-1.44	-1.95	-1.66	-1.92	-.49	-1.92	-2.43
424	6	2	0	99	134(54)	34(61)	61(55)	6	22	9	14	10	34	8	1	2	1	1	-.26		-.16	.17	-1.70	-1.12	-.48	.42	-.61	-.53	-.49	-.40	.37
528	6	0	0	99	136(43)	33(61)	63(49)	22	10	16	10	5	17	14	1	1	1	1		-.49	.56		.90	.11	.10	.23	.67	.51	1.36	.46	.74
309	6	2	0	99	136(43)	33(63)	68(38)	6	9	16	18	19	38	15	1	2	2	2													
524	6	1	0	99	138(32)	32(64)	78(24)	21	22	15	16	4	44	15	1	1	1	2	-.10	.87	-.29	.17	.90	.93	1.64	-.25	-.15	-.35	.75	-1.49	-1.31
553	5	0	2	99	133(60)	32(64)	67(39)	12	27	12	12	4	43	9	1	2	1	1	-.82	-.90	-.16	-.75	-1.05	.52	.10	-.44	-.03	-.53	-1.41	.35	-.19
112	6	1	0	99	127(84)	32(64)	69(35)	10	10	17	8	24	43	5	1	2			.66		.09	.62					1.02	.86	-1.72	.79	1.49
413	6	0	0	98	128(80)	31(67)	44(83)	8	16	17	8	11	25	4	1	2	2	2													
113	6	1	0	99	133(60)	30(68)	73(30)	14	16	21	15	11	45	8	1	1	1	1	.23	-1.49		.17	.90	.11	-3.37	-.34	1.02	.86	-1.72	.79	1.49
317	6	0	0	99	133(60)	30(68)	63(49)	13	9	11	4	0	37	0	1	2	1	1													
447	6	2	0	99	133(60)	30(68)	41(90)	24	11	22	0	14	59	8	2	1	1	1													
329	6	1	0	99	137(39)	29(71)	94(14)	9	17	12	17	9	35	10	2	2	2	1	.30	-1.03	-.95	.62	-.40	.11	-.87	-1.76	-.73	.87	.13	-.84	-.94
405	6	2	0	99	138(32)	28(73)	49(77)	10	12	5	20	10	37	6		2		1	-1.03	-.36	.22	.62	-.40	-.11	-.29	-.15	.79	.17	-.18	.46	-.01
443	6	0	0	99	139(30)	28(73)	53(67)	9	9	7	17	5	31	3	2	2	1	1	-.66	-.52	.31	.17	-.40	-1.12	-.87	.13	.44	.69	.75	.24	.55
445	6	2	0	99	136(43)	28(73)	52(70)	10	14	15	7	6	37	11	2	1	1	1	-2.60	-.77	.24	-3.05	.25	-.30	.87	-.81	.44	1.03	-.18	.68	-.38
422	6	1	0	97	128(80)	28(73)	67(39)	18	22	7	7	9	31	4		2			1.02	.56	.16	1.08	.90	-.30	.04	.04	1.25	-.18	.75	.57	-.38
442	6	0	0	99	134(54)	26(76)	44(83)	15	11	7	4	36	28	11	2	2	1	1	-1.70	-1.36	-.61	-.75	.90	.11	-.29	-.91	-1.20	-.35	.75	-.62	-.94
314	6	0	0	99	126(85)	26(76)	23(94)	4	13	8	7	4	13	4					-.75	-1.31	.99	-2.13	-1.05	-.30	-.09	1.55	-.55	.86	.44	1.22	1.49
403	6	2	0	99	140(24)	24(78)	51(73)	17	10	12	4	5	33	0	2	2		1	.82		-2.41	.17	-1.05	.11	-.48	-2.52	-3.06	-3.13	-2.03	-1.92	-1.50
206	6	0	2	99	125(87)	23(79)	54(64)	8	15	7	10	14	30	5	2	1	1		.80	-.23	-1.37	.17	-.23	1.35	-1.44	-1.95	-1.55	-1.22	-1.41	-.95	-.94
517	6	1	0	99	146(8)	22(80)	50(75)	11	13	20	13	8	34	7	2	1	1		.24	-.33	-.29	.17	-.33	-.30	-.29	-.63	-.15	-.70	1.06	-.95	.18
204	6	1	0	99	134(54)	22(80)	69(35)	13	15	14	12	0	41	9	2	2	1			-1.36			-1.70	-1.95	-.72	-.03	.17	-.49	-.49	-.40	-.19
109	6	1	0	99	140(24)	21(82)	48(78)	7	19	4	14	4	34	2	2	1	1	-1.20	-.05	-1.56	-.75	-1.36	-1.95	-1.48	-1.38	-2.01	-2.09	-.49	-2.14	-1.13
313	6	1	0	99	144(11)	20(83)	41(90)	14	9	12	8	14	33	7	2	1		1	-.53	-1.39	-1.48	-1.67	-.05	-1.12	-1.56	-1.86	-1.66	-1.22	-.80	-1.49	-1.87
305	6	1	0	99	135(48)	15(84)	45(80)	10	11	15	4	8	24	3	1	1	1	2	-.78	-.52	.24	-.29	-1.39	-1.12	-1.20	-1.38	-.49	-2.01	-.80	-1.49	-1.13
407	6	0	1	98	125(87)	15(84)	42(88)	7	13	7	14	20	38	2	1	1	1	2	-.53	-1.39	-1.48	-1.67	-.52	-1.12	-1.48	-1.86	-1.66	-1.22	-.80	-1.49	-1.87
402	6	0	0	99	133(60)	14(86)	64(45)	7	14	8	12	14	29	3	1	1	2	2	-.78	-.52	.11	-.29	-.52	.90							
312	6	0	0	99	135(48)	13(87)	52(70)	7	12	12	12	8	32	12	1	1	2	2	2.13	-.62	-.46	.90	-.40	1.35	.68	-.34	-.50	-1.40	.13	-1.27	-.01
203	6	2	0	97	129(79)	12(88)	52(70)	7	14	5	20	20	22	8	1	2	2	1	-2.76	-.62	-1.33	-.75	-.40	-.71	-1.25	-1.38	-1.43	-1.22	-.80	-1.70	-1.13
320	6	1	0	99	123(92)	11(89)	52(70)	12	12	8	20	0	32	8	1	1	2	1	-2.76	-.62	-1.33	-.75	-.40	-.71	-1.25	-1.38	-1.43	-1.22	-.80	-1.70	-1.13

경시대회

[2부 검사 항목별 점수]   고득점자군(2)/저득점군(1)/탈당자군(무표시)   행동특성검사 [   ]

ID	학년별	성별	정서비율	임상수리력	IQ	1부(석차)	2부	계산전환력	문제해결력	규칙발견력	만들기응용성	응용성	독창성	IQ 2부 계산 1부	~만들기	유창성	-독창성	교사용 전체 36번	부모용 전체 36번	학생용 전체 36번	교사용 36번	부모용 36번	학생용 36번	생태도	성향	정신능력	계산력	창의력	반성능력
328	6	2	0	97	128(80)	8(90)	20(95)	5	9	3	3	0	14	6	0		1	1	-.57	.23	.90	.14	-1.67	-.30	.29	-.44	.20	.17	.44	-.19
409	6	1	0	97	126(85)	5(91)	43(86)	9	11	5	9	9	22	18	3		1	1	-.83	-.78	.90	-.30	-.30	-.48	-.91	-.85	-.87	-.80	-.62	-1.13
304	6	2	0	98	125(87)	5(91)	44(83)	11	10	12	7	4	28	15	1	1			-1.47	-1.75	.25	-2.59	-1.53	-1.25	-1.00	-1.08	-.70	1.06	-.51	-1.13
401	6	2	0	99	132(69)	4(93)	51(73)	10	14	16	5	7	16	16	8	1	1	1	-.78	.15	-.40	-.29	.11	1.83	.51	-1.00	-1.08	1.06	-.51	-1.50
306	6	2	0	99	142(16)	4(93)	47(79)	9	7	7	10	4	31	11	5	1	1		-.67			-1.21				1.72	.69	1.06	1.00	1.11
425	6	2	0	97	123(92)	0(95)	36(93)	6	7	8	11		20	13	3	1	2													

<설명> 1부 성적 순으로 정렬한 다음 2부 성적 순으로 정렬함. 별도의 관찰과 지도가 필요함. IQ 배수인 45명을 선별하고 행동특성 검사와 특이성적을 참고하여 30명을 선발한 결과임

X 표시 - 자아상이 매우 부정적임.

O 표시 - 1부 성적과 독창성이 매우 우수함. 2부 검사에서 중도 포기하고 행동특성 검사지를 우송해 오지 않았음

* 우측의 O, X 표시에는 행동특성 검사지를 고려하여 면접시 최종 선정위원회에서 참가여부를 결정함.

[부록 11]

수학 문제해결력 검사(제1부)

(검사 시간: 45분)

인적사항

소속: ( )학교 ( )학년 ( )반 ( )번	검사일시:	년 월 일
이름: (남, 여)	생년월일:	년 월 일

알림: 이 검사는 수학에서 여러분의 생각하는 능력을 알아보기 위해 실시하는 것입니다. 이 문제들 중에는 이전에 한 번 풀어본 문제도 있을 수 있지만 처음 보는 문제도 있을 것입니다. 학교 성적에는 전혀 영향이 없으나 성실히 당황하지 말고 깊이 생각해서 올바른 답을 찾아 주십시오.

〈답안 작성 시 주의사항〉

(1) 각 문제에 주어진 점수를 참고하십시오.
(2) 무엇보다도 답을 분명하게 쓰고 '답'이라고 써주십시오.
(3) 가능하다면 풀이과정이나 답의 이유를 자세히 써주십시오.
(4) 풀이과정에서 계산이나 방법이 틀리더라도 지우개로 지우지는 마십시오. 만약 틀린 것이 있으면 그 부분에 × 표시를 하고 아래에 바른 풀이를 다시 써주십시오.

* 질문이 있나요?

* 그러면 이제 선생님의 안내를 받아 다음 페이지로 넘어가세요.

1 두발자전거와 세발자전거가 눈길 위를 지나갔는데 자전거의 바퀴 자국은 겹치지 않고 정확히 29개였다. 두발자전거와 세발자전거의 수를 합쳐서 가장 적게는 몇 대, 가장 많게는 몇 대가 지나갔을까?[8점]

2 어떤 연못 속에 있는 물고기의 수를 알아보기 위해 다음과 같은 방법을 택했다. 연못의 몇 군데를 골고루 제비 뽑아 택한 다음 그곳에서 그물로 100마리의 물고기를 잡아서 표시를 하고 모두 연못에 도로 넣었다. 며칠 후에 다시 그 연못의 똑같은 장소에서 똑같은 방법으로 180마리의 물고기를 잡았는데, 그중 15마리에만 표시가 있었다. 그 연못에는 대략 몇 마리의 물고기가 있다고 추측할 수 있겠는가?[12점]

③ 각각의 나이가 9, 12, 14, 15살인 네 남매가 검정, 빨강, 파랑, 노랑의 서로 다른 색깔의 옷을 입고 있다. 다음 이야기를 듣고 나이가 많은 사람부터 차례로 각자의 나이와 입고 있는 옷의 색깔을 맞추어 보라.[10점]

경철: "난 검은 색 옷을 입지 않았는데도 누나들이 다 내가 옷 입은 것을 보고는 까마귀 같다고 놀려, 잉"
경수: "내 여동생이 파란색 옷을 입고 있어요"
경숙: "우리 형제들끼리의 나이 차이는 나만 빼고는 끼리끼리 서로 다 달라요"
경희: "우리 자매는 키가 똑같아서 가끔씩 옷을 서로 바꿔 입어요. 그런데 오늘 내가 바로 저 빨간 색깔의 옷을 입었더라면 더 예뻤을 텐데, 샘이 나요."

④ 아래 그림은 한 변의 길이가 일정한 정다각형 위에다 다각형의 변의 수를 하나씩 늘려 가면서 그릴 수 있는 대각선을 모두 점선으로 나타낸 것이다.

 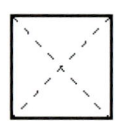 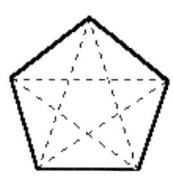 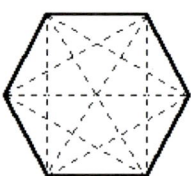

이렇게 정다각형과 대각선을 계속해서 만들어 간다고 할 때, 정12각형에서는 대각선의 수에서 변의 수를 뺀 값이 얼마일까?[10점]

⑤ 어떤 집의 모든 식구들의 현재 나이를 합하면 75세이다. 그 집에는 아버지, 어머니와 아들, 딸이 각각 한 명씩 있다. 아버지는 어머니보다 2살이 많고 아들은 딸보다 3살이 많다. 그런데 4년 전에는 그들의 나이의 합이 60세였다. 그 집의 식구들의 현재 나이는 각각 얼마씩인가? (문제가 잘못된 것이 아님)[12점]

⑥ 다음은 수들이 일정한 규칙을 가지면서 삼각형의 모양을 이루고 있다. 10번째 가로 줄에 나올 수 있는 수들을 직접 써 넣어라.[10점]

1번째 가로 줄 →						1				
2번째 가로 줄 →					1		1			
3번째 가로 줄 →				1		2		1		
4번째 가로 줄 →			1		3		3		1	
5번째 가로 줄 →		1		4		6		4		1
6번째 가로 줄 →	1		5		10		10		5		1
7번째 가로 줄 →	1		6		15		20		15		6		1
8번째 가로 줄 →	1		7		21		35		35		21		7		1
9번째 가로 줄 →	1		8		28		56		70		56		28		8		1
10번째 가로 줄 →										

7 아래 그림과 같이 삼각형의 한 꼭짓점에서 마주보는 변의 이등분점을 연결하는 선분을 3개 그을 수 있다. 이러한 선분을 각각 '중선'이라고 한다.

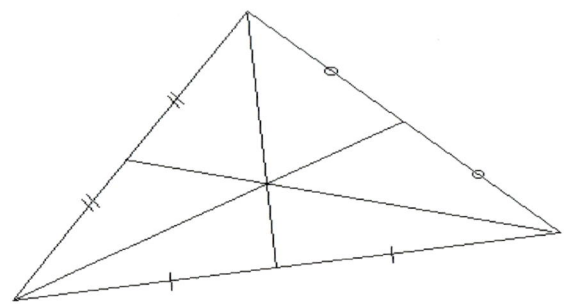

어떤 이등변삼각형에서 세 중선 중에 어느 하나가 그 이등변삼각형의 둘레를 15cm와 17cm의 두 부분으로 나누었다.

(1) 세 변의 길이는 각각 얼마인가?[9점]

(2) 가장 짧은 중선의 길이가 8cm라고 할 때, 이 이등변삼각형의 넓이는 얼마인가?[5점]

⑧ 아래의 ☐ 안에 어떤 문제가 있다. 문제 아래의 [안내]를 받으라.[12점]

[문제] 어떤 이등변삼각형의 두 변의 길이의 비가 3:8이다. 이 삼각형의 둘레의 길이가 38cm이고 한 변의 길이가 다른 하나보다 10cm 더 길다고 할 때, 세 변의 길이를 구하라.

[안내] 이 문제가 풀리지 않는다면 (1)번으로 가고, 풀린다면 (2)번으로 가라.(둘 중 택일)

---

(1) 이 문제가 풀리지 않는다면 더 알아야만 하는 조건이 있는가? 그것은 무엇인가?

더 알아야 하는 조건:

---

(2) 이 문제가 풀린다고 할 때, 이 문제 속에는 문제를 푸는 데 지장이 없는 불필요한 조건이 있는가?

① 아니오. 모두 필요합니다. → 그냥 문제만 풀어라.

〈답〉 세 변의 길이는 각각 ( )cm, ( )cm, ( )cm이다.

---

② 예. 필요 없는 조건이 있습니다. → 그 조건은 무엇이며 그것은 왜 필요 없는지를 설명하라.(답이 될 수 있는 것이 여러 개 있다면 그것을 모두 찾아보라.)

① 필요 없는 조건:
   이유:

② 필요 없는 조건:
   이유:

③ 필요 없는 조건:
   이유:

④ 필요 없는 조건:
   이유:

⑨ 반지름의 길이가 10cm인 두 원이 아래와 같이 겹쳐져 있다. 색칠한 두 부분의 넓이가 같을 때, 두 원의 중심 사이의 거리 'ㄱㄴ'을 구하라.(단, 원주율은 3.14로 계산하여 소수점 이하 첫째자리까지의 값을 구하라.)[14점]

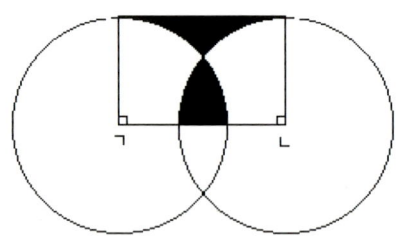

* 이 문제는 점수가 없으므로 풀지 않아도 됩니다. 시간이 남는 사람만 도전해 보세요.

┌─────────────────┐
│   보너스 문제   │ 직사각형 모양의 색종이 안쪽에 다음과 같은
└─────────────────┘
직사각형의 무늬가 그려져 있다. 이 색종이를 똑같은 넓이만큼의 무늬와 색깔을 가지도록 공평하게 2등분하려고 한다. 직선 자를 종이 위에다 대고 칼로 한 번만 자른다고 할 때, 어떻게 자르면 좋을지 그림 위에다 직접 선을 그리고 그 방법의 이유를 설명하라.(대충 이러이러할 것이라고 해서는 안 되며 정확한 이유를 설명해야 한다.)

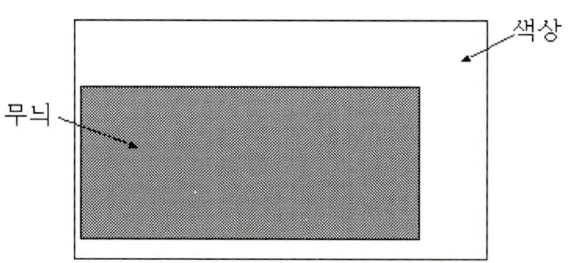

〈수고했어요. 여기서 선생님의 안내를 기다리세요.〉

〈1부 질문지〉 반드시 앞의 문제를 다 푼 후에 선생님의 안내를 받으세요.

(안내) 수고했습니다. 다음의 (1-3)번 질문에 대해서는 (보기: ❶, ❷, ❸, ❹, ❺)와 같이 해당하는 번호에 색칠을 하고 아래 *표의 질문에는 (　) 안에 직접 숫자를 써주세요. (4-7)번 질문에 대해서는 자신의 생각을 직접 써주세요.

---

1. 이 문제들을 푸는 데 주어진 시간은 어떠했나요?

---
① 아주 부족했다.　　② 조금 부족했다.　　③ 적당했다.
④ 조금 남았다.　　⑤ 너무 많이 남았다.

---

* (　　) 분이 남았는지, 또는 (　　) 분이나 더 필요한지를 써주세요.

* 가장 시간이 많이 걸린 문제는 (　)번이고 가장 시간이 적게 걸린 문제는 (　)번입니다.

2. 이 문제들의 어렵거나 쉬운 정도는 어떠했나요?

---
① 너무 어려웠다.　　　② 조금 어려웠다.　　③ 적당했다.
④ 대체로 쉬운 편이었다.　⑤ 너무 쉬웠다.

---

* 가장 쉬운 문제는 (　)번이고 가장 어려운 문제는 (　)번입니다.

3. 이 시험의 결과는 자신의 수학적인 능력을 제대로 말해 주는 것이라고 생각하나요?

---
① 전혀 그렇지 않다.　　② 그렇지 않다.　　③ 보통이다.
④ 어느 정도 그런 편이다.　⑤ 매우 그렇다.

---

4. 위의 문제들 중 예전에 한 번 풀어 보거나 생각해본 적이 있는 것이 있나요? 어느 것? 어디에서?

5. 잘 이해되지 않는 문제나 낱말이 있다면 구체적으로 어떤 부분의
   어느 것입니까?

6. * 가장 재미있는 문제는 (   )번이고 가장 재미없는 문제는 (   )번
     입니다.
   * 가장 좋은 문제는 (   )번이고 가장 좋지 않다고 생각하는 문제
     는 (   )번입니다.
     왜?

7. 기타: 말하고 싶거나 느낀 점을 자유롭게 써주세요.

[부록 12]

수학 창의적 문제해결력 검사(제2부)

(검사 시간: 50분)

인적사항

소속: ( )학교 ( )학년 ( )반 ( )번	검사일시: 년 월 일
이름: (남, 여)	생년월일: 년 월 일

알림: 이 검사는 수학에서 여러분의 창의력을 알아보기 위해 실시하는 것입니다. 이 검사의 문제는 <u>답이 여러 가지입니다.</u> 아래의 주의사항을 <u>꼭 읽고</u> 차분히 풀어 주십시오.

〈답안 작성 시 주의사항〉

(1) 각각의 답을 서로 구분하기 위해 번호(①, ②, ③ 등)를 붙여주십시오.
(2) 각 문제의 답은 일단 <u>많을수록</u> 좋습니다.
(3) 각 문제에서 <u>비슷한 답보다는 서로 다른 종류의 답이 많을수록 더 좋습니다.</u>
(4) 누구나 쉽게 생각할 수 있는 것이 아닌 <u>기발하고 독특한 것</u> 일수록 더 좋습니다.
(5) 각각의 답은 <u>정확하고 자세하되 일반적인 것</u> 일수록 더 좋습니다.
(6) 문제를 만들 때는 너무 간단하거나 쉬운 문제보다 <u>문제의 아이디어가 좋고 표현도 정확하며 바른 예상 답안</u>이 함께 있을수록 더 좋습니다.
(7) 자신의 답안 중에서 <u>가장 좋다고 생각하는 것을 3개만</u> 골라 번호에 색칠(❷, ❼, ❾ 등)을 <u>해주십시오.</u>
(8) 계산이나 방법이 틀리더라도 <u>지우개로 지우지는 마십시오.</u> 만약 틀린 것이나 지우고자 하는 것이 있으면 그 부분에 × 표시를 하고 계속 하십시오.

* 각 문제에 배당된 시간을 선생님이 "시작"과 "그만"으로 알려 주실 것입니다. 다하지 못하였더라도 선생님의 안내에 따라 <u>시간 내에 푼 곳까지를 밑줄을 그어 표시한 다음 다른 문제로 넘어가 주십시오.</u> 다음 문제를 제한 시간 내에 다 풀고 남는 시간이 있으면 앞의 문제에서 줄친 곳 아래에다 계속해서 풀어도 좋습니다.

* **질문이 있나요?** 이제 선생님의 안내를 받아 다음 페이지로 넘어가세요.

(문제 ①: **6분**) 다음의 세 규칙을 이용하여 계산의 결과가 30이 되는 문제 또는 식을 많이 만들어 보라.

규칙 1: 아래에 주어진 수들의 전체 또는 일부분만을 사용해야 한다.
규칙 2: 여러분이 알고 있는 모든 수학 기호를 이용해도 좋다.
규칙 3: 하나의 식에서는 아래에 주어진 수를 꼭 한 번씩만 쓸 수 있다.

$$10 \qquad \frac{1}{2}$$

$$2.5 \qquad \frac{1}{3} \qquad 60 \qquad 1.5$$

$$3.5 \qquad 20$$

$$150 \qquad \frac{1}{5}$$

〈주의사항〉

(1) $10 + 20$ 과 $20 + 10$ 은 같은 답이다.

(2) $\frac{1}{3} \times 60$ 는 답이 30이 아니므로 틀린 답이다.

(3) 15×2 는 주어지지 않은 수를 사용했으므로 틀린 답이다.

①   ②

③   ④

⑤   ⑥

⑦

⑧

⑨

⑩

⑪

⑫

⑬

⑭

⑮

(필요하면 빈칸에 번호를 더 만들어 쓰세요.)

◆ <u>가장 좋은 답이라고 생각하는 3개</u>를 고르는 것을 계속해서 잊지 마세요.

（문제 ②: **6분**) 다음과 같이 가로 - 세로의 방향으로 한 칸이 1cm인 9개의 점이 찍혀 있다. 이 9개의 점 안에 넓이가 2cm²인 도형을 될 수 있는 한 많이 그려보라.(단, 서로 포갤 수 있는 것은 하나로 보며, 한 점에서만 만나든지 둘로 쪼개어진 도형은 안 된다. 또 그리거나 설명해 놓은 도형의 넓이가 2cm2인 것을 다른 친구들도 알 수 있도록 정확해야 한다.)

①	②	③	④	⑤
• • •	• • •	• • •	• • •	• • •
• • •	• • •	• • •	• • •	• • •
• • •	• • •	• • •	• • •	• • •

⑥	⑦	⑧	⑨	⑩
• • •	• • •	• • •	• • •	• • •
• • •	• • •	• • •	• • •	• • •
• • •	• • •	• • •	• • •	• • •

⑪	⑫	⑬	⑭	⑮
• • •	• • •	• • •	• • •	• • •
• • •	• • •	• • •	• • •	• • •
• • •	• • •	• • •	• • •	• • •

㉠	㉡	㉢	㉣	㉤
• • •	• • •	• • •	• • •	• • •
• • •	• • •	• • •	• • •	• • •
• • •	• • •	• • •	• • •	• • •

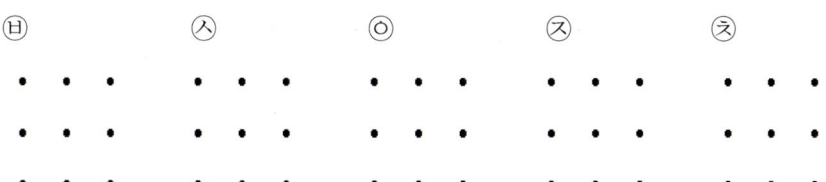

(문제 ③: 8분) 바둑돌이 다음과 같이 놓여져 있다.

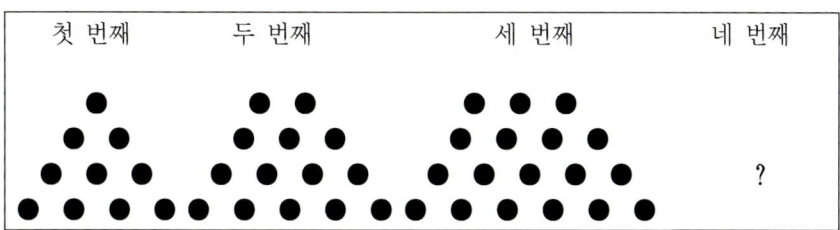

똑같은 방법으로 바둑돌을 계속 놓았다고 할 때 네 번째 그림에는 몇 개의 바둑돌이 있는지를 세려고 한다. 셀 수 있는 여러 가지 좋은 방법들을 가능한 한 많이 소개하라.

방법 ①:
방법 ②:
방법 ③:
방법 ④:
방법 ⑤:
방법 ⑥:
방법 ⑦:

(문제 ④: **7분**) 아래의 □ 칸에 여러 가짓수들이 크기 순서대로 모여 있다. 이 수들을 <u>반드시 3개 이상씩 가지는</u> **묶음**(또는 '**집합**'이라고 함)을 만들고 그 묶음들의 이름을 각각 붙여보라. 이러한 묶음과 이름을 많이 만들수록 좋다.(<u>단, 그 묶음의 이름에 해당하는 수들이 하나라도 빠져서는 안 된다.</u>)

-3.14, -1.5, -1, 0, $\frac{1}{7}$, 0.25, $\frac{1}{3}$, $\frac{1}{2}$, 1, 1.5, 2, 3, 3.14, 4, 7, 8, 16

〈보기〉 { 1, 2, 3, 4, 7, 8, 16 } : 자연수

①

②

③

④

⑤

⑥

⑦

⑧

⑨

⑩

⑪

⑫

⑬

⑭

⑮

(필요하면 빈칸에 번호를 더 만들어 쓰세요.)

(문제 ⑤: 10분) 다음은 수들이 일정한 규칙을 가지면서 삼각형의 모양을 이루고 있다.

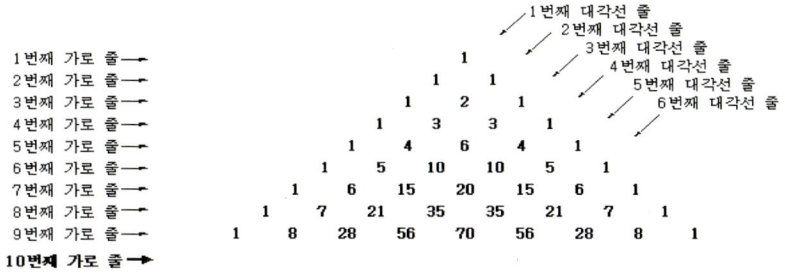

(1) 위에 주어진 수들에서 발견해낸 사실들을 많이 찾아 써라.

발견한 사실들
①:
②:
③:
④:
⑤:
⑥:
⑦:
(번호를 더 만들어 쓰세요.)

(2) 이 사실들을 이용하여 자신이 직접 문제(또는 질문)를 몇 가지 만들고 가능하다면 그것의 예상되는 답도 써보라.

문제 ①:

(번호를 더 만들어 쓰세요.)

(문제 ⑥: 12분) 아래 그림은 한 변의 길이가 일정한 정다각형 위에다 다각형의 변의 수를 하나씩 늘려 가면서 그릴 수 있는 대각선을 모두 점선으로 나타낸 것이다.

 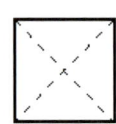 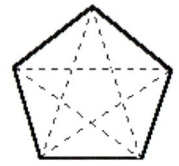 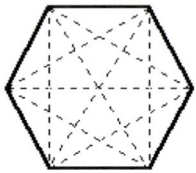

(1) 위에 주어진 그림에서 발견해낸 사실들을 많이 찾아 써라.

발견한 사실들
①:
②:
③:
④:
⑤:
⑥:
⑦
(번호를 더 만들어 쓰세요.)

(2) 또 이 그림과 위에서 발견한 사실들을 이용하여 자신이 직접 문제(또는 간단한 질문)를 몇 개 만들고 가능하다면 그것의 예상되는 답도 적어보라.

문제 ①:
(번호를 더 만들어 쓰세요.)

〈수고했어요. 여기서 선생님의 안내를 기다리세요.〉

〈2부 질문지〉 반드시 앞의 문제를 다 푼 후에 선생님의 안내를 받으세요.

1. 이 문제들을 푸는 데 주어진 시간은 어떠했나요? 아래 보기에서 찾아 각각 번호를 쓰고, 아래 *표의 질문에는 ( ) 안에 직접 숫자를 써주세요.

    ① 숫자식 계산 문제( ),   ② 9개의 점 문제( ),

    ③ 바둑돌 문제( ),   ④ 수 집합 정의 문제( ),

    ⑤ 삼각형의 수 문제( ),   ⑥ 정다각형의 대각선 문제( )

① 아주 부족했다.	② 조금 부족했다.	③ 적당했다.
④ 조금 남았다.	⑤ 너무 많이 남았다.	

    * 시간이 더 필요하다면 특히 ( )번 문제에 ( )분이 더 필요합니다.

2. 이 문제들의 어렵거나 쉬운 정도는 어떠했나요?

    ① 숫자식 계산 문제( ),   ② 9개의 점 문제( ),

    ③ 바둑돌 문제( ),   ④ 수 집합 정의 문제( ),

    ⑤ 삼각형의 수 문제( ),   ⑥ 정다각형의 대각선 문제( )

① 너무 어려웠다.	② 조금 어려웠다.	③ 적당했다.
④ 대체로 쉬운 편이었다.	⑤ 너무 쉬웠다.	

    * 가장 쉬운 문제는 ( )번이고 가장 어려운 문제는 ( )번입니다.

3. 이 문제들은 자신의 수학적인 창의력을 제대로 말해 주는 것이라고 생각하나요?

    ① 숫자식 계산 문제( ),   ② 9개의 점 문제( ),

    ③ 바둑돌 문제( ),   ④ 수 집합 정의 문제( ),

    ⑤ 삼각형의 수 문제 ( ),   ⑥ 정다각형의 대각선 문제( )

① 전혀 그렇지 않다.	② 그렇지 않다.	③ 보통이다
④ 어느 정도 그런 편이다.	⑤ 매우 그렇다.	

4. 위의 문제들 중 예전에 한 번 풀어 보거나 생각해본 적이 있는 것이 있나요?   어느 것? 어디에서?

5. 잘 이해되지 않는 문제나 낱말이 있다면 구체적으로 어떤 부분의 어느 것입니까?

6. 당신은 이 문제들이 1부의 문제들이나 학교에서 치는 다른 시험 문제들보다 재미있고 좋다고 생각하나요? 예(   ) 아니오(   )

* 가장 재미있는 문제는 (   )번이고 가장 재미없는 문제는 (   )번입니다.
* 가장 좋은 문제는 (   )번이고 가장 좋지 않다고 생각하는 문제는 (   )번입니다.

   왜?

7. 기타: 말하고 싶거나 느낀 점을 자유롭게 써주세요.

[부록 13]

수학적 행동특성 검사지(교사용)

소속: (   )학교 (   )학년 (   )반 (   )번   검사일시: 년   월   일
학생의 이름: (남, 여)   학생과의 관계: (구체적으로)
위 학생을 실제로 관찰한 기간: 년   개월

알림: 본 검사지는 위 학생의 수학에 대한 생각, 태도, 지적, 정의적, 창의적 특성 등을 교사의 관찰과 경험을 통해 알아보기 위한 것입니다. 다음의 기준과 내용을 읽고, 교사가 직접 관찰하거나 경험한 바에 따라 이 학생에게 적합하다고 생각되는 점수를 0점에서 9점까지 기록해 주십시오.
학생과 의논하여서는 안 되며 빈칸이 있어서도 안 됩니다.

- 각 질문에 대한 기준 -

전혀, 결코 그렇지 않다		그렇지 않은 편이다		그저 그렇거나 보통이다		대체로 그런 편이다		항상, 매우 그렇다	
0	1	2	3	4	5	6	7	8	9

* 극단적인 점수(0 또는 9)에 표시하셔도 무방합니다.
생각하시는 그대로 표기하여 주십시오.

_____1. 이 학생은 수학에 소질이 있다는 것을 스스로 알고 있다.

_____2. 수학 문제를 잘 푸는 정도만이 아니라 수학에 대한 강한 흥미와 애착을 보인다.

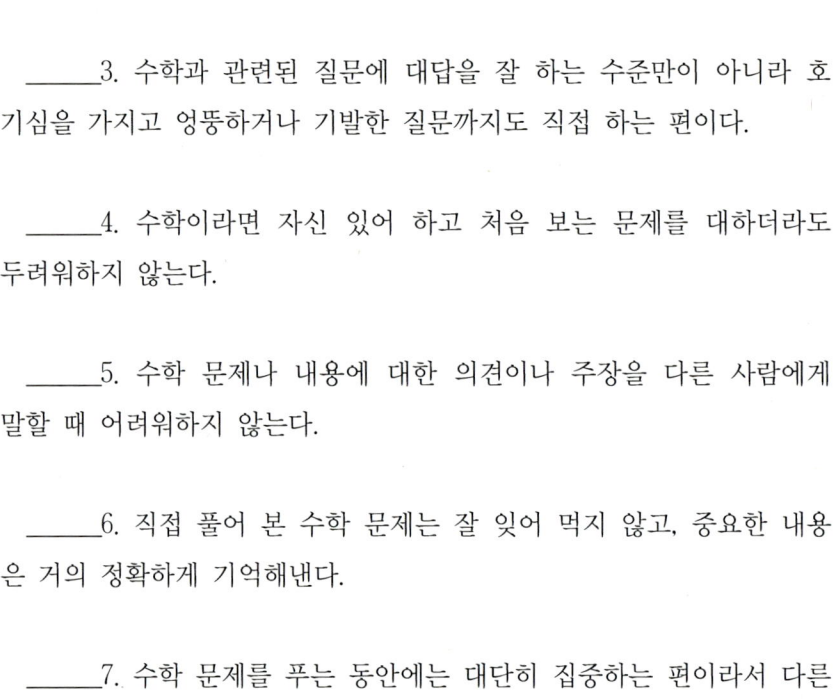

전혀, 결코 그렇지 않다		그렇지 않은 편이다		그저 그렇거나 보통이다		대체로 그런 편이다		항상, 매우 그렇다	
0	1	2	3	4	5	6	7	8	9

_____3. 수학과 관련된 질문에 대답을 잘 하는 수준만이 아니라 호기심을 가지고 엉뚱하거나 기발한 질문까지도 직접 하는 편이다.

_____4. 수학이라면 자신 있어 하고 처음 보는 문제를 대하더라도 두려워하지 않는다.

_____5. 수학 문제나 내용에 대한 의견이나 주장을 다른 사람에게 말할 때 어려워하지 않는다.

_____6. 직접 풀어 본 수학 문제는 잘 잊어 먹지 않고, 중요한 내용은 거의 정확하게 기억해낸다.

_____7. 수학 문제를 푸는 동안에는 대단히 집중하는 편이라서 다른 사람이 부르는 소리를 듣지 못하는 경우도 있다.

전혀, 결코 그렇지 않다		그렇지 않은 편이다		그저 그렇거나 보통이다		대체로 그런 편이다		항상, 매우 그렇다	
0	1	2	3	4	5	6	7	8	9

_____8. 계산 속도는 빠르다.

_____9. 계산의 결과는 정확하다.

_____10. 자신이 풀어 놓은 방법에 대한 설명을 듣거나 질문에 대답을 할 때 표현을 잘하는 편이라서 또래의 수준에서도 이해하기가 쉽다.

_____11. 자신의 수학적인 아이디어를 적절한 수학적 용어와 기호를 사용하여 잘 나타내는 편이라서 문제를 풀어놓은 것을 보면 표현이 깔끔하고 정확하다.

_____12. 수학 문제나 내용의 사소한 부분에 얽매이지 않고 중요한 부분이나 핵심 또는 전체적인 관계를 제대로 파악할 줄 안다.

_____13. 어려운 수학 문제를 풀다가도 오랫동안 고민하고 나서는 갑자기 어떤 기발한 생각이 떠오른다고 좋아하는 경우가 있다.

256

전혀, 결코 그렇지 않다		그렇지 않은 편이다		그저 그렇거나 보통이다		대체로 그런 편이다		항상, 매우 그렇다	
0	1	2	3	4	5	6	7	8	9

_____14. 어떤 문제에 대해 이미 익숙하고 자신 있는 풀이법을 알고 있다 하더라도 전혀 다른 방법으로 다시 풀어보라고 하면 이전의 풀이법에 매이지 않고 쉽게 생각을 바꿀 수 있는 사고 전환의 유연성이 있다.

_____15. 수학 문제 풀이 방법이 또래 친구들의 방법보다는 독특하고 색다르며 좋다.

_____16. 알고 있는 수학적 원리나 내용을 다른 교과나 일상생활에 잘 적용시키고 관련시킬 줄 안다.

_____17. 교과서나 참고서에 나와 있는 내용이나 풀이법을 보면서 틀리다거나 고쳐야 할 부분이 있다고 지적해내기도 한다.

_____18. 이미 잘 알고 있는 내용을 다시 공부하는 것보다는 전혀 모르는 새로운 내용에 대해 경험해보려는 열린 마음(개방성)이 있다.

전혀, 결코 그렇지 않다		그렇지 않은 편이다		그저 그렇거나 보통이다		대체로 그런 편이다		항상, 매우 그렇다	
0	1	2	3	4	5	6	7	8	9

_____19. 주변의 수학적 상황에 대해 민감한 관심을 보이고 이를 통해 새로운 사실을 알아내려고 한다.

_____20. 잘 모르는 수학 문제에 대해서는 다른 사람에게 묻거나 책을 보고서라도 반드시 알아내려고 하는 끈기와 집착성이 있다.

_____21. 예측하는 수학 문제의 결과가 모호할 때는 어설픈 답을 내리기 전에 보다 기발하고 완벽한 답을 얻을 때까지 더 기다리며 참을 수 있다.

_____22. 같은 종류의 수학 문제를 풀 때도 똑같은 방법으로만 풀지 않고 더 좋은 다른 방법을 찾아보려고 한다.

_____23. 문제를 풀 때 요구하는 바로 그 한 가지 구체적인 답보다는 주로 일반적인 해법을 생각해내려고 한다.

전혀, 결코 그렇지 않다		그렇지 않은 편이다		그저 그렇거나 보통이다		대체로 그런 편이다		항상, 매우 그렇다	
0	1	2	3	4	5	6	7	8	9

_____24. 자신이 발견한 새로운 수학적 아이디어나 결과가 옳다고 확신할 때는 다른 사람들의 반론에 대해 끝까지 토론해서 결국은 이겨 내는 고집과 소신이 있다.

_____25. 단순히 수학을 좀 잘한다기보다는 자기 또래들과는 다른 독특하거나 특별한 소질이 있다.

_____26. 남이 가르쳐 주는 것을 잘 배워서 기억하고 활용하는 것보다는 자기 스스로 추리하고 탐구하는 것을 좋아하는 편이다.

_____27. 자신이 발견해낸 수학적 사실을 수학이나 다른 교과 또는 일상의 경험에 적용/응용해보려는 경향이 있다.

_____28. 쉬운 문제를 빨리 풀어서 학교 점수를 잘 받는 것보다는 복잡하게 꼬인 어려운 문제에 도전하는 것을 더 좋아하는 편이다.

	전혀, 결코 그렇지 않다		그렇지 않은 편이다		그저 그렇거나 보통이다		대체로 그런 편이다		항상, 매우 그렇다
0	1	2	3	4	5	6	7	8	9

_____29. 수학 문제를 풀거나 설명할 때 중간 중간에 아이디어를 생략하고 결론만 직접 말하는 등과 같이 사고과정을 단축시키는 경우가 있다.

_____30. 주어진 문제 상황을 해결하는 데 필요한 갖가지 문제 풀이 전략들을 많이 알고 있으며 그것을 적절히 잘 사용할 줄 안다.

_____31. 수학적인 가설을 세우거나 추측하는 등과 같은 수학적인 상상력이 풍부하다.

_____32. 주어진 수학 문제를 잘 푸는 데서 그치지 않고 문제의 조건이나 상황을 바꾸어서 자신이 직접 문제를 만들어 내는 경우가 있다.

_____33. 주어진 문제에 대한 간단하고 직접적인 답보다는 일반화된 공식이나 원리를 찾아내고 만들어 내기도 한다.

전혀, 결코 그렇지 않다		그렇지 않은 편이다		그저 그렇거나 보통이다		대체로 그런 편이다		항상, 매우 그렇다	
0	1	2	3	4	5	6	7	8	9

_____34. 자신의 사고과정 전체를 돌아보면서 틀린 것은 고치고 더 발전시키는 등과 같이 자신의 사고과정을 다시 돌아보는 능력이 엿보인다.

_____35. 본래 타고난 수학적 소질이나 적성이 있는 것 같다.

_____36. 계속 수학을 공부할 수 있도록 특별히 도와주고 싶다.

* (여러 명의 학생을 체크하시는 경우에는 이 란은 한 번만 기록합니다.)

> 선생님은 우리나라의 어떤 초등학교 6학년 아동에게 수학적인 능력(영재성)이 있다고 말하기 위해서는 다음 중 어떤 것이 더 중요하다고 생각하십니까? 별로 중요하지 않다고 생각하는 보기에는 먼저 × 표시를 하시고 더 중요하다고 생각하는 내용은 기타 란에 첨가한 후 상위 5개만 골라 그들의 우선순위를 붙여 주십시오.

( ) 수, 공식, 규칙 등 문제해결을 위해 필요한 기존의 지식과 정보를 제대로 정확하게 잘 기억하며 그 과제에 집중할 수 있는 기억력과 집중력

( ) 빠르고 정확한 계산 능력

( ) 수학 문제에 대한 자신의 생각을 말이나 글로 잘 설명하고 표현할 수 있는 수학적인 의사소통 능력

(   ) 수학적인 문제의 구조와 패턴, 핵심, 관계를 바르게 파악하는 **직관적 통찰력**과 이를 이용하여 전체적인 사고과정을 단축시키는 능력

(   ) 기존의 틀에 얽매이지 않는 **융통성** 있고 유연한 사고의 전환과 또래의 다른 아이들과는 다른 독특한 아이디어를 내는 **독창성**, 주어진 문제를 잘 푸는 것 못지않게 직접 문제를 만들 줄 아는 **문제 만들기 능력** 등과 같은 수학적인 **창의력**

(   ) 일상생활의 문제를 수학적으로 이해하고 또 수학의 성질을 실생활이나 다른 교과에 **응용**하고 적용한다든지 수학적인 내용을 보다 일반화하고 잘못된 것은 비판하며 수학 문제 해결의 매 단계 또는 전 과정에서 나타나는 메타인지적인 사고를 포함한 **전반적인 반성 능력**

(   ) 모르는 것은 탐구하고 아는 것은 적용/응용해보려는 등의 **탐구하고 응용하려는 마음**을 가지고 잘 알려지지 않은 수학적 과제에 보이는 남다른 **수학적 흥미와 호기심, 애착**

(   ) 어려운 문제를 풀어야 하거나 다른 사람들에게 설명해야 한다고 할 때라도 자신 있고 두려워하지 않는 등의 수학에 대한 **도전적이고 적극적인 자신감**

(   ) 주변의 수학적 상황에 대한 **민감함**과 새로운 것에 대한 **열린 마음(개방성)**

(   ) 당면한 문제를 반드시 해결해내고야 말겠다는 끈질긴 과제 **집착성**과 애매모호함에 대한 **참을성**

(   ) 또 다른 풀이를 찾거나 보다 일반적인 해를 찾으려는 등의 **우아한 풀이와 해법에 대한 모색**

(   ) 타고난 수학적 소질과 적성

(   ) 기타:

- 수고하셨습니다. 감사합니다. -

[부록 14]

수학적 행동특성 검사지(부모용)

소속: ( )학교 ( )학년 ( )반 ( )번 검 사 일 시: 년 월 일
자녀의 이름: (남, 여) 자녀와의 관계: 부, 모 또는 (구체적으로)
위 자녀가 수학적인 특별한 재능을 보이기 시작한 시기는: ( )살 때부터

알림: 본 검사지는 귀 자녀의 수학에 대한 생각, 태도, 지적, 정의적, 창의적 특성 등을 부모님의 관찰과 경험을 통해 알아보기 위한 것입니다. 다음의 기준과 내용을 읽고, 부모님이 직접 관찰하거나 경험한 바에 따라 이 자녀에게 적합하다고 생각되는 번호에 한 가지만 ○ 표시를 해 주십시오.
자녀와 의논하여서는 안 되며 빈칸이 있어서도 안 됩니다.

- 각 질문에 대한 기준 -

전혀, 결코 그렇지 않다		그렇지 않은 편이다		그저 그렇거나 보통이다		대체로 그런 편이다		항상, 매우 그렇다	
0	1	2	3	4	5	6	7	8	9

* 극단적인 점수(0 또는 9)에 표시하셔도 무방합니다.
생각하시는 그대로 표기하여 주십시오.

_____1. 내 아이는 수학에 소질이 있다는 것을 스스로 알고 있다.

_____2. 수학 문제를 잘 푸는 정도가 아니라 수학에 대한 강한 흥미와 애착을 보인다.

전혀, 결코 그렇지 않다		그렇지 않은 편이다		그저 그렇거나 보통이다		대체로 그런 편이다		항상, 매우 그렇다	
0	1	2	3	4	5	6	7	8	9

_____3. 수학과 관련된 질문에 대답을 잘 하는 수준이 아니라 호기심을 가지고 엉뚱하거나 기발한 질문까지도 직접 하는 편이다.

_____4. 수학이라면 자신 있어 하고 처음 보는 문제를 대하더라도 두려워하지 않는다.

_____5. 수학 문제나 내용에 대한 의견이나 주장을 다른 사람에게 말할 때 어려워하지 않는다.

_____6. 직접 풀어 본 수학 문제는 잘 잊어 먹지 않고, 중요한 내용은 거의 정확하게 기억해낸다.

_____7. 수학 문제를 푸는 동안에는 대단히 집중하는 편이라서 다른 사람이 부르는 소리를 듣지 못하는 경우도 있다.

전혀, 결코 그렇지 않다		그렇지 않은 편이다		그저 그렇거나 보통이다		대체로 그런 편이다		항상, 매우 그렇다	
0	1	2	3	4	5	6	7	8	9

_____8. 계산 속도는 빠르다.

_____9. 계산의 결과는 정확하다.

_____10. 자신이 풀어 놓은 방법에 대한 설명을 듣거나 질문에 대답을 할 때 표현을 잘하는 편이라서 또래의 수준에서도 이해하기가 쉽다.

_____11. 자신이 알고 있는 수학적인 아이디어를 적절한 수학적 용어와 기호를 사용하여 잘 나타내는 편이라서 문제를 풀어놓은 것을 보면 표현이 깔끔하고 정확하다.

_____12. 수학 문제나 내용의 사소한 부분에 얽매이지 않고 중요한 부분이나 핵심 또는 전체적인 관계를 제대로 파악할 줄 안다.

_____13. 어려운 수학 문제를 풀다가도 오랫동안 고민하고 나서는 갑자기 어떤 기발한 생각이 떠오른다고 좋아하는 경우가 있다.

전혀, 결코 그렇지 않다		그렇지 않은 편이다		그저 그렇거나 보통이다		대체로 그런 편이다		항상, 매우 그렇다	
0	1	2	3	4	5	6	7	8	9

_____14. 내 아이는 어떤 문제에 대해 이미 익숙하고 자신 있는 풀이법을 알고 있다 하더라도 전혀 다른 방법으로 다시 풀어보라고 하면 이전의 풀이법에 매이지 않고 쉽게 생각을 바꿀 수 있는 사고 전환의 유연성이 있다.

_____15. 수학 문제 풀이 방법이 또래 친구들의 방법보다는 독특하고 색다르며 좋다.

_____16. 알고 있는 수학적 원리나 내용을 다른 교과나 일상생활에 잘 적용시키고 관련시킬 줄 안다.

_____17. 교과서나 참고서에 나와 있는 내용이나 풀이법을 보면서 틀리다거나 고쳐야 할 부분이 있다고 지적해내기도 한다.

_____18. 내 아이는 이미 잘 알고 있는 내용을 다시 공부하는 것보다는 전혀 모르는 새로운 내용에 대해 경험해보려는 열린 마음(개방성)이 있다.

전혀, 결코 그렇지 않다		그렇지 않은 편이다		그저 그렇거나 보통이다		대체로 그런 편이다		항상, 매우 그렇다	
0	1	2	3	4	5	6	7	8	9

_____19. 주변의 수학적 상황에 대해 민감한 관심을 보이고 이를 통해 새로운 사실을 알아내려고 한다.

_____20. 잘 모르는 수학 문제에 대해서는 다른 사람에게 묻거나 책을 보고서라도 반드시 알아내려고 하는 끈기와 집착성이 있다.

_____21. 예측하는 수학 문제의 결과가 모호할 때는 어설픈 답을 내리기 전에 보다 기발하고 완벽한 답을 얻을 때까지 더 기다리며 참을 수 있다.

_____22. 같은 종류의 수학 문제를 풀 때도 똑같은 방법으로만 풀지 않고 더 좋은 다른 방법을 찾아보려고 한다.

_____23. 문제를 풀 때 요구하는 바로 그 한 가지 구체적인 답보다는 주로 일반적인 해법을 생각해내려고 한다.

전혀, 결코 그렇지 않다		그렇지 않은 편이다		그저 그렇거나 보통이다		대체로 그런 편이다		항상, 매우 그렇다	
0	1	2	3	4	5	6	7	8	9

_____24. 자신이 발견한 새로운 수학적 아이디어나 결과가 옳다고 확신할 때는 다른 사람들의 반론에 대해 끝까지 토론해서 결국은 이겨내는 고집과 소신이 있다.

_____25. 내 아이는 단순히 수학을 좀 잘 한다기보다는 자기 또래들과는 다른 독특하거나 특별한 소질이 있다.

_____26. 남이 가르쳐 주는 것을 잘 배워서 기억하고 활용하는 것보다는 자기 스스로 추리하고 탐구하는 것을 좋아하는 편이다.

_____27. 자신이 발견해낸 수학적 사실을 수학이나 다른 교과 또는 일상의 경험에 적용/응용해보려는 경향이 있다.

_____28. 쉬운 문제를 빨리 풀어서 학교 점수를 잘 받는 것보다는 복잡하게 꼬인 어려운 문제에 도전하는 것을 더 좋아하는 편이다.

전혀, 결코 그렇지 않다		그렇지 않은 편이다		그저 그렇거나 보통이다		대체로 그런 편이다		항상, 매우 그렇다	
0	1	2	3	4	5	6	7	8	9

_____29. 수학 문제를 풀거나 설명할 때 중간 중간에 아이디어를 생략하고 결론만 직접 말하는 등과 같이 사고과정을 단축시키는 경우가 있다.

_____30. 주어진 문제 상황을 해결하는 데 필요한 갖가지 문제 풀이 전략들을 많이 알고 있으며 그것을 적절히 잘 사용할 줄 안다.

_____31. 수학적인 가설을 세우거나 추측하는 등과 같은 수학적인 상상력이 풍부하다.

_____32. 주어진 수학 문제를 잘 푸는 데서 그치지 않고 문제의 조건이나 상황을 바꾸어서 자신이 직접 문제를 만들어 내는 경우가 있다.

_____33. 주어진 문제에 대한 간단하고 직접적인 답보다는 일반화된 공식이나 원리를 찾아내고 만들어 내기도 한다.

전혀, 결코 그렇지 않다		그렇지 않은 편이다		그저 그렇거나 보통이다		대체로 그런 편이다		항상, 매우 그렇다	
0	1	2	3	4	5	6	7	8	9

_____34. 자신의 사고과정 전체를 돌아보면서 틀린 것은 고치고 더 발전시키는 등과 같이 자신의 사고과정을 다시 돌아보는 능력이 엿보인다.

_____35. 내 아이에게는 본래 타고난 수학적 소질이나 적성이 있는 것 같다.

_____36. 계속 수학을 공부할 수 있도록 특별히 도와주고 싶다.

* (1) 이외에도 자녀의 지능, 특별한 학업 성적, 각종 경시대회의 입상경력, 창작물, 관찰한 행동특성 등에서 또래들과는 다른 특이한 점이나 더 하고 싶은 말이 있으면 아래에 써주십시오.
    (2) 또 부모님이나 친척, 형제들 중에서 특이한 사람이 있는 경우도 자세히 써주십시오.
    자녀의 IQ: (   )

_____

_____

_____

* 우리나라의 일반 국민들이 상식적인 선에서 공감할 수 있는 한 가지 손쉬운 영재성 판별 방법에 대해 생각해보겠습니다. 어떤 초등학교 6학년 학생에 대해 다음과 같은

개인 정보를 가지고 있습니다.

---

① IQ가 121 이상(해당 연령 집단의 상위 10% 이내)이고 수리 부분은 상위 3% 이내이다.

② 교과서나 참고서에 나오는 문제가 아니면서 상위 학년의 학력을 필요로 하지 않는 어떤 <u>비정형적인 수학 문제해결력 검사</u>(예를 들어, 러시아 Krutetskii(1976)의 수학적 능력에 관한 연구 문헌의 문항들로 구성된 문제해결력 검사지)를 실시한 결과 같은 지역에 살고 있는 자기보다 2살이 많은 형 또는 언니가 다니고 있는 일반 중학교 2학년 전교 석차의 상위 10% 이내에 들었다.

---

(1) 이 학생을 우리나라의 초등학교 6학년 수준에서의 수학적인 능력(영재성)이 있다고 인정하는 것에 대해 부모님은 개인적으로 동의하십니까?   예( ) 아니오( )

(2) 그렇다면 이제는 위와 같은 동의의 정도를 구체적인 수치로 나타내 주십시오.

절대 동의 할 수 없다		←		보통이다		→		매우 동의한다	
0	1	2	3	4	5	6	7	8	9

* 의견일 뿐입니다. 극단적인 점수(0 또는 9)에 표기하는 것을 결코 주저하지 마십시오.

－수고하셨습니다. 감사합니다.－

[부록 15]

수학적 행동특성 검사지(학생용)

| 소속: (   )학교 ( )학년 ( )반 ( )번 검사일시: 년   월   일 |
| 이름: (남, 여) 생년월일: 년   월   일 |

알림: 이 검사지는 여러분의 수학에 대한 생각, 태도, 지적, 정의적, 창의적 특성 등을 알아보기 위한 것입니다. 이 검사의 결과는 연구의 목적 이외에는 사용되지 않습니다. 다음의 기준과 내용을 읽고, 자기에게 적합하다고 생각되는 번호에 하나만 ○ 표시를 해 주십시오.
부모님이나 선생님과 의논하여서는 안 되며 빈칸이 있어서도 안 됩니다.
감사합니다.

- 각 질문에 대한 기준-

전혀, 결코 그렇지 않다		그렇지 않은 편이다		그저 그렇거나 보통이다		대체로 그런 편이다		항상, 매우 그렇다	
0	1	2	3	4	5	6	7	8	9

* 극단적인 점수(0 또는 9)에 표시하셔도 무방합니다.
생각하시는 그대로 표기하여 주십시오.

_____1. 나는 수학에 소질이 있다고 생각한다.

_____2. 나는 수학 문제를 잘 푸는 정도가 아니라 수학에 대한 강한 흥미와 애착이 있다.

전혀, 결코 그렇지 않다		그렇지 않은 편이다		그저 그렇거나 보통이다		대체로 그런 편이다		항상, 매우 그렇다	
0	1	2	3	4	5	6	7	8	9

_____3. 나는 수학과 관련한 다른 사람의 질문에 대답하는 것보다는 호기심을 가지고 엉뚱하거나 기발한 질문까지도 직접 하는 편이다.

_____4. 나는 수학이라면 자신 있고 처음 보는 문제를 대하더라도 두렵지 않다.

_____5. 수학 문제나 내용에 대한 의견이나 주장을 다른 사람에게 말하는 것이 어렵지 않다.

_____6. 나는 직접 풀어 본 수학 문제는 잘 잊어 먹지 않고, 중요한 내용은 거의 정확하게 기억해낸다.

_____7. 나는 수학 문제를 푸는 동안에는 대단히 집중하는 편이라서 다른 사람이 부르는 소리를 듣지 못하는 경우도 있다.

_____8. 나의 계산 속도는 빠르다.

전혀, 결코 그렇지 않다		그렇지 않은 편이다		그저 그렇거나 보통이다		대체로 그런 편이다		항상, 매우 그렇다	
0	1	2	3	4	5	6	7	8	9

_____9. 나의 계산 결과는 정확하다.

_____10. 나는 내가 풀어 놓은 문제에 대해 설명을 하거나 선생님의 질문에 대답을 할 때 내 친구들도 알아들을 수 있도록 잘 말할 수 있다.

_____11. 나는 내가 표현하고자 하는 수학적인 아이디어를 적절한 수학적 용어와 기호를 사용하여 깔끔하고 정확하게 잘 나타낼 수 있다.

_____12. 나는 수학 문제나 내용의 사소한 부분에 얽매이지 않고 무엇이 중요한 핵심 내용인지와 전체적인 관계를 잘 파악할 줄 안다.

_____13. 어려운 수학 문제를 풀다가도 오랫동안 고민하고 나서는 갑자기 어떤 기발한 생각이 떠올라서 좋아하는 경우가 있다.

전혀, 결코 그렇지 않다		그렇지 않은 편이다		그저 그렇거나 보통이다		대체로 그런 편이다		항상, 매우 그렇다	
0	1	2	3	4	5	6	7	8	9

_____14. 나는 어떤 문제에 대해 이미 익숙하고 자신 있는 풀이법을 알고 있다 하더라도 전혀 다른 방법으로 다시 풀어보라고 하면 이전의 풀이법에 매이지 않고 쉽게 생각을 바꿀 수 있는 유연성이 있다.

_____15. 나의 수학 문제 풀이 방법은 내 또래의 친구들보다는 독특하고 색다르며 좋다고 생각한다.

_____16. 나는 내가 알고 있는 수학적 원리나 내용을 다른 교과나 일상생활에 잘 적용시키고 관련시킬 줄 안다.

_____17. 나는 교과서나 참고서에 나와 있는 내용이나 풀이법을 보면서 틀린 곳이나 고쳐야 할 부분이 있다고 지적해내기도 한다.

_____18. 나는 이미 잘 알고 있는 내용을 다시 공부하는 것보다는 전혀 모르는 새로운 내용에 대해서도 경험해보려는 열린 마음이 있다.

전혀, 결코 그렇지 않다		그렇지 않은 편이다		그저 그렇거나 보통이다		대체로 그런 편이다		항상, 매우 그렇다	
0	1	2	3	4	5	6	7	8	9

_____19. 나는 주변의 수학적 상황에 대해 민감한 관심을 보이고 이를 통해 새로운 사실을 알아내려고 한다.

_____20. 내가 잘 이해하지 못하는 수학 문제에 대해서는 다른 사람에게 묻거나 책을 보고서라도 반드시 해결해내고야 만다.

_____21. 예측하는 수학 문제의 결과가 모호할 때는 어설픈 답을 내리기 전에 보다 기발하고 완벽한 답을 얻을 때까지 더 기다리며 참을 수 있다.

_____22. 나는 같은 종류의 수학 문제를 풀 때도 똑같은 방법으로만 풀지 않고 더 좋은 다른 방법을 찾아보려고 한다.

_____23. 나는 수학 문제를 풀 때 요구하는 바로 그 구체적인 한 가지 답보다는 주로 일반적인 해법을 생각해보려고 한다.

276

전혀, 결코 그렇지 않다		그렇지 않은 편이다		그저 그렇거나 보통이다		대체로 그런 편이다		항상, 매우 그렇다	
0	1	2	3	4	5	6	7	8	9

_____24. 나는 내가 발견한 새로운 수학적 아이디어나 결과가 옳다고 확신할 때는 다른 사람들의 반론에 대해 끝까지 토론해서 결국은 이겨낼 수 있다는 고집과 소신이 있다.

_____25. 나는 수학을 좀 잘한다기보다는 내 또래들과는 다른 독특하거나 특별한 소질이 있는 것 같다.

_____26. 남이 가르쳐 주는 것을 잘 배워서 기억하고 활용하는 것보다는 내 스스로 추리하고 탐구하는 것을 좋아하는 편이다.

_____27. 나는 내가 발견해낸 수학적 사실을 수학이나 다른 교과 또는 일상의 경험에 적용/응용해보려고 한다.

_____28. 나는 쉬운 문제를 빨리 풀어서 학교 점수를 잘 받는 것보다는 복잡하게 꼬인 어려운 문제에 도전하는 것을 더 좋아하는 편이다.

전혀, 결코 그렇지 않다		그렇지 않은 편이다		그저 그렇거나 보통이다		대체로 그런 편이다		항상, 매우 그렇다	
0	1	2	3	4	5	6	7	8	9

_____29. 수학 문제를 풀거나 설명할 때 중간 중간에 생략하고 결론만 직접 말하는 등과 같이 생각하는 과정을 단축시키는 경우가 있다.

_____30. 나는 주어진 문제 상황을 해결하는 데 필요한 갖가지 문제풀이 전략들을 많이 알고 있으며 그것을 적절히 잘 사용할 줄 안다.

_____31. 나는 수학적인 가설을 세우거나 수학적인 내용을 추측해보는 등과 같이 상상을 많이 하는 편이다.

_____32. 나는 내게 주어진 수학 문제를 잘 푸는 데서 그치지 않고 문제의 조건이나 상황을 바꾸어서 내가 직접 문제를 만들어 내는 경우도 있다.

_____33. 주어진 문제에 대한 간단하고 직접적인 답보다는 일반화된 공식이나 원리를 찾아내고 만들어 내기도 한다.

278

전혀, 결코 그렇지 않다		그렇지 않은 편이다		그저 그렇거나 보통이다		대체로 그런 편이다		항상, 매우 그렇다	
0	1	2	3	4	5	6	7	8	9

_____34. 나는 문제를 풀 때 내가 생각하고 있는 것을 전체적으로 다시 돌아보기도 하면서 틀린 것은 고치고 더 발전시켜 나가는 편이다.

_____35. 나에게는 본래 타고난 수학적 소질이나 적성이 있는 것 같다.

_____36. 나는 어른이 되어서도 특별히 수학을 계속 공부하고 싶다.

_____37. 수학에 대한 여러분의 생각, 느낌, 태도에 대해 묻고자 합니다. 당신은 왜 수학을 공부하고 있으며 또 수학은 어떤 가치가 있다고 생각합니까?

_____

_____

_____

_____

_____

* 그 밖에 각종 수학 경시대회의 입상 경력, 학교 수학 성적, 수학적인 아이디어를 이용한 창작물, 또래의 친구들은 모르는 나만의 공식, 가족이나 친척 중에 수학에 뛰어난 사람이 있다는 등 친구들과는 다른 특이한 자랑거리가 있으면 아래에 마음 껏 써주세요.

_____

_____

_____

_____

_____

_____

_____

_____

_____

- 수고하셨습니다. 감사합니다. -

[부록 16]

수학 영재교육 프로그램 개발을 위한
기초 설문 조사

-초등학교 5학년에서 중학교 2학년(5-8학년)을 중심으로-

감사합니다. 이 좋은 날에 선생님과 함께할 수 있어서 기쁩니다.
이 설문은 수학 영재 교육 프로그램의 개발을 위한 기초 연구를 위해 조사
하는 것입니다. 우리나라의 초등학교 5학년에서 중학교 2학년(5-8학년)에
해당하는 연령을 위주로 수학 영재에 대한 정의와 특성, 판별 방법 그리고
이들을 위한 수학 영재 교육의 실태 및 방향에 관해 선생님과 함께 생각해
보기를 원합니다. 선생님의 고견과 조언이 소중한 정보가 됨을 믿으며 끝까
지 이 조사에 기꺼이 그리고 성실히 응해 주심에 미리 고개 숙여 깊이 감
사를 드립니다.

* 아래 사항의 해당하는 번호에 √표시를 하시거나 기타 의견을 적
  어 주십시오.

Ⅰ. 일반적인 사항

1. 귀하의 신분은? :

① 수학 교육학 전공자   ② 수학 전공자

③ 수학 교사(초, 중, 고)   ④ 영재를 둔 학부모

⑤ 영재 교육 연구자   ⑥ 기타(**자세히**:   )

2. 귀하의 연령은? :

① 60대 이상   ② 50대   ③ 40대

④ 30대   ⑤ 20대 이하

3. 생활 거주지는? :

① 서울   ② 부산 및 광역시

③ 시 단위   ④ 읍, 면, 동 단위

4. 귀하의 영재 교육에 대한 관심과 전문적인 지식은 어느 정도입니까?

① 영재 교육이 전공 또는 부전공 영역이다.

② 전공은 아니라도 전문적인 지식이 있고 실제로 영재들을 대면한 경험도 많다.

③ 비록 전문적인 소견은 없지만 영재들을 대면한 실질적인 경험은 많은 편이다.

④ 관심은 있지만 전문적인 지식이나 실질적인 경험은 별로 없는 편이다.

⑤ 별도의 영재 교육을 한다는 것 자체에 대해 반대하는 입장이다.

5. 귀하가 특별히 관심을 가지면서 관련을 맺고 있는 대상 연령은 어디입니까?

　　① 취학 전 아동   ② 초등학교 저학년(1-4학년)

　　③ 초등학교 고학년(5-6학년)   ④ 중학교

　　⑤ 고등학교   ⑥ 기타(**구체적으로**   )

II. 수학 영재성과 수학 영재에 대하여(정의와 판별)

1. 귀하는 초등학교 5학년에서 중학교 2학년 연령 수준에 있는 학생들 중 어떤 사람을 수학적인 영재성이 있다거나 수학 영재라고 생각하십니까? 나름대로의 **간단한 정의**를 내려보십시오.

_____

_____

_____

2. **상식적인 수준에서의 전통적인 판별 기준**: 각 사람마다 위와 같은 조건의 정보를 다 가지고 있지는 못하므로 우리나라에서 전통적인 방식으로 통용될 수 있을 것이라는 상식적인 수준에서 한 가지 손쉬운 영재성 판별 방법에 대해 생각해보겠습니다.

(1) 어떤 초등학교 6학년 학생에 대해 다음과 같은 개인 정보를 가지고 있습니다.

---

① IQ가 121 이상(해당 연령 집단의 상위 10% 이내)이고 수리 부분은 상위 3% 이내이다.
② 교과서나 참고서에 나오는 문제가 아니면서 상위 학년의 학력을 필요로 하지 않는 어떤 <u>비정형적인 수학 문제해결력 검사</u>(예를 들어, 러시아 Krutetskii(1976)의 수학적 능력에 관한 연구 문헌의 문항들로 구성된 문제해결력 검사지)를 실시한 결과 같은 지역에 살고 있는 자기보다 2살이 많은 형 또는 언니가 다니고 있는 일반 중학교 2학년 전교 석차의 상위 10% 이내에 들었다.

우리나라 국민들이 공감할 수 있는 상식적인 선에서 이 학생을 초등학교 6학년으로서 수학적인 능력(영재성)이 있다고 인정하는 것에 대해 선생님은 개인적으로 동의하십니까?　　　예(　) 아니오(　)

우리나라의 부모님들은 동의할 것이라고 생각하십니까? **예( ) 아니오( )**

(2) 이제 위와 같은 동의의 여부를 구체적인 정도로 나타내 보려고 합니다. 윗줄에는 귀하의, 아래 줄에는 우리나라 부모님들의 동의 정도를 생각해서 표기해 주십시오.

	절대 동의 할 수 없다		←		보통이다		→		매우 동의한다
귀하는?	0	1	2	3	4	5	6	7	8	9
부모들은?	0	1	2	3	4	5	6	7	8	9

* 의견일 뿐입니다. 극단적인 점수(0 또는 9)에 표기하는 것을 결코 주저하지 마십시오.

(3) 보다 효과적인 판별이 되기 위해서는 위의 IQ와 문제해결력 검사 점수의 각 부분에서 어느 정도는 돼야 할는지를 조정된 수치로 제시해 주십시오.

IQ: 전체 (   )% 이내, 수리부문 (   )% 이내

문제 해결력 검사(비교 학년이나 비율을 조정 가능): (   )개 학년 위의 상위 (   )% 이내 기타 더 고려해야 할 정보: (   )

---

* 다음의 2-4번 문항은 **초등학교 5학년에서 중학교 2학년까지** 학생들의 수학적 영재성을 진단해보기 위해서는 **어떤 특성들을 고려해야 할지**를 알아보기 위한 것입니다. 아래 각 번호의 보기를 참고하시어 <u>별로 고려할 필요가 없다</u>거나 상대적으로 덜 중요하다고 생각하시는 것은 먼저 <u>×</u> **표시**를 하시고, 오히려 더 중요하다고 생각하는 내용은 기타 란에 첨가한 다음 <u>동의하는 것</u>에는 <u>○</u> **표시**를 해 주십시오.

3. 인지적 특성

( ) 수, 공식, 규칙 등 문제해결을 위해 필요한 기존의 지식과 정보를 제대로 정확하게 잘 기억하고 회상해내는 수학적 정보의 기억력

( ) 관련되는 수학 문제 해결 과제에 대한 과제 집중력

( ) 빠르고 정확한 계산 능력

( ) 수학 문제에 대한 자신의 생각을 말이나 글로 잘 설명하고 표현할 수 있는 수학적인 의사소통 능력

( ) 수와 공간적 관계에 있어서 전체적인 구조, 논리, 관계, 패턴을 직감적으로 파악해내는 직관적 통찰 능력

( ) 관련성이 없는 자료를 변별해내고 유효한 정보를 수집, 분류 및 조직하고 그들의 관계를 파악해내는 전체적인 수학적 정보의 조직화 능력

( ) 비구조화된 수학적 문제 상황을 적당한 수학적 개념으로 표상하거나 수학적 상징 기호나 수식, 그림 등으로 표현함으로써 형식화해내는 등의 수학적 추상화 능력

( ) 추상적인 수학적 관계를 시각적으로 떠올리거나 공간에서의 변환이나 관계를 파악해내는 시각화 및 공간 지각 능력

( ) 수학적 내용을 분석적, 연역적, 귀납적으로 추론하거나 유추해내는 수학적 추론 능력

( ) 일상생활의 문제를 수학적으로 이해하고 또 수학의 성질을 실생활이나 다른 교과에 응용하고 적용할 줄 아는 능력

( ) 구체적인 수학적 사실이나 내용 또는 공통적인 특성들을 뽑아 일반화하는 등과 같은 수학적 일반화 능력

( ) 수학 문제 해결의 매 단계 또는 전 과정에서 나타나는 자기반성의 메타인지적인 사고 능력

( ) 여러 가지의 새롭고 다양한 수학적 아이디어를 풍부하게 많이
낼 수 있는 수학적 사고의 유창성

( ) 한 가지의 사고에 고정되지 않고 서로 다른 범주의 아이디어를
쉽게 생각할 수 있는 사고 전환의 유연함과 자유로운 가역성, 융
통성

( ) 또래의 대부분이 생각하는 평범한 아이디어와는 달리 기발한
생각을 제시해내는 아이디어의 독창성

( ) 수학적 아이디어를 보다 구체화하고, 세밀하고 깊이 있게 다듬
어 설득력 있게 제시하고 만들어 낼 수 있는 사고의 세련함과
정교성

( ) 기타:

4. 정의적 특성

( ) 지적 사고 활동, 도구와 언어, 문화적 역할이나 응용 가능성 등
과 같은 수학적 가치에 대한 인식

( ) 수학적 상황과 정보에 대한 강한 애착과 흥미, 호기심

( ) 이미 알고 있는 것은 다른 곳에 응용/적용해보려 하고 잘 알려
지지 않은 수학적 과제는 직접 탐구해보려는 응용하고 탐구하려
는 마음

( ) 어렵고 복잡한 수학 문제 상황에 대한 도전감과 수학에 대한 자
신감

( ) 주변의 수학적 상황에 대해 민감한 관심을 보이고 이를 통해
새로운 탐색과 수학적 문제를 제기할 수 있는 수학적 민감성

( ) 전혀 모르던 새로운 수학적 내용이나 사실에 대한 열린 마음(개
방성)

( ) 주어진 한 가지의 수학적 과제라도 반드시 해결해내려는 끈질

긴 과제 집착성

( ) 예측하는 수학적 결과가 모호할 때 어설픈 결론을 내리기보다
    는 보다 기발하고 완벽한 답을 얻을 때까지 더 기다리며 참을
    수 있는 애매모호함에 대한 참을성

( ) 또 다른 풀이를 찾거나 일반적인 해를 찾으려는 것과 같은 보다
    우아한 해법을 찾으려는 경향성

( ) 자신이 발견한 새로운 수학적 아이디어나 결과가 옳다고 확신
    할 때는 다른 사람들의 반박을 이겨낼 수 있다는 신념과 고집

( ) 기타:

5. **종합적인 우선순위**: 위의 (정의적, 지적) 특성들을 통틀어서 어떤
부분이 더 중요한 지를 묻고자 합니다. 물론 다 중요할 수도 있겠지만
다음 페이지의 보기들 중 상위 5개만 골라 우선순위를 직접 매겨 주십
시오. 예시 문항에 없는 것은 더 추가할 수도 있습니다.(주의: 초등학교
5학년에서 중학교 2학년에게 해당하는 능력입니다.)

( ) 수, 공식, 규칙 등 문제해결을 위해 필요한 기존의 지식과 정보
    를 제대로 정확하게 잘 기억하며 그 과제에 집중할 수 있는 기
    억력과 집중력

( ) 빠르고 정확한 계산 능력

( ) 수학 문제에 대한 자신의 생각을 말이나 글로 잘 설명하고 표
    현할 수 있는 수학적인 의사소통 능력

( ) 수학적인 문제의 구조와 패턴, 핵심, 관계를 바르게 파악하는
    직관적 통찰력과 이를 이용하여 전체적인 사고과정을 단축시키는
    능력

( ) 기존의 틀에 얽매이지 않는 융통성 있고 유연한 사고의 전환과

또래의 다른 아이들과는 다른 독특한 아이디어를 내는 독창성, 주어진 문제를 잘 푸는 것 못지않게 직접 문제를 만들 줄 아는 문제 만들기 능력 등과 같은 수학적인 창의력

( ) 일상생활의 문제를 수학적으로 이해하고 또 수학의 성질을 실생활이나 다른 교과에 응용한다든지 수학적인 내용을 보다 일반화하고 잘못된 것은 비판하며 수학 문제 해결의 매 단계 또는 전 과정에서 나타나는 메타인지적인 사고를 포함한 전반적인 반성 능력

( ) 모르는 것은 탐구하고 아는 것은 적용/응용해보려는 등의 탐구하고 응용하려는 마음을 가지고 잘 알려지지 않은 수학적 과제에 보이는 남다른 수학적 흥미와 호기심, 애착

( ) 어려운 문제를 풀어야 하거나 다른 사람들에게 설명해야 한다고 할 때라도 자신 있고 두려워하지 않는 등의 수학에 대한 도전적이고 적극적인 자신감

( ) 주변의 수학적 상황에 대한 민감함과 새로운 것에 대한 열린 마음(개방성)

( ) 당면한 문제를 반드시 해결해내고야 말겠다는 끈질긴 과제 집착성과 애매모호함에 대한 참을성

( ) 또 다른 풀이를 찾거나 보다 일반적인 해를 찾으려는 등의 우아한 풀이와 해법에 대한 모색

( ) 타고난 수학적 소질과 적성

( ) 기타:

6. **판별의 도구와 방법**: 초등학교 5학년에서 중학교 2학년에 해당하는 학생들의 수학 영재성을 판단하기 위해서는 어떤 도구나 방법들을 사용해야 할지를 알아보고자 합니다. 아래의 보기를 참고하시어, <u>별로 고</u>

려할 필요가 없는 것은 먼저 × 표시를 하시고 오히려 더 중요하다고 생각하는 도구나 방법은 첨가해도 좋습니다. 아래의 몇몇 가지 검사를 이용한다고 할 때는 그 결과를 고려할 비율도 ( ) 안에 적어 주십시오. 그리고 나서 이들 중 <u>상위 5개만 골라 우선순위</u>를 왼쪽의 ( ) 안에 적어 주십시오.(<u>×</u> 표시를 하지 않은 것은 고려해야 한다는 뜻으로 간주하겠습니다.)

( ) 지능 검사의 상위 10% 이내(예를 들어, KEDI집단 지능검사의 IQ 121 이상)

( ) 지능 검사(수리부문)의 상위 ( )% 이내

( ) 전국적으로 표준화된 수학 학력 모의고사 상위 ( )% 이내

( ) 수학적 창의력 검사에서 또래 집단의 상위 ( )% 이내

( ) 모든 학교 수준의 학생 생활기록부 수학 성적과 내용

( ) 교사나 학부모의 추천

( ) 수학이나 수학 교육, 영재 교육 전문가의 추천

( ) 수학과 관련한 개인의 창작 노트 또는 연구 결과와 내용을 적은 개인 프로필

( ) 각종 수학 경시대회의 입상 경력과 그 성적

( ) 영재를 위한 지적, 정의적인 수학적 행동특성 체크리스트 검사 결과

( ) 기타:

Ⅲ. Ⅳ. Ⅴ. 생략

Ⅵ. 종합

* 우리나라의 영재 교육을 활성화하기 위해 <u>시급히 해야 할 것들</u>을 아래 보기에서 <u>5개만 찾아 우선순위</u>를 붙여 보십시오.

( ) 영재와 영재 교육에 대한 국민들의 사회적 인식의 전환(엘리트 의식, 속진 등)

( ) 영재성과 영재 교육에 올바른 학문적 개념 정립

( ) 시설과 예산 확보를 위한 제도적 보장

( ) 신뢰할 만한 영재 판별 검사 도구의 개발

( ) 실제로 운영할 수 있는 프로그램의 개발

( ) 각 분야 또는 교과별 특별 교재와 같은 참고할 만한 학습 자료 개발

( ) 현장에서 소규모로 적용할 수 있는 구체적인 학습 지도 시안 개발

( ) 영재 교육 프로그램 개발을 위한 전문적인 기초 연구부터

( ) 영재 교육에 대한 전문 지식을 갖춘 전담 교사 양성

( ) 기타:

－수고하셨습니다. 감사합니다!!!－

· 저자 ·

송상헌   · 약 력 ·
(宋祥憲)
        서울대학교 사범대학 수학교육과 졸업
        서울대학교 대학원 수학교육과 교육학 박사(수학영재교육 전공)
        대한수학교육학회(학술지 편집위원) 및 한국영재학회(평생회원) 소속
        아주대 과학영재교육원 초등수학 및 경기과학고 R&E 사사연구 지도교수
        현) 경인교육대학교 수학교육과 교수

        · 주요논저 ·

        「수학 영재아들을 위한 행동특성 검사지의 개발과 활용에 관한 연구」
        「형식불역의 원리를 통한 고차원 도형의 탐구」
        「수학영재들의 수학적 추론 분석에 관한 연구」
        『수학영재교육의 이론과 실제』(www.tcampus.or.kr에 원격강좌 탑재)
        『놀이를 활용한 신나는 교실 수업』(공저)
        외 다수

수학 영재의 판별과 선발

- 초판 인쇄 | 2006년 12월 30일
- 초판 발행 | 2006년 12월 30일

- 지 은 이 | 송상헌
- 펴 낸 이 | 채종준
- 펴 낸 곳 | 한국학술정보㈜
         경기도 파주시 교하읍 문발리 526-2
         파주출판문화정보산업단지
         전화 031) 908-3181(대표) · 팩스 031) 908-3189
         홈페이지 http://www.kstudy.com
         e-mail(출판사업부) publish@kstudy.com
- 등   록 | 제일산-115호(2000. 6. 19)
- 가   격 | 28,000원

ISBN 978-89-534-6118-0 93370 (Paper Book)
      978-89-534-6119-2 98370 (e-Book)